TIRO – Curriculum breve Latinum

Dieter Kolschöwsky war bis zu seiner Pensionierung Studiendirektor und Fachlehrer für Latein, Geschichte und Philosophie am Gymnasium. Darüber hinaus verfügt er über langjährige Erfahrung als Studienleiter in der Aus- und Fortbildung von Lateinlehrern sowie als Lehrbuchautor und Verfasser von Fachliteratur.

DIETER KOLSCHÖWSKY

TIRO
Curriculum breve Latinum

Ein Lehrwerk für Erwachsene

Unter Mitarbeit von Torsten Koske

Band 1 | Texte – Grammatik – Übungen

HELMUT BUSKE VERLAG | HAMBURG

Bildnachweis: © mauritius-images / Rene Mattes: Umschlag | Archiv für Kunst und Geschichte: 70 (© VG Bild-Kunst, Bonn 2008); 220 (© Eberhard Spangenberg / VG Bild-Kunst Bonn 2008) | © Archiv A. Steinmeyer-Schareika: 56, 57, 67, 72, 73, 96, 107, 109, 126, 141, 142, 189, 223, 237, 239, 251, 252, 254, 270, 271 | Buske Verlag: 40 | Archiv textus: VerlagsService: 29, 55 (Giovanni Dall'Orto), 94, 110, 143, 185, 201, 202 (Eric Gaba), 205 (Marie-Lan Nguyen), 219, 235, 249, 267, 284 | RMN Hervé Lewandowski: 163, 272 | Scala, Florenz: 123 | *Karten:* Helmut Schareika: 95; 140 (nach Haywood, Ancient Civilizations)

Bibliografische Information der Deutschen Nationalbibliothek

Die Deutsche Nationalbibliothek verzeichnet diese Publikation in der Deutschen Nationalbibliografie; detaillierte bibliografische Daten sind im Internet abrufbar über ‹http: / / dnb.d-nb.de›.
ISBN 978-3-87548-494-6 (Band 1)
ISBN 978-3-87548-528-8 (Band 2)
ISBN 978-3-87548-529-5 (Bände 1 u. 2)

Bildredaktion und redaktionelle Betreuung:
Dr. Helmut Schareika

 Gedruckt auf alterungsbeständigem Papier, hergestellt aus 100 % chlorfrei gebleichtem Zellstoff. Gestaltung: Jens-Sören Mann. Satz, Repro, Karten: textus: VerlagsService Dr. Helmut Schareika, Gau-Algesheim a. Rh. Druck und Bindung: Westermann Druck Zwickau. Printed in Germany.

VORWORT

BONUS VIR SEMPER TIRO

Liebe Studierende der lateinischen Sprache,
Liebe Freundinnen und Freunde des Lateinischen!

Es gibt sicher verschiedene Gründe, warum Sie als Erwachsene dieses Lehrwerk gewählt haben, um Lateinisch zu lernen. Ein Teil von Ihnen ist vermutlich aus beruflichen bzw. studienspezifischen Gründen gezwungen, Lateinkenntnisse oder ein sog. Latinum zu erwerben, andere möchten die verschütteten Grundlagen aus einer länger zurückliegenden Schulzeit wieder ausgraben oder sich im Alter an der Schönheit dieser Sprache erfreuen und einige Texte im Original lesen können. Dieser differenzierten Motivationslage entsprechend sind Ihre sprachlichen Vorkenntnisse sicherlich sehr unterschiedlich: Während die einen im Umgang mit Sprachen und ihrer Grammatik vertraut sind, liegt für andere der Erwerb grammatischer Kenntnisse vielleicht schon Jahrzehnte zurück. Autor und Verlag haben deshalb versucht, mit *Tiro* ein Lehrwerk zu konzipieren, das der angenommenen Ausgangslage aller Studierenden Rechnung trägt, sodass der Lehrgang in unterschiedlichem Tempo je nach den persönlichen Gegebenheiten bearbeitet werden kann.

Das Motto, das dem Werk vorangestellt ist, mag als kleiner Motivationsfaktor wirken: *›Ein guter Mensch ist immer ein Anfänger‹*. Der moralische Aspekt dieses Sprichworts besagt ja, dass lebenslanges Lernen einfach zum Wesen des Menschen gehört, dass es immer wieder Neues zu lernen gibt, und der zeitliche Aspekt betont deshalb, dass es nie zum Lernen zu spät ist. *Tiro* ist aber auch ein Eigenname, nämlich des ›Privatsekretärs‹ Ciceros, mit dem der große Redner, Politiker und Philosoph vertrauensvoll, ja geradezu liebevoll verbunden war. So möge dieses Buch helfen, dass Sie am Ende des Lehrgangs durch unseren *Tiro* mit der lateinischen Sprache vertraut geworden sind und Freude und Lust gewonnen haben, sich weiterhin mit dem Lateinischen zu beschäftigen.

Auctor et editor Tironem vobis et gaudio et usui fore sperant.

INHALT

EINFÜHRUNG IN KONZEPTION UND AUFBAU DES WERKES

I. Zur Konzeption des Lehrwerks

Wer Lateinisch lernt, möchte lateinische Texte im Original lesen und ggf. die Qualifikation ›Latinum‹ erwerben oder zumindest die Übersetzungen lateinischer Texte kritisch mit dem Original vergleichen können. Dieser Zielsetzung entsprechend bilden Texte den Schwerpunkt dieses Lehrwerks, das von bekannten Fremdwörtern über sprichwörtliche Einzelsätze zu vielfältigen Texten aus der Welt des Lateinischen führt. Alle diese Texte sind bearbeitet in Relation zu ihrem Schwierigkeitsgrad, zur grammatischen Progression und zum angenommenen Kompetenzgrad der Lernenden. Ein ›Satura‹ genannter Teil entfaltet zum Abschluss eine kleine Blütenlese lateinischer Texte mittleren Schwierigkeitsgrades. Sie bieten die Möglichkeit der gezielten Wiederholung und Anwendung des Gelernten.

Die Texte im *Tiro* umspannen über 2000 Jahre lateinischer Literatur und Kultur, stammen also aus Antike, Mittelalter, Neuzeit und reichen bis an die Gegenwart heran, wenn auch Autoren der Antike die Grundlage bilden. Es sind Beispiele unterschiedlicher literarischer Gattungen, die Inhalte verschiedener Fächer und Fakultäten spiegeln: Fabel und Geschichte, Theater und Alltagskultur, Mythos, Religion und Philosophie, auch Recht und Medizin. Zahlreiche Abbildungen fördern und verdeutlichen das Verständnis der Texte und verweisen z. T. auf ihre kunstgeschichtliche Wirkung. Das breite Spektrum der Textauswahl wirft ein Schlaglicht auf die nahezu unerschöpfliche Vielfalt der ›lateinischen Welt‹. Wer Latein lernt, begibt sich auf den Weg in diese andere Welt und damit zugleich in die historisch gewachsene kulturelle Tradition unserer Welt, er entdeckt die kulturellen Grundlagen Europas.

Um zu lernen, lateinische Texte zügig und angemessen ins Deutsche zu übersetzen, bedarf es einer geeigneten Methode. In diesem Buch wird der Weg des reflexiven Übersetzens beschritten. Es ist eine Methode sinngeleiteten Übersetzens: Auf der Grundlage der bewährten Drei-Schritt-Methode[1] und unter Beachtung der jeweils relevanten Elemente der Texterschließung wird, dem natürlichen Verstehensvorgang folgend, ›von vorne weg‹ übersetzt. Dabei wird sowohl innerhalb von Sätzen als auch über Satzgrenzen hinaus rückschauend der bereits erfasste Inhalt und vorausschauend der erwartete Inhalt im Übersetzungsprozess bewusst gemacht, um so die Aussage des Textes zu erfassen und angemessen wiederzugeben. Die einzelnen Schritte dieses reflexiven Übersetzens werden sukzessive im Laufe des Lehrgangs entfaltet, einige Übersetzungsregeln versuchen

1 Dieter Lohmann, Latein – ein Ratespiel?, in: *Der Altsprachliche Unterricht* (AU) XXXI 6, 1988, S. 29–54.

sie als eine Art Handreichung präsent zu halten. Es versteht sich von selbst, dass nur ständige Übung der einzelnen Schritte Sicherheit im Übersetzen vermitteln kann.

Die Zielsetzung dieses Lehrgangs bedingt, dass er konsequent lateinisch-deutsch ausgerichtet ist. Dies gilt besonders für die Vermittlung der Grammatik: Sie steht im Dienste der Übersetzung aus dem Lateinischen ins Deutsche, ist also als Funktionselement des Inhalts zu verstehen. Eine in diesem Sinne dem Übersetzungsprozess zugeordnete funktionale Grammatik ist also abzugrenzen von einer sog. Verfertigungsgrammatik, die zum Übersetzen vom Deutschen ins Lateinische befähigen möchte. Die einzelnen Bausteine dieser funktionalen Grammatik werden nach einer Grundlegung im ›Fundamentum‹ in 14 Kapiteln eingeführt, erläutert und geübt. Ziel ist es, die Fähigkeit zu vermitteln, Formen und Strukturen im Lateinischen sicher zu erkennen, weil letztlich nur so ein sinngeleitetes Übersetzen möglich ist. Diesem Ziel sind auch einige Übungen verpflichtet, die einen aktiveren Umgang mit der Sprache erfordern.

Eine unverzichtbare Voraussetzung zügigen Übersetzens ist außerdem eine ausreichende Kenntnis an Vokabeln. Allerdings ist die Anzahl der zu lernenden und lernbaren Vokabeln in einem oft eng gefassten zeitlichen Rahmen begrenzt. Sollen dennoch, wie in diesem Lehrgang, zwar bearbeitete, aber doch originale Texte vielfältigen und interessanten Inhalts präsentiert werden, wächst der Umfang der verwendeten Vokabeln notwendigerweise. Diesem Sachverhalt versucht *Tiro* mit drei Vokabularien gerecht zu werden:

- Das ›Lesevokabular‹ enthält alle neuen Vokabeln einer Lektion oder Übung in der Reihenfolge ihres Vorkommens. Es empfiehlt sich, dieses Vokabular parallel zum Text während der Übersetzung präsent zu haben.
- Das ›Lernvokabular‹ erleichtert das Einprägen der zu lernenden Vokabeln. Es umfasst ca. 1000 Vokabeln (ohne ›Satura‹). Die Auswahl dieser Vokabeln orientiert sich an dem sog. Grundwortschatz des Lateinischen.
- Das ›alphabetisches Verzeichnis aller im Lehrgang vorkommenden Vokabeln‹ ermöglicht sehr schnell, vergessene Vokabeln nachzuschlagen. Wer vergisst nicht mal Vokabeln?

II. Zum Aufbau des Lehrwerks

Dieses Sprachlehrwerk für Erwachsene umfasst drei unterschiedliche Teile: den eigentlichen Lehrgang in Band I sowie einen lexikalischen Teil und einen Lösungsteil in Band II.

Der Lehrgang bzw. Band I besteht seinerseits aus drei Teilen:

Das Fundamentum

Es vermittelt die Grundlagen der Sprache wie Wortbildung, Wortarten, Satzglieder, Satzarten, Deklination und Konjugation sowie die Voraussetzungen reflexiven Übersetzens.

Die Intensität der Bearbeitung dieses Teils wird je nach Vorkenntnissen sehr unterschiedlich sein; da hier jedoch die begriffliche und methodische Basis für den weiteren Lehrgang gelegt wird, ist seine Behandlung immer notwendig.

■ Die 14 Kapitel

Jedes Kapitel steht unter einem thematischen Schwerpunkt. Es enthält eine erste Lektion, in der der neu zu lernende grammatische Stoff eingeführt wird, einen zugeordneten Grammatikteil, die anschließenden Exercitanda, Übungen, eine weitere Lektion zur Anwendung des jeweils Gelernten und einen zum Lesen empfohlenen, Legenda genannten Informationsteil, der die thematische Schwerpunktsetzung ergänzt oder vertieft.

■ Die ›Satura‹

Diese Zusammenstellung weitgehend unbearbeiteter Originaltexte verschiedener Autoren unterschiedlicher Epochen und vermischten Inhalts, die der Wiederholung, Anwendung und kleineren Ergänzungen des Gelernten dienen soll, ist als fakultativ zu betrachten.

Abgerundet wird dieser Band durch die ›Übersicht der Übersetzungsregeln‹, das ›Eigennamenverzeichnis‹ mit knappen Sachinformationen, das ›Abkürzungsverzeichnis‹ sowie den ›Index grammaticus‹.

Teilband II

Der in einem separaten Band vorliegende lexikalische Teil soll helfen, das Lernen und die Arbeit an den Texten und Übungen zu erleichtern:

– drei Vokabelverzeichnisse (s. o.),
– ein Verzeichnis der Stammformen unregelmäßiger Verben (eine Hilfe beim Übersetzen, kein Lernersatz!),
– Formentabellen zum schnellen Nachschlagen.

Der ebenfalls im Teilband II enthaltene Lösungsteil ›Solutiones‹ ist ein Angebot für all jene, die diesen Lehrgang – vielleicht auch nur teilweise – im Selbststudium bearbeiten, um ihre Arbeitsergebnisse kritisch zu überprüfen.

·FUNDAMENTUM·

VERBA ET PROVERBIA

I. VERBA

1. Lehn- und Fremdwörter

Viele Wörter im Deutschen und in anderen europäischen Sprachen haben ihre Wurzel im Lateinischen. Dies ist verständlich, wenn man einerseits die Ausdehnung des römischen Weltreiches in der Antike betrachtet, dessen Grenzen auf drei Kontinenten verliefen. Überall in diesem riesigen *imperium Romanum* verbreitete sich die ›römisch-antike‹ Kultur, überall wurde Latein gesprochen, sodass die Volkssprachen in ihrer jeweiligen Entwicklung von der ›internationalen‹ Sprache Latein beeinflusst wurden. Diese Internationalität des Lateinischen gilt auch für das Mittelalter und weit in die Neuzeit hinein, und zwar im weitesten kulturellen Sinne, insbesondere als Sprache der Kirche und der Wissenschaft.

Der aufgezeigte Zusammenhang erklärt, warum das Deutsche so viele Wörter lateinischen Ursprungs enthält. Teils sind es Lehnwörter, die schon in früher Zeit aus dem Lateinischen entlehnt worden sind, sodass ihr Ursprung den Menschen der Gegenwart meistens nicht mehr bewusst ist, teils sind es Fremdwörter, deren Zahl durch Neubildungen ständig wächst, teils auch wörtliche lateinische Wendungen:

1.1 Lehnwörter

1.1.1 Substantive

Sack	<	saccus	Kloster	<	claustrum
Kiste	<	cista	Fenster	<	fenestra
Keller	<	cellārium	Mauer	<	mūrus
Zelle	<	cella	Küster	<	custos
Zins	<	census	Regel	<	rēgula
Schule	<	schola	Frucht	<	fructus
Tafel	<	tabula	Wein	<	vīnum
Ziegel	<	tēgula	Prämie	<	praemium

1.1.2 Verben

dichten < dictāre
spenden < spondēre
studieren < studēre
schreiben < scrībere
radieren < rādere

1.2 Fremdwörter

1.2.1 Substantive

Joker < iocus
Justiz < iūstitia
Medizin < medicīna
Fundament < fundamentum
Religion < religio
Nation < natio
Nomen < nōmen
Krimi < crīmen
Diarium < diēs
Manager < manus

1.2.2 Verben

Computer < computāre
salutieren < salutare
Lektüre < legere
Kredit < crēdere
Dozent < docēre
sentimental < sentīre
Audiovision < audīre + vidēre

1.2.3 Adjektive

human < hūmānus
Single < singulus
Bonbon < bonus
liberal < līberālis
zivil < cīvīlis
Brief < brevis

1.3 Lateinische Substantiv-Adjektiv-Wendungen

Rōma aeterna
rēs publica
Magna Charta
alma māter
studium generāle
circulus vitiōsus
auditōrium maximum
homo sapiens

2. Zur Aussprache des Lateinischen

2.1 Die Grundregel der Aussprache

Die obigen Beispiele haben bereits gezeigt, dass Ihnen eigentlich schon viele lateinische Wörter bekannt sind. Sicher haben Sie keine Mühe gehabt, sie zu lesen bzw. auszusprechen. Der Grund hierfür ist die wichtigste lateinische Ausspracheregel:

Man spricht, wie man schreibt.

Gleichwohl gilt es, einige wenige Besonderheiten der Aussprache zu bedenken:

2.2 Besonderheiten der Aussprache

c wird im klassischen Latein immer wie *k* ausgesprochen. Allerdings kam in der Spätzeit des römischen Kaiserreichs der Brauch auf, *c* vor *e* und *i* sowie vor *ae* und *oe* wie *z* zu sprechen. Dieser Wandel zeigt sich z. B. an den Lehnwörtern *cellarium (kellarium)* → *Keller* gegenüber *cella (zella)* → *Zelle*. Das Wort *Zelle* ist also später entlehnt worden als das Wort *Keller*.

ch bezeichnet immer ein *k*.

ti wird wie *ti* gesprochen; erst seit der späten Kaiserzeit erfolgt auch hier eine Veränderung, nämlich zur Aussprache *zi*.

s klingt *immer* stimmlos wie *ß*.

i wird als Anlaut (am Wortbeginn) und zwischen Vokalen wie *j* gesprochen.

Das klassische Latein kannte nur den Buchstaben *v* für die deutschen Laute *u* und *v*. Dabei wurde der Laut *v* ursprünglich wie das englische *w* ausgesprochen, später wie das deutsche *w*; heute sind beide Aussprachen möglich. Nach *ng* und *q*, selten nach *s*, wird das *u* wie das englische *w* gesprochen.

Die Diphthonge (Doppellaute) *ae* und *oe* werden in Deutschland traditionell wie *ä* und *ö* ausgesprochen, oft wird aber auch die lateinisch ältere Aussprache *ai* bzw. *oi* bevorzugt.

2.3 Zur Betonung lateinischer Wörter

Alle mehrsilbigen lateinischen Wörter werden
- auf der vorletzten Silbe betont, wenn diese lang ist, z. B. *docēre*,
- und auf der drittletzten, wenn die vorletzte Silbe kurz ist, z. B. *crēdere*.

Eine Silbe ist lang
- von Natur aus, wenn sie einen langen Vokal oder einen Diphthong enthält,
- durch sog. Position, wenn auf einen kurzen Vokal zwei oder mehr Konsonanten folgen; dies gilt nicht, wenn der zweite Konsonant ein *r* ist.

Naturlange Vokale werden im Vokabular dieses Buches (oder sonst öfter in Tabellen) mit einem kleinen Balken gekennzeichnet, z. B. so: *cellārium*; gelegentlich dient auch ein Bogen dazu, auf die Kürze eines Vokals aufmerksam zu machen, etwa Thălēs.

2.4 Zur Schreibweise des Lateinischen

Die Römer kannten ursprünglich nur Großbuchstaben. Heute ist es üblich, Satzanfänge und Eigennamen großzuschreiben, alle anderen Wörter klein. Satzzeichen werden im Allgemeinen nach den deutschen Regeln gesetzt.

F

2.5 Kleine Leseübung

Lesen Sie – unter Beachtung der Ausspracheregeln – die oben zusammengestellten lateinischen Wörter. Machen Sie es, wie die Menschen in der Antike: Lesen Sie laut!

→ Im Falle von Versen finden sich bisweilen Unterpunkte, die auf spezielle Hervorhebungen infolge des Versmaßes hinweisen, z. B. »Si quịs in ạrborẹm ascẹndit …«

3. Wortarten

3.1 Stamm und Endung

Die oben zusammengestellten lateinischen Wörter sind nach Nomina (Pluralform von Nomen), und zwar nach Substantiven und Adjektiven, sowie nach Verben geordnet. Alle diese Wörter bestehen aus zwei Teilen:

- dem traditionell ›Stamm‹ genannten Teil, d. h. dem Bedeutungsteil, auch Sinnmorphem oder Lexem genannt, und
- der Endung, einem grammatischen Signalteil, dem sog. grammatischen Morphem, das die Form des Wortes und seine Funktion (Aufgabe) im Satz anzeigt.

Da der diesbezügliche Sprachgebrauch in den Lehrbüchern nicht einheitlich ist, benutzen wir in diesem Buch die traditionellen Begriffe ›Stamm‹ und ›Endung‹; dies geschieht auch im Hinblick auf jene Leser, die schon früher einmal Grundkenntnisse in der lateinischen Sprache erworben haben. Mit dem Begriff ›Endung‹ wird also der Teil der Wörter bezeichnet, der sich bei ihrer Beugung (Deklination der Nomina bzw. Konjugation der Verben) verändert. Ohne deren Kenntnis ist eine Übersetzung aus dem Lateinischen nicht möglich. Die unterschiedlichen Stämme und Endungen ermöglichen es, Nomina und Verben nach Deklinationsgruppen und Konjugationsklassen zu ordnen.

3.2 Substantive

Das Lateinische unterscheidet fünf Deklinationsgruppen, die nach den ursprünglichen Stammauslauten benannt werden:

1. oder a-Deklination	2. oder o-Deklination		3. Deklination (3 Gruppen: konsonantisch, gemischt und i-Stämme)		4. oder u-Deklination	5. oder e-Deklination
f (m)	m (f)	n	m und f	n	m (f/n)	f (m)
regul-a	mur-us	vin-um	homo	nomen	fruct-us	r-es

Die Wörter dieser Tabelle sind alle in ihrer ›Grundform‹, d. h. im Kasus (Fall) Nominativ und im Numerus (Zahl) Singular aufgeführt. Ihr Genus (grammatisches Geschlecht) ist nur bedingt erkennbar. Wörter der

- a-Deklination sind größtenteils femininum (f);
- o-Deklination auf *-us* sind meistens maskulinum (m), auf *-um* sind immer neutrum (n);
- u-Deklination sind bis auf wenige Ausnahmen maskulinum;
- e-Deklination sind femininum, *Ausnahme*: *dies* (m) (der Tag).

Außerdem gilt, dass Personen (Lebewesen) ihr **natürliches Geschlecht** haben.

Diese vier Deklinationsgruppen werden wegen ihres Stammauslautes auch vokalische Deklinationen genannt. Bei Wörtern dieser Gruppen wird das Genus im Vokabular nur angegeben, wenn es von der Regel abweicht.

Bei den Wörtern der 3. Deklination herrscht dagegen eine große Vielfalt; es gibt keine einheitliche Form für den Nominativ Singular und auch keine verlässliche Regel für das jeweilige Genus. Daher wird das Genus mit den Vokabeln gegeben.

Da die Deklination der Neutra einige Besonderheiten enthält, sind in der Tabelle zwei Extraspalten für sie angelegt.

Kleine Übung: Ordnung muss sein!

Ordnen Sie alle unter I. 1 aufgeführten lateinischen Substantive ihren Deklinationsgruppen zu. (census, fructus *und* manus *gehören zur u-Deklination.)*

3.3 Adjektive

Auch die lateinischen Adjektive bestehen – wie die Substantive – aus Stamm und Endung. Die Endung bezeichnet jeweils den **K**asus, den **N**umerus und das **G**enus (KNG). An den oben aufgeführten Wendungen (I.1.3) zeigt sich die wichtigste Funktion der Adjektive: ein Substantiv näher zu beschreiben. Sie übernehmen damit die Funktion eines Attributs (Beifügung). Diese Zuordnung der Adjektive zu Substantiven wird zwar – wie im Deutschen – meistens schon durch den jeweiligen Sinnzusammenhang im Kontext eines Satzes oder Textes deutlich, zusätzlich aber durch die **KNG-Kongruenz**, d. h. durch die Übereinstimmung von Substantiv und Adjektiv in Kasus, Numerus und Genus. Diese Übereinstimmung ist eine grammatische, keine äußerlich formale, denn alle lateinischen Adjektive gehören zu einer von zwei Gruppen, entweder zur 1. / 2. oder 3. Deklination.

Adjektive der 1./2., also der a- und o-Deklination

Diese Adjektive haben im Nominativ Singular drei Endungen, für jedes Geschlecht eine:

m	f	n
bon-us	bon-a	bon-um

Es heißt also: *homo bonus, res bona, vinum bonum.*

Adjektive der 3. Deklination

Diese Adjektive gehören fast alle zur Untergruppe der i-Stämme. Sie haben im Nominativ Singular entweder nur eine oder zwei oder drei Endungen für das jeweilige Genus:

	m	f	n
1-endig	sapiens	sapiens	sapiens
2-endig	liberal-is	liberal-is	liberal-e
3-endig	celer	celer-is	celer-e

Es heißt also: *homo sapiens/liberalis/celer*
mater sapiens/liberalis/celeris
praemium sapiens/liberale/celere

Kleine Übung: Paarbildungen

a) Bilden Sie nach obigem Muster aus den Adjektiven und Substantiven unter I.1 dem Sinn und der Form nach mögliche Verbindungen.

b) Verbinden Sie die folgenden Substantive und Adjektive zu sinnvollen und grammatisch richtigen Wendungen:

manus – studium – dies – res – schola – murus – medicina – vinum – custos – regula.	maximus – sapiens – publica – breve – vitiosa – liberalis – almum – bonus – generalis – humana

3.4 Verben

Ein Blick auf die Verben unter 1.1.2 und 1.2.2 zeigt, dass sie alle auf *-re* enden. Diese Endung kennzeichnet die ›Grundform‹ dieser Verben, den Infinitiv der Gleichzeitigkeit Aktiv, auch Infinitiv Präsens genannt.

Die Verben bestehen also auch aus einem Stamm, der die Bedeutung trägt, und einer Endung, die die grammatische Funktion anzeigt. Nach dem Auslaut dieses Stammes, des sog. Präsensstammes, werden im Lateinischen vier Konjugationsklassen unterschieden, die in zwei Hauptgruppen zusammengefasst werden können:

a) die langvokalischen Konjugationen

- die 1. oder a-Konjugation: *salutā-re;*
- die 2. oder e-Konjugation: *docē-re;*
- die 4. oder i-Konjugation: *audī-re.*

b) die konsonantischen bzw. kurzvokalischen Konjugationen

- Die Verben dieser Konjugationen werden auch zusammengefasst als 3. Konjugation geführt.

Bei ihnen ist die vorletzte Silbe des Infinitivs der Gleichzeitigkeit kurz: reg-ĕ-re. Das kurze *e* ist gewissermaßen als Aussprachehilfe zwischen den konsonantischen Auslaut *reg* und den konsonantischen Anlaut der Infinitivendung *-re* ›gerutscht‹, um so beide Teile des Infinitivs zu einer ganzen Form zu verbinden; es heißt deshalb Bindevokal.

→ In manchen Wörterbüchern der lateinischen Sprache dienen die Klassifikationszahlen 1.–4. zur eindeutigen Bestimmung der Verben.

Kleine Übung: Zu-Ordnung

Ordnen Sie alle unter I.1. vorkommenden Verben ihren jeweiligen Konjugationsklassen zu.

II. PROVERBIA

Das sprachliche Erbe des Lateinischen wird nicht zuletzt durch die Vielzahl weithin bekannter Redewendungen, Sprichwörter und Sentenzen dokumentiert. Sie werden deshalb in diesem Abschnitt einigen wenigen dieser ›Geflügelten Worte‹ begegnen, um an ihnen Grundlagen der lateinischen Syntax (Satzlehre) zu studieren.

1. Satzgliedpositionen

Jede Fußballmannschaft besteht theoretisch aus verschiedenen Positionen – Torwart, Verteidiger, Linksaußen etc., die ihr Trainer nach seinen taktischen Vorstellungen und den Leistungsstärken seiner Spieler besetzt, um die bestmögliche Mannschaft auf das Spielfeld zu schicken. In vergleichbarer Weise wie der Trainer verhält sich jeder Sprecher. Wer etwas sagen oder schreiben möchte, wählt aus seinem Vorrat an Wörtern diejenigen aus, die ihm geeignet scheinen, das auszudrücken, was er sagen will: seine Redeabsicht. Diese Wörter bilden dann einen Satz, indem sie gewissermaßen die ihnen zugewiesenen

Positionen sowie die mit diesen verbundenen syntaktischen Funktionen übernehmen und damit zu Satzgliedern werden.

Prinzipiell gibt es fünf Satzgliedpositionen:

a) Subjekt (S) [Satzgegenstand]
b) Prädikat (P) [Satzaussage]
c) Objekt (O) [Satzergänzung]
d) Adverbiale Bestimmung (AB), kurz Adverbiale genannt [Umstandsbestimmung]
e) Attribut (A) [Beifügung]

Diese Satzgliedpositionen können also mit unterschiedlichen Wörtern, Wortarten oder Wortverbindungen besetzt werden, die dann die jeweilige syntaktische Funktion übernehmen. Für Attribute gilt, dass sie stets andere Satzglieder erweitern, also ein Beziehungswort haben, dem sie als Satzgliedteile beigefügt sind.

2. Sätze im Singular

2.1 **Tempus ▷ fugit**
Die Zeit ▷ entflieht

Dieser kurze Satz, der sich häufig auf Sonnenuhren findet, enthält zwei Teile, die normalerweise die Basis aller Sätze bilden: Subjekt und Prädikat.

2.1.1 Subjekt und Artikel

Das Subjekt wird hier durch ein Substantiv gebildet. Im Deutschen ist zu dem Substantiv ein bestimmter Artikel gesetzt, der im Lateinischen fehlt.

→ Im Lateinischen gibt es keine Artikel.

2.1.2 Prädikat

Das Prädikat stimmt im Lateinischen und Deutschen in der Endung überein: *-t*. Diese Personalendung bezeichnet die 3. Person Singular Aktiv. Das Verb *fugere* gehört zur 3. Konjugation; die Form *fugit* zeigt, dass aus dem Bindevokal *e* ein kurzes *i* geworden ist.

Der kurze Satz lässt sich in einem sog. grammatischen Satzbild veranschaulichen:

Tempus	fugit.
S	P

2.2 **Plenus venter ▷ non studet libenter**
Ein voller Bauch ▷ studiert nicht gern

In diesem Satz ist die Basis Subjekt – Prädikat wie folgt erweitert:

2.2.1 Adjektivisches Attribut

Am Beginn steht ein adjektivisches Attribut als Beifügung zum Subjekt. Dieses Attribut ist für das Sprichwort sinn-notwendig, deshalb ist es hier – der deutschen Sprachnorm entsprechend – als Satzgliedteil vor sein Beziehungswort gestellt. Die KNG-Kongruenz (s. o. I. 3.3) sichert die Feststellung des ersten Satzgliedes: *plenus venter.*

2.2.2 Adverbiale

Am Ende des Satzes findet sich ein Adverb, das die Funktion einer adverbialen Bestimmung übernommen hat und die Aussage erst abrundet.

2.2.3 Prädikat

Die Personalendung *-t* findet sich direkt am Stamm von *studē-re.* Diese Beobachtung gilt für alle Verben der vokalischen Konjugationen. Es heißt also entsprechend

zu *salūtā-re* → *saluta-t* und zu *audī-re* → *audi-t.*

Die Negation (Verneinung) *nōn* bildet mit dem Prädikat eine Einheit. Das grammatische Satzbild stellt sich daher folgendermaßen dar:

Plenus	venter	non studet	libenter.
A	S	P	AB

2.2.4 Artikel

Die deutsche Version des Sprichworts enthält den unbestimmten Artikel *ein.* Vergleichen Sie Satz 2.2 mit Satz 2.1 und überlegen Sie, wann im Deutschen ein bestimmter, wann ein unbestimmter Artikel gesetzt wird.

2.3 Errare ▷ humanum est
Irren ▷ ist menschlich

Dieses bekannte Sprichwort zeigt in beiden Sprachen eine von den Beispielen 2.1 und 2.2 abweichende Besetzung der Satzgliedpositionen Subjekt und Prädikat:

- Das Subjekt wird im Lateinischen wie im Deutschen durch einen substantivierten Infinitiv gebildet.
- Das Prädikat besteht aus zwei Wörtern: dem Adjektiv *humanum* und demWort *est;* dies ist die 3. Person Singular des Hilfsverbs *esse* (sein). Im grammatischen Sprachgebrauch heißt das Hilfsverb Kopula (K), lateinisch *copula* (Band).

Dieser Name erklärt seine syntaktische Funktion: es ›verbindet‹ das Adjektiv *humanum* mit dem Subjekt und bildet so das Prädikat, die Aussage des Satzes; das Hilfsverb alleine hat also keine inhaltliche Bedeutung. Da Adjektive zur Gruppe der Nomina gehören, besteht das Prädikat folglich aus einem Prädikatsnomen (PN) und der Kopula. Die

Endung von *human-um* signalisiert das Genus Neutrum. Dies beruht darauf, dass ein Adjektiv als Prädikatsnomen immer in KNG-Kongruenz zum Subjekt steht und dass ein substantivierter Infinitiv in der Position Subjekt als Nominativ Singular Neutrum zu werten ist.

2.4 **Semper homo bonus ▷ tiro est.**
Immer ist ein guter Mensch ▷ ein Anfänger.

Diese weise Erkenntnis haben Sie in der Einleitung schon in der pointierten Zitatform kennengelernt:

Bonus vir	Ein guter Mensch
▷ *semper tiro.*	▷ ist immer ein Anfänger.

2.4.1 Zwei Sätze – eine Aussage

Der Vergleich beider Sätze zeigt, dass das Prädikatsnomen aus einem Substantiv besteht, die Kopula aber in der zweiten lateinischen Fassung fehlt. Diese Verkürzung ist in Sentenzen, Inschriften etc. beliebt, da die Kopula ja inhaltlich nichts zur Aussage beiträgt.

2.4.2 Stamm ≈ Kasus

Das Wort *homo* wird durch das Wort *vir* ersetzt, das trotz seiner Grundbedeutung ›Mann‹ in allgemeinen Aussagen auch ›Mensch‹ bedeuten kann. Es gehört zur Gruppe einiger Nomina der o-Deklination, die im Nominativ Singular auf ihren Stammauslaut *-r* enden, also keine besondere Endung aufweisen.

2.4.3 Die Wortstellung

Während im ersten lateinischen Satz das Adverbiale *semper* an erster Stelle steht, ist es im zweiten Satz zum Prädikat gestellt; gleichzeitig ist das adjektivische Attribut von seiner Stellung *hinter* seinem Beziehungswort *vor* dasselbe gerückt. Der Grund liegt in einer unterschiedlichen Akzentuierung der Aussage. Da Satzanfang und Satzende als die betonten Stellen im Satz gelten, folgt daraus, dass im ersten Satz die Allgemeingültigkeit der Aussage betont wird, während im zweiten Satz die moralische Beurteilung eines Anfängers hervorgehoben wird, da *bonus* und *tiro* durch die Setzung an die erste und letzte Stelle des Satzes (ohne *est*!) betont aufeinander bezogen werden. Die deutsche Sprache kann diese Akzentverschiebung nicht entsprechend kurz nachvollziehen, da nur das Adverbiale, aber nicht das adjektivische Attribut zu verschieben ist.

Allgemein gilt, dass die Wortstellung im Lateinischen zwar sehr frei, aber nicht willkürlich ist. Jeder Sprecher bestimmt die Abfolge der Satzglieder, indem er die Reihenfolge seiner Gedanken so gestaltet, dass seine Redeabsicht möglichst deutlich wird. Deshalb stehen (außer in der Dichtung) Wörter, die eine Sinneinheit bilden, in der Regel zusammen.

Daraus folgt die **erste Übersetzungsregel:**

ÜR 1 Übersetzen Sie lateinische Sätze möglichst ›von vorne weg‹, indem Sie der Abfolge der Satzglieder folgen. Beachten Sie dabei stets die grammatische Form der Wörter, um sie den jeweiligen Satzgliedern richtig zuzuordnen.

Diese Regel bedarf sofort einer Ergänzung, die die Stellung des Prädikats betrifft. Da das Prädikat im deutschen Hauptsatz (Aussagesatz) die zweite Satzgliedposition einnimmt (außer bei Satzfragen und Aufforderungssätzen), im Lateinischen dagegen meistens zum Ende hin oder am Ende des Satzes steht, gilt:

ÜR 2 Übersetzen Sie in Hauptsätzen das Prädikat möglichst nach dem ersten Satzglied.

Überprüfen Sie diese Übersetzungsregeln an den Beispielen 2.3 und 2.4.

2.4.4 Thema – Rhema

Alle Sätze enthalten stets ein Thema. Dieses Thema steht meistens im Anfangsteil eines Satzes und knüpft in Texten an eine bereits bekannte Information an, in Einzelsätzen dagegen setzt der Sprecher ein allgemeines Vorwissen des Lesers oder Hörers voraus, das sog. konventionelle Wissen. So bereitet die Angabe des Themas *bonus vir* keine Verständnisprobleme, jeder könnte dieses Thema mühelos durch verschiedene Ergänzungen zu unterschiedlichen Sätzen erweitern. Die jeweils gewählte Ergänzung vermittelt dem Leser / Hörer eine ▷ neue Information zu dem Satzthema; sie wird mit dem griechischen Wort Rhema (Aussage) benannt. Das obige Sprichwort überrascht mit seinem Rhema *semper tiro* und wirkt dadurch besonders eindrücklich.

Kleine Übung

a) Da alle Sätze prinzipiell diese Thema Rhema Abfolge enthalten, wird auch aus dieser Perspektive die Notwendigkeit deutlich, die Übersetzungsregel ÜR 1 zu beachten. Die Sätze 2.1 – 2.4 oben sind zur Verdeutlichung des Thema-Rhema-Prinzips entsprechend gegliedert gedruckt worden (Thema ▷ Rhema). Überprüfen Sie daraufhin die gewählte Anordnung.

b) Übersetzen Sie die folgenden ›Geflügelten Worte‹ unter Beachtung von ÜR 1, ÜR 2 und der Thema-Rhema-Folge.

a) Variatio delectat.
b) Medicus curat, natura sanat.
c) Nomen est omen.
d) Verum gaudium res severa est.
e) Vita brevis, ars longa.
f) Omnis homo mendax.

3. Sätze im Plural

Übersetzen Sie die folgenden Sätze im Plural mithilfe der Formenübersicht unter 3.1 und 3.2.

a) Verba docent, exempla trahunt. b) Verba volant, textūs manent. c) Nomina sunt odiosa. d) Res secundae vitreae sunt. e) Quot homines, tot sententiae. f) Quot capita, tot sensūs. g) Libri magistri, libri amici.

3.1 Deklination der Nomina: Nominativ Singular und Plural

3.1.1 Substantive

Die vokalischen Deklinationen

	a-Dekl.	o-Dekl.		u-Dekl.	e-Dekl.
		m	n		
Sg.	regul-a	mur-us	vin-um	fruct-us	r-ēs
Pl.	regul-ae	mur-ī	vin-a	fruct-ūs	r-ēs

Die konsonantischen Stämme der 3. Deklination

	m	n
Sg.	homo	nomen
Pl.	homin-ēs	nomin-a

→ Die Deklination der Feminina ist identisch mit den Formen der Maskulina.

Beachten Sie, dass bei vielen Substantiven erst der Nominativ Plural den Wortstamm zeigt, wenn Sie die Endung abstreichen. Deshalb wird bis einschließlich Kapitel 3 diese Form im Vokabular mitgegeben.

3.1.2 Adjektive der 1., 2. und 3.Deklination

	a- und o-Deklination			3. Deklination, i-Stämme		
	m	f	n	m	f	n
Sg.	bon-us	bon-a	bon-um	celer	celer-is	celer-e
Pl.	bon-ī	bon-ae	bon-a	celer-ēs	celer-ēs	celer-ia

Auch bei den Adjektiven enthüllt oft erst eine deklinierte Form den Stamm:

a) Sg.: pulcher, pulchr-a, pulchr-um;
Pl.: pulchr-i, pulchr-ae, pulchr-a: → Stamm: pulchr (*schön*);
b) Sg.: sapiēns, sapiēns, sapiēns;
Pl.: sapient-ēs, sapient-ēs, sapient-ia: → Stamm: sapient (*weise*).

3.2 Die Konjugation der Verben

Die Personalendung für die 3. Person Singular Aktiv lautet *-t* (s.o. II. 2.1.2) und für die 3. Person Plural *-nt*. Diese Endungen werden zum Teil direkt an den Stamm gehängt, zum Teil wird als Bindevokal ein *-i-* bzw. ein *-u* zwischen Stamm und Endung eingefügt (vgl. I. 3.4 und II. 2.1.2). Entsprechendes gilt für das Hilfsverb *esse*.

	a-Konjugation	e-Konjugation	i-Konjugation	konsonant. *oder* kurzvokalische Konjugation
Inf.	salutā-re	docē-re	audī-re	reg-e-re
3. P. Sg.	saluta-t	doce-t	audi-t	reg-i-t
3. P. Pl.	saluta-nt	doce-nt	audi-u-nt	reg-u-nt

esse: 3. P. Sg: es-t, 3. P. Pl.: s-u-nt.

4. Verdecktes Subjekt

Nonnulli homines numquam rident; semper tristes sunt.
A S AB P AB PN K+**S**
Einige Menschen lachen nie; **sie** sind immer traurig.
A S P AB **S** K AB PN

Da die Personalendung der Verben eine Person anzeigt, ist es im Lateinischen nicht immer notwendig, das Subjekt unmittelbar zu benennen. Voraussetzung ist, dass es sich aus dem Kontext, d.h. in der Regel aus dem vorangehenden Satz, quasi automatisch ergibt. In dem obigen Beispiel enthält der zweite Satz eine Erklärung für den ersten, dessen Subjekt gilt also auch für den zweiten Satz. Im Deutschen benötigen wir ein Personalpronomen, um den Bezug wiederzugeben. Im Lateinischen sprechen wir von einem verdeckten Subjekt, weil dieses ohne ausdrückliche Nennung gewissermaßen verdeckt im Prädikat enthalten ist.

5. Von der Übersetzbarkeit der Wörter

Wenn Sie ein lateinisch-deutsches Wörterbuch aufschlagen, werden Sie meistens zu einem lateinischen Wort mehrere deutsche Bedeutungen finden. Zu dem Verb *ŏlēre* werden z. B. folgende Bedeutungen gegeben:

1. (*nach etwas*) riechen; a. stinken; b. duften; 2. erkennen lassen, verraten.

Das Beispiel zeigt, dass *olet* als einzelnes Wort im Grunde nicht zu übersetzen ist, denn jede Übersetzung muss so eindeutig sein wie die fremdsprachliche Vorlage. Welche

Bedeutung sollte man also aus dem Wörterbuch wählen? Um dies entscheiden zu können, bedarf es weiterer Informationen. Diese sind in der Regel in dem – schon übersetzten – Text enthalten, in dem sich das Wort befindet.

Zu dem Wort *olet* gibt es eine kleine Geschichte: Der Kaiser Vespasian (69–79 n. Chr.) brauchte Geld in der Staatskasse. Also erfand er eine neue Steuer: Er belegte den öffentlich für die Gerber gesammelten Urin mit einer Abgabe. Diese Urinsteuer missfiel seinem Sohn Titus. Doch als Vespasian das erste Geld aus dieser Steuer in den Händen hatte, hielt er es seinem Sohn unter die Nase und sagte: »*Ecce! Pecunia non olet.*«

Es fällt Ihnen sicher nicht schwer, jetzt eine treffende Übersetzung für *olet* zu finden. Verallgemeinert ergibt sich eine weitere Übersetzungsregel:

ÜR 3 Überprüfen Sie Ihre jeweilige Übersetzung, indem Sie ›zurück-blicken‹, d. h., indem Sie stets prüfen, ob Ihre Übersetzungsentscheidungen zu dem bereits übersetzten Text passen. Beachten Sie daher immer das Thema des Textes und die Thema-Rhema-Abfolge (II. 2.4.4).

EXERCITANDA

1. Quis? Quid?

Mithilfe eines Interrogativpronomens (Fragefürwortes) können Satzglieder erfragt werden. Nach dem Subjekt wird unter Einbeziehung des restlichen Satzes Quis? (Wer?) oder Quid? (Was?) gefragt:

a) Quis semper tiro est? – Bonus vir semper tiro est.
b) Quid odiosum est? – Nomina odiosa sunt.

Erklären Sie die unterschiedlichen Formen der Prädikate im Beispiel b) und beantworten dann mithilfe der Sätze unter II. die folgenden Fragen:

1. Quid delectat? 2. Quid humanum est? 3. Quis curat? 4. Quis non studet libenter? 5. Quid vitreum est? 6. Quid manet? 7. Quid non olet? 8. Quis numquam ridet?

2. Formentraining

Bilden Sie jeweils die entsprechende Form im Singular oder Plural:
crimina – fructus – homines boni – medicinae – muri – praemia – religiones – res publica – schola – studet – studia brevia – sunt – trahunt – vir sapiens.

3. Solisten

Die Formen jeder Spalte haben – außer einem ›Solisten‹ – mindestens ein gemeinsames Merkmal:

fenestra	iocus	humanus	religio	crimina	videt
tabula	murus	plenus	res	praemium	legit
iustitia	fructus	brevis	manus	amici	curant
nomina	circulus	bonus	vir	diēs	scribit

4. Subjekt gesucht

Ergänzen Sie ein passendes Subjekt.

1. .... brevis est. 2. .... brevia sunt. 3. .... mendaces sunt. 4. .... severa est. 5. .... docent. 6. .... fugiunt.

5. Halbe Prädikate

Ergänzen Sie die fehlenden Endungen der Prädikate.

1. Saccus plen..... es..... . 2. Tabula plen..... es..... . 3. Vina bon..... s..... . 4. Boni viri semper tiron..... s..... . 5. Medici cura..... . 6. Studium brev..... es..... .

6. Verdecktes Subjekt

Die folgenden Satzpaare enthalten ein sog. verdecktes Subjekt.

a) Bestimmen Sie diese Subjekte.

b) Ergänzen Sie die fehlenden Endungen im 2. Beispiel.

c) Warum ist der kurze Satz unter 3. nicht zu übersetzen?

1. Lucius laetus est; \
   Livia laeta est; > ridet.
2. Plenus venter non studet libenter, nam defess..... est. Claudia pulchra non studet libenter: semper defess..... est.
3. Fugit.

7. Lingua Latina Europaea

Nennen Sie jeweils das lateinische Wort und seine Bedeutung.

Italienisch	Spanisch	Portugiesisch	Französisch	Englisch	Lateinisch
frutta	fruta	fruta	fruits	fruit	
vino	vino	vinho	vin	wine / vine	
nome	nombre	nome	nom	name	

Italienisch	Spanisch	Portugiesisch	Französisch	Englisch	Lateinisch
testo	texto	texto	texte	text	
verbo	verbo	verbo	verbe	verb	
umano	humano	humano	humain	human	

8. Noch mehr Sprichwörter

Wiederholen Sie die Übersetzungsregeln 1–3, zeichnen Sie zu den folgenden Sätzen das grammatische Satzbild und übersetzen Sie.

1. Navigare necesse est, vivere non est necesse *(Pompeius zu Seeleuten angesichts des stürmischen Meeres).*
2. *Schriftliche Geständnisse fallen leichter, denn:* Epistula non erubescit *(Cicero).*
3. Liberae sunt nostrae cogitationes *(Cicero).*
4. *Eine intrigante Empfehlung:* Nur kühn verleumden! Semper aliquid haeret *(Francis Bacon u. a.).*
5. Scientia potestas est *(Francis Bacon).*
6. *Sentenz auf neuzeitlichen Uhren:* Mors certa, hora incerta.

· CAPUT I ·

ANEKDOTEN

LECTIO 1 : THALES

Thales von Milet (624 – 546 v. Chr.) gilt als der erste Philosoph (der westlichen Welt). Die folgende Anekdote, von der Platon (athenischer Philosoph, 428/7 – 348/7 v. Chr.) berichtet, zeigt, mit welcher Intensität er seinen Untersuchungen nachging.

Thales von Milet

■ Thales in der Grube

Thălēs cottidie multas horas solem, lunam, sidera observat, nam caelum exquirere vult. Itaque saepe locum apertum petit, quod ibi caelum melius observare potest. Quodam diē, dum rursus caelum inspicit, in foveam incidit. Ancilla forte philosophum in foveam incidere videt ridetque: »Dominus, quamquam caelum remotum perspicere vult, terram ante pedes sitam non perspicit!«

Vielleicht liefert diese kleine Geschichte auch den Hintergrund zum Verständnis der folgenden. Die Mutter des Thales hat einen großen Wunsch:

■ Thales will nicht heiraten

Mater filium feminam in matrimonium ducere cupit. Saepe »Fili optime,« inquit, »virum feminam in matrimonium ducere necesse est. Hominem solum esse bonum non est.« Thales autem semper tempus nondum esse dicit. Multos annos mater iterum iterumque filium vexat, Thales autem semper dicit:
»Mater optima! Tempus nondum est.«
Tandem – Thales iam senior est – responsum novum dat:
»Tempus non iam esse apertum est.«

GRAMMATICA

1. Texterschließung (TE)

Wenn man sich im fremdsprachigen Ausland befindet, fällt es leichter, die Menschen zu verstehen, wenn man ungefähr weiß, wer sie sind, in welcher Situation sie sich befinden und worüber sie sprechen, z.B. beim Einkauf oder auf dem Sportplatz. Da diese unmittelbare Begegnung im Lateinischen kaum möglich ist – haben wir es doch in der Regel mit Texten zu tun –, müssen wir versuchen, das jeweilige Thema und die sachlichen Gegebenheiten und Umstände, die dem Text zugrunde liegen und ihn bedingen, möglichst im Vorwege zu erschließen. Sie werden deshalb in diesem Lehrgang verschiedene Methoden der Texterschließung kennenlernen. Auf diese Weise wird es Ihnen zunehmend leichter fallen, lateinische Texte zügig zu übersetzen.

TE 1: Personen

In vielen Texten begegnen uns Personen, von denen berichtet wird oder die selbst als ›Täter‹ oder Sprecher auftreten. Eine genauere Kenntnis dieser Personen hilft, die Erwartungen an den Inhalt einzugrenzen.

TE 2: Ort und Zeit

Texte enthalten häufig Orts- und Zeitangaben. Diese lassen sich leicht beim Durchlesen feststellen. Sie bedingen den räumlichen und zeitlichen Rahmen, in dem der Inhalt des Textes anzusiedeln ist.

TE 3: Schlüsselwörter

In Texten gibt es stets einige Wörter, die die Funktion eines Schlüssels haben, da sie dem Leser gewissermaßen den Zugang zum Textthema und damit zum Inhalt des Textes aufschließen. Diese Schlüsselwörter finden sich zwar manchmal schon in der Überschrift, meistens müssen sie aber in den Texten entdeckt werden. Dazu sucht man nach Wörtern, die eine verwandte Bedeutung haben oder miteinander in einem realen Bezug stehen: sie bilden gemeinsam ein semantisches Feld. Zusätzlich gilt es, das Augenmerk auf die Wörter bzw. Wendungen zu richten, die hinsichtlich des semantischen Feldes unerwartet auftreten.

TE 1–3: Beispielhafte Erläuterung zur ersten Anekdote

- *Personen und Ortsangabe:* **Thales von Milet**, der ›erste‹ Philosoph aus einer einstmals bedeutenden griechischen Stadt an der Westküste Kleinasiens → Texterwartung: ein philosophischer Text aus den Geburtsjahren der Philosophie.
- **ancilla**: wohl die Magd des Thales: → es ist vermutlich keine philosophische Abhandlung zu erwarten.

- *Zeitangabe:* **cottidie, multas horas**: es geht um ein tägliches Geschehen, das viele Stunden in Anspruch nimmt.
- **quodam die**: ein Hinweis, der eine Unterbrechung des Alltags erwarten lässt.
- *Schlüsselwörter:* **Thales**: s. o.
- **Ein semantisches Feld**: caelum (3×), sol, luna, sidera; dazu die Verben observare (2x), exquirere, inspicere, perspicere (2×): Es geht offensichtlich um das genaue Beobachten des Himmels.
- **in foveam incidere (2×)**: eine hinsichtlich des Textthemas sehr überraschende Wendung.

Nach diesen Beobachtungen fällt es sicher leicht, den vermutlichen Inhalt zu formulieren: Der berühmte Philosoph und ›Sternengucker‹ Thales fällt in Ausübung seiner Tätigkeit in einen Graben, wobei seine Magd zugegen ist.

Allerdings haben wir jetzt erst eine Erwartung an den Text formuliert, müssen bei der Übersetzung also stets auf Modifikationen gefasst sein.

2. Der Akkusativ

2.1 Formen des Akkusativs

Ergänzung der Deklinationstabellen:

2.1.1 Substantive

		a-Dekl.	o-Dekl.		u-Dekl.	e-Dekl.
Sg.	N	regul-a	mur-us	vin-um	fruct-us	r-ēs
	Akk	**regul-am**	**mur-um**	**vin-um**	**fruct-um**	**r-em**
Pl.	N	regul-ae	mur-ī	vin-a	fruct-ūs	r-ēs
	Akk	**regul-ās**	**mur-ōs**	**vin-a**	**fruct-ūs**	**r-ēs**

		3. Dekl.	
Sg.	N	homō	nomen
	Akk	**homin-em**	**nomen**
Pl.	N	homin-ēs	nomin-a
	Akk	**homin-ēs**	**nomin-a**

2.1.2 Adjektive

		a- und o-Deklination			3. Deklination, i-Stämme		
		m	f	n	m	f	n
Sg.	N	bon-us	bon-a	b on-um	celer	celer-ĭs	celer-e
	Akk	**bon-um**	**bon-am**	**bon-um**	**celer-em**	**celer-em**	**celer-e**
Pl.	N	bon-ī	bon-ae	bon-a	celer-ēs	celer-ēs	celer-ia
	Akk	**bon-ōs**	**bon-ās**	**bon-a**	**celer-ēs**	**celer-ēs**	**celer-ia**

→ Im *Neutrum* stimmen Nominativ und Akkusativ immer überein. Die Endung im Neutrum Plural schließt immer mit einem *a*.

→ Die ein-, zwei- und dreiendigen Adjektive der 3. Deklination (s. Fundamentum I. 3.3 und II. 3.1.2) werden außer im Nominativ Singular wie *celer* dekliniert. Der Akkusativ Singular und Plural zu *sapiens* heißt also: *sapientem (m), sapientem (f), sapiens (n), sapientēs(m), sapientēs (f), sapientia (n).*

2.2 Funktionen des Akkusativs

2.2.1 Der Akkusativ als Objekt

Thales solem observat. (Thales beobachtet die Sonne.)

Der Akkusativ *solem* (die Sonne) hat in diesem Beispiel die Funktion eines Akkusativobjekts (AO). Es bezeichnet im Lateinischen wie im Deutschen das sog. direkte oder innere Objekt, d. h. die Sache oder Person, auf die die Handlung des Prädikats zunächst gerichtet ist oder einwirkt. Dieser Sachverhalt lässt sich in einem grammatischen Satzbild darstellen:

Thales	solem		observat.
S	AO	←	P

2.2.2 Der Akkusativ als Adverbiale

a) Akkusativ mit Präposition

In Verbindung mit einer Präposition kann der Akkusativ die Funktion eines Adverbiales übernehmen:

Thales	in foveam	incidit.
S	AB	P

Thales	fällt	in eine Grube.
S	P	AB

In diesem Beispiel antwortet der präpositionale Ausdruck ›in mit Akkusativ‹ auf die Frage ›Wohin?‹ er bezeichnet also Richtung und Ziel der Handlung des Prädikats.

b) Akkusativ zur Angabe der Zeit

Der Akkusativ ohne Präposition kann eine Zeitangabe der Dauer ausdrücken. Dieser Akkusativ der zeitlichen Ausdehnung antwortet auf die Frage ›Wie lange?‹

Thales	multas	horas	caelum		observat.
S	A	AB	AO	←	P

Thales	beobachtet	viele	Stunden (lang)	den Himmel.	
S	P	A	AB	AO	

3. Der Infinitiv als Subjekt oder Objekt

Das Beispiel *errare humanum est* (Fundamentum II. 2.3) hat gezeigt, dass ein Infinitiv die Satzgliedposition Subjekt einnehmen kann. Da man alle Verben durch Objekte und / oder Adverbiale erweitern kann, könnte man das Sprichwort z. B. leicht verändern:

Aliquando errare humanum est. Bisweilen zu irren ist menschlich.
Gelegentliches Irren ist menschlich.

In entsprechender Weise kann ein Infinitiv mit und ohne Erweiterungen die Satzgliedposition Objekt bekleiden:

Thales	cottidie	caelum		exquirere	vult.
	AB	AO	←	Inf.	
S	erw. Inf. als O		←		P

Thales	will		täglich	den Himmel	erforschen.
			AB	AO ←	Inf.
S	P	→	erw. Inf. als O		

Der Infinitiv als Objekt steht im Lateinischen wie im Deutschen überwiegend nach Modalverben wie *velle* (wollen), *posse* (können) u. a.

4. Der Akkusativ mit Infinitiv: AcI

4.1 Der AcI als satzwertige Konstruktion

Der AcI ist ein charakteristisches Konstruktionselement lateinischer Sätze. Im Deutschen findet er sich dagegen nur in begrenztem Umfang:

1. Philosophus in foveam incidit. — Der Philosoph fällt in einen Graben.
2. Ancilla ? AO ? ← videt. — Die Magd sieht → ? AO ?

3. Ancilla philosophum in foveam incidere videt.
   Die Magd sieht den Philosophen in einen Graben fallen.
   Die Magd sieht, dass der Philosoph in einen Graben fällt.

Während Satz 1 ein vollständiger Aussagesatz ist, bleibt Satz 2 unvollständig. Die Frage, was die Magd sieht, wird nicht beantwortet, weil – grammatisch gesprochen – die Satzgliedposition Objekt nicht besetzt ist. Dies ist jedoch im 3. Satz geschehen, und zwar dadurch, dass der Aussagesatz 1 in den 2. Satz hineingenommen worden ist.

Dies wird durch zwei grammatische Veränderungen ermöglicht: Das Subjekt *philosophus* wird zum Subjektsakkusativ (SA) *philosophum* und das Prädikat *incidit* zum Prädikatsinfinitiv (PI) *incidere*. Die neue Konstruktion besteht somit aus einem Akkusativ mit Infinitiv. Dieser *Accusativus cum Infinitivo*, abgekürzt AcI, besetzt also die Satzgliedposition Objekt. Da er einem deutschen Objektsatz (›dass-Satz‹) entspricht, ist er eine **satzwertige** Konstruktion. Daraus folgt, dass ein AcI dieselben Ergänzungen (Objekte, Adverbiale) enthalten kann wie der entsprechende eigenständige Satz. In obigem Beispiel ist dies das Adverbiale *in foveam*.

In der Regel werden – wie in diesem Beispiel – die Ergänzungen des AcI in einer sog. *Klammerstellung* von dem Subjektsakkusativ und dem Prädikatsinfinitiv eingerahmt.

4.2 AcI-Auslöseverben

Ein AcI kann nur nach bestimmten Verben stehen, sog. AcI-Auslöseverben:

1. Verben, die die geistigen, sinnlichen oder gefühlsmäßigen Tätigkeiten oder Befindlichkeiten des Menschen ausdrücken, z.B. *dicere, scribere, docēre, audīre, vidēre, putāre, sentīre, gaudēre.*
2. Unpersönliche Ausdrücke wie *constat, necesse est, apertum est.*

4.3 Syntaktische Funktionen des AcI

Wenn der AcI von einem Verb der 1. Gruppe (4.2.1) abhängt, erfüllt er stets die eingangs dargestellte Funktion eines Objekts. Ist er dagegen durch einen unpersönlichen Ausdruck bedingt, übernimmt er die Funktion eines Subjekts.
Beispiel: Der Satz *philosophus callidus distractus est* (Der schlaue Philosoph ist zerstreut) soll zu einer abhängigen Aussage als AcI werden:

1. Ancilla philosophum callidum distractum esse putat.

	SA	A	PN + K = PI	
S		AcI als Objekt		← P

2. Philosophum callidum distractum esse apertum est.

SA	A	PN + K = PI	
	AcI als Subjekt		P

4.4 Attribut und Prädikatsnomen im AcI

Die Beispiele 4.3.1–2 zeigen, dass sowohl das adjektivische Attribut als auch das Prädikatsnomen aus Gründen der KNG-Kongruenz ebenfalls in den Akkusativ gesetzt werden, wenn ihr Beziehungswort, das Subjekt, zum Subjektsakkusativ wird.

4.5 Fünf Schritte zur Übersetzung eines AcI

Das Beispiel (4.1) zeigt, dass hier neben einem Objektsatz auch eine wörtliche Übersetzung ins Deutsche möglich ist. Diese Alternative besteht aber in vielen Fällen nicht. Es empfiehlt sich daher – im Sinne einer sog. Arbeitsübersetzung – die folgenden fünf Schritte bei der Übersetzung eines AcI durchzuführen:

❶ Übersetzen Sie zunächst nach ÜR1 und stellen Sie dann, wenn der AcI einsetzt, das Auslöseverb vor den AcI:	Ancilla videt	Die Magd sieht,
❷ Beginnen Sie jetzt mit einem ›dass-Satz‹:		dass
❸ Übersetzen Sie den Subjektsakkusativ:	philosophum	der Philosoph
❹ Übersetzen Sie die folgenden Satzglieder nach ÜR1:	in foveam	in eine Grube
❺ Übersetzen Sie als letztes Glied des AcI den Prädikatsinfinitiv:	incidere	fällt.

Aus dem Gesagten ergibt sich zusammengefasst die vierte Übersetzungsregel:

ÜR 4 Die Übersetzung eines AcI kann in fünf Schritten erfolgen. Dabei sollte das Auslöseverb immer vor den AcI gestellt und als Arbeitsübersetzung ein ›dass-Satz‹ formuliert werden.

5. Der Vokativ

Im Lateinischen gibt es einen besonderen Kasus der Anrede oder des Ausrufs, den Vokativ. Die Formen des Vokativs entsprechen meistens denen des Nominativs. Eine Ausnahme bilden nur die Wörter der o-Deklination auf *-us*. Hier findet sich die Endung *-e*; bei Nomina, deren Stamm auf *-i* endet, fällt jedoch die Endung fort.

Mater optima!	Liebe (beste) Mutter!
Fili optime!	Lieber (bester) Sohn!

6. Adverbiale Gliedsätze

6.1 Satzreihe ←→ Satzgefüge

In jeder Sprache gibt es oft mehrere Möglichkeiten, einen Sachverhalt auszudrücken, z. B. durch die Wahl eines Gliedsatzes (Nebensatzes) statt eines Hauptsatzes:

1. Thales sidera observat, **nam** caelum exquirere vult.	Thales beobachtet die Gestirne, **denn** er will den Himmel erforschen.
2. Thales, **quod** caelum exquirere vult, sidera observat.	**Weil** Thales den Himmel erforschen will, beobachtet er die Gestirne. Thales beobachtet die Gestirne, **weil** er den Himmel erforschen will.

Im ersten Beispiel ist der zweite Satz durch die Konjunktion (Bindewort) **nam** dem ersten Satz beigeordnet. Dabei wird durch das **nam** eine gedankliche Verknüpfung zwischen den beiden Hauptsätzen hergestellt: Der zweite Satz liefert die Begründung für die Beobachtungstätigkeit des Thales. Da hier zwei Hauptsätze durch eine beiordnende Konjunktion verbunden werden, bilden sie eine Satzreihe.

Im zweiten Beispiel ist der zweite Satz durch die Konjunktion **quod** dem Hauptsatz untergeordnet. Auch das **quod** stellt einen Begründungszusammenhang zwischen beiden Sätzen her; der ›quod-Satz‹ übernimmt damit die syntaktische Funktion eines Adverbiales. Er bildet deshalb einen adverbialen Gliedsatz des Grundes, d. h. einen Kausalsatz. Durch eine solche Verbindung von Haupt- und Gliedsatz entsteht ein Satzgefüge.

→ In dieser Lektion findet sich auch ein Temporalsatz (›Zeitangabe‹) nach *dum* (während) und ein Konzessivsatz (›Gegengrund‹) nach *quamquam* (obwohl).

6.2 Wortstellung und Übersetzung von Gliedsätzen

Sie haben sicher in der Satzreihe unter 6.1.1 die Besonderheit des ›verdeckten Subjekts‹ bemerkt (vgl. Fundamentum II.4). Entsprechendes gilt für ein Satzgefüge, wenn Haupt- und Gliedsatz ein gemeinsames Subjekt haben. Dieses steht dann in der Regel an der Spitze des Satzgefüges.

Bei der Übersetzung gibt es, wie das Beispiel zeigt, prinzipiell zwei Möglichkeiten: Man beginnt entweder mit dem Hauptsatz oder mit dem Gliedsatz. Im Deutschen sollte das Nomen – hier: Thales – im ersten Satz stehen, im zweiten Satz muss es dann durch ein Pronomen (d. h. ein Wort, das *für* ein *Nomen* steht) – hier: *er* – wieder aufgenommen werden. Aus Gründen der Thema-Rhema-Abfolge (Fundamentum II. 2.4.4) empfiehlt es sich, die im Text vorliegende Reihenfolge zu wählen.

In deutschen Gliedsätzen steht nach dem einleitenden Wort (Konjunktion, Relativpronomen, Fragewort) das Subjekt an zweiter Stelle, während sich das Prädikat am Ende des Satzes befindet. Aus diesem Sachverhalt folgt eine weitere Übersetzungsregel:

ÜR 5 Bei lateinischen Gliedsätzen übersetzen Sie zunächst das einleitende Wort, dann das Subjekt. Anschließend übersetzen Sie die Satzglieder in der vorliegenden Reihenfolge, das Prädikat setzen Sie aber möglichst ans Ende des Satzes.

EXERCITANDA

LECTIO 1

1. Quis? Quem? Quid?

Das Interrogativpronomen, mit dem sich ein Akkusativobjekt erfragen lässt, lautet: Quem? (Wen?) und Quid? (Was?). Beantworten Sie die folgenden Fragen lateinisch:

a) Quis Thales est? b) Quid Thales observat? c) Quem ancilla videt? d) Quid ancilla videt? e) Quis Thalem iterum iterumque vexat? f) Quid bonum non est?

2. Formentraining

a) *Bestimmen Sie Kasus, Numerus und Genus und wiederholen Sie die deutsche Bedeutung des Wortes. (Eine Zahl in Klammern verweist auf die Anzahl der Möglichkeiten.)*
b) *Bilden Sie jeweils die entsprechende Form im Singular oder Plural.*
c) *Vertauschen Sie entsprechend die Kasus Nominativ und Akkusativ.*

annus – caelum (2) – domini – feminam – filium – homines (2) – horas – luna – matrem – philosophos – sidus (2) – solem – tempora (2) – terrae – vir

3. Solisten

tempus	feminae	rem	domini
nomen	matres	ancillam	diem
annus	manus	fructus	soles
caelum	terra	religionem	viri

4. Paarfindung

Fügen Sie die folgenden Substantive und Adjektive zu grammatisch und dem Sinn nach passenden Paaren zusammen.

a) caelum – fructus – homines – librum – luna – mater – philosophi – res – studium – tempora.
b) alma – apertum – bonos – breve – humana – mendaces – novum – plena – publicas – sapientes.

5. Thales und seine Magd

a) Ancilla cottidie ante lucem surgere debet.
b) Ancilla dominum res mirificas agere putat.
c) Thales, quod caelum observat, foveam videre non potest.
d) Thales ancillam ridere audit.

- *In welchen Kasus finden Sie Subjekte?*
- *Bestimmen Sie alle Verbformen und erklären ihre Funktion.*
- *In welchem Satz liegt ein AcI vor, in welchem ein erweiterter Infinitiv?*

6. Thales in Milet

Die Einwohner Milets kennen natürlich den Thales. Formen Sie ihre Aussprüche a) bis e) nach dem folgenden Beispiel um.

Incolae dicunt: Thales philosophus est. → *Incolae Thalem philosophum esse dicunt.*

a) Thales vir callidus est. b) Thales nonnumquam distractus est. c) Thales non modo caelum, sed omnem naturam observat. d) Thales ancillam habet. e) Ancilla fida est.

7. Wie heißt das Sprichwort?

Bilden Sie nach folgendem Muster aus den Sätzen a) bis e) jeweils zwei Hauptsätze:
Philosophus tempus fugere dicit. → *Philosophus dicit: Tempus fugit.*

a) Philosophus vitam brevem, artem longam esse dicit.
b) Homines mortem certam, horam incertam esse sciunt.
c) Multi homines medicos curare, naturam sanare credunt.
d) Omnes homines mendaces esse verum non est.
e) Verba docere, exempla trahere apertum est.

8. Ein wahrer Traum?

Lesen Sie zunächst den Text, ergänzen Sie dann die fehlenden Endungen und übersetzen Sie.

Zwei Freunde, Valerius und Telemachus, kommen während einer Reise nach Megara in Griechenland. Dort wohnt der Onkel des Telemachus. Während Valerius in eine Herberge geht, sucht Telemachus seinen Onkel auf. Dieser freut sich natürlich sehr über den Besuch seines Neffen.

Avunculus cen....... bon....... parat; usque ad multam noctem bibunt, narrant, cenant. Denique Telemach....... , quod defess....... est, cubiculum petit.
Dum dormit, subito Valeri....... clamare videt et audit: »Telemache! Periculum imminet. Caupo me neca....... vult!« Statim Telemachus surgit et ad avunculum currit. Is autem defess....... est dicitque: »Somnia sunt. Vin....... somni....... mal....... excitat.« Itaque Telemachus cubiculum petit, sed non bene dormit: iterum Valeri....... videt et amic....... clama....... audit: »Sero est, amice! Caupo me in agr....... portat, ibi me defodere vult!« Telemachus statim surgit, ad cauponam currit, amic....... autem non reperit.

9. Perspektivisch gesehen

Im letzten Satzgefüge der Lectio 1 wird zweimal das Verb perspicere *benutzt. Wie verfahren Sie mit dieser Wiederholung bei der Übersetzung?*

10. Lingua Latina Europaea

Italienisch	Spanisch	Portugiesisch	Französisch	Englisch	Lateinisch
terra	tierra	terra	terre		
luna	luna	lua	lune		
sole	sol	sol	soleil		
cielo	cielo	céu	ciel		
osservare	observar	observar	observer	observe	

11. Übersetzungsschritte (Lectio 2)

11.1 Vor der Übersetzung

a) Informieren Sie sich über Octavianus und Antonius sowie über die historischen Hintergründe der Schlacht bei Actium.

b) Lesen Sie den Text. Welche Personen treten handelnd in Erscheinung? Worin erkennen Sie Schlüsselwörter?

c) Formulieren Sie eine Erwartung an den Text.

11.2 Nach der Übersetzung

a) Stellen Sie fest, mit welchen Namen Octavianus in diesem Text belegt wird.

b) Versuchen Sie, diese wechselnde Namensgebung aus dem Text heraus zu erklären.

c) Welchen Eindruck von Octavianus möchte der Erzähler dieser Anekdote vermitteln?

LECTIO 2: OKTAVIAN

Im Jahre 31 v. Chr. kam es zu der berühmten Seeschlacht bei Actium. C. Iulius Caesar Octavianus, der spätere Kaiser Augustus, besiegte seinen größten Gegner Antonius. Nach dem Sieg kommt er mit seinen Gefährten in eine nahe gelegene griechische Stadt.

Oktavian

Octavianus in parvum oppidum Graecum venit. Ibi multi incolae victores Romanos salutant. Opifex quoque ignotus ad Octavianum sociosque accurrit; corvum magnum apportat et dicit: »Ecce corvum! Corvus callidus est, nam verba facere potest.« Et statim corvus canit: »Ave, Caesar, victor, imperator!« Tum vir alius ad Octavianum accurrit atque opificem virum fraudulentum esse et alterum corvum habere clamat. Proinde opifex alterum corvum apportare debet. Is statim canit: »Ave, victor, imperator, Antoni!« Subito silentium magnum: circumstantes, quod magnum malum exspectant, omnes imperatorem Romanum aspiciunt. Octavianus autem ridet dicitque: »Et virum et corvos callidos esse constat.« Deinde utrumque corvum emit.

LEGENDA · LEGENDA · LEGENDA · LEGENDA

ANEKDOTEN

Unter einer Anekdote versteht man eine kurze Erzählung, oft mit einer Pointe am Ende, die den Anspruch erhebt, tatsächliche repräsentative Aspekte historischer Persönlichkeiten oder auch politisch-gesellschaftlicher Zustände zu bieten.

Die Wurzeln der Anekdote liegen in der Antike. Das Wort stammt aus dem Griechischen und diente zur Bezeichnung nicht veröffentlichter Texte. Diese kurzen Erzählungen wurden in längere Texte zur Auflockerung, Erheiterung oder Belehrung eingefügt, so z. B. von Platon in seinem Dialog *Theaitetos*, so auch von Macrobius, der um 400 n. Chr. lebte; er behandelte in seinen *Saturnalia* verschiedene unterhaltsame Themen. Der Text zu Lektion 2 ist hierfür ein Beispiel. Für die weitere Entwicklung hin zur Literaturgattung wurde das Werk des Historikers Prokopios aus Caesarea (6. Jh.) wichtig. Er schrieb eine *Historia arcana*, eine Geheimgeschichte über den byzantinischen Hof, die viele kritische, auch skandalöse Details über den Kaiser Justinian, seine Gemahlin Theodora und den byzantinischen Hofstaat enthielt. Dieses Werk wurde ca. 1000 Jahre später neu herausgegeben und bildete die Vorlage für die Entwicklung der literarischen Anekdote als eigenständiger Gattung in der Neuzeit.

FABELN

LECTIO 3

Viele Fabeln sind schon in der Antike entstanden. Die folgende (bearbeitete) Fabel stammt von Phaedrus, der in der 1. Hälfte des 1. Jahrhunderts n. Chr. in Rom lebte.

■ Der Rabe und der Fuchs

Vesperi corvus, dum praeter villam volat, caseum videt. Statim eum rapit et gaudet et in arborem altam volat, quod eum edere vult. Forte vulpes arbori appropinquat, corvum et caseum videt, consistit dicitque: »Quam pulcher es, corve! Pennae tuae nitidae mihi magno gaudio sunt. Nonne tibi vox pulchra est? Noli diutius tacere! Canta, amice!« Ea verba dolosa corvum fallunt: quod vocem ostendere vult, rostrum aperit, caseus sub arborem cadit.

Tum vulpes: »Stulte corve, gratias tibi ago! Iamdudum te non modo stultum, sed etiam vanum esse scio!« Extemplo caseum rapit effugitque.

■ Fink und Frosch

Ein später Reflex einer antiken Fabel des Phaedrus ist die folgende lateinische Kurzfassung eines Gedichtes von Wilhelm Busch. (Beachten Sie, dass die Reihenfolge der Satzglieder in den drei abschließenden Versen z. T. durch das Versmaß bedingt ist.)

Fringillus ranam in arborem ascendere atque sibi appropinquare videt et stupet. Rana se volare posse clamat et, dum fringillus avolat, desilit – in mortem.

Moral:

Si quịs
in ạrborẹm ascẹndit,
quod pụtat pọsse
sẹ volạre,
extẹmplo sẹntit sẹ errạre.

GRAMMATICA

1. Texterschließung

TE 4: Gattungsmerkmale der Fabeln

Literarische Gattungen unterliegen unterschiedlichen Merkmalen. Deshalb ist es hilfreich, sich vor dem Übersetzen über die gattungsspezifischen Merkmale des jeweils vorliegenden Textes zu informieren, weil mit diesem Wissen der Zugang zum Text erleichtert wird und vor allem seine sprachlichen Besonderheiten leichter erkannt werden können.

Bei den Lektionstexten dieses Kapitels handelt es sich um Fabeln. Dies sind volkstümliche erzählende Texte, die die Leser und Hörer belehren wollen. Dazu werden moralische Gebote vor allem mit Beispielen aus der Tierwelt veranschaulicht.

Fabeln weisen prinzipiell folgende Merkmale auf:

1. Eine Dreigliedrigkeit des Aufbaus:
   - eine Ausgangssituation,
   - das eigentliche Geschehen als Ausdruck eines Konflikts,
   - das Ergebnis des Geschehens mit der »Moral von der Geschicht‹; diese kann auch bereits am Beginn des Textes vorweggenommen sein.
2. Eine antithetische Handlungsstruktur
3. Häufig ein Dialog innerhalb der Erzählung
4. Typisierte, anthropomorph gezeichnete Tiere (meist nur zwei) als Handlungsträger.

2. Der Dativ

2.1 Formen des Dativs

Ergänzung der Deklinationstabellen:

2.1.1 Substantive

		a-Dekl.	o-Dekl.		u-Dekl.	e-Dekl.
Sg.	N	regul-a	mur-us	vin-um	fruct-us	r-ēs
	D	**regul-ae**	**mur-ō**	**vin-ō**	**fruct-uī**	**r-eī**
	Akk	regul-am	mur-um	vin-um	fruct-um	r-em
Pl.	N	regul-ae	mur-ī	vin-a	fruct-ūs	r-ēs
	D	**regul-īs**	**mur-īs**	**vin-īs**	**fruct-ibus**	**r-ēbus**
	Akk	regul-ās	mur-ōs	vin-a	fruct-ūs	r-ēs

		3. Dekl.	
Sg	N	homo	nomen
	D	**homin-ī**	**nomin-ī**
	Akk	homin-em	nomen
Pl	N	homin-ēs	nomin-a
	D	**homin-ibus**	**nomin-ibus**
	Akk	homin-ēs	nomin-a

2.1.2 Adjektive

		a- und o-Dekl.			3. Dekl., i-Stämme		
		m	f	n	m	f	n
Sg.	N	bon-us	bon-a	bon-um	celer	celer-is	celer-e
	D	**bon-ō**	**bon-ae**	**bon-ō**	**celer-ī**	**celer-ī**	**celer-ī**
	Akk	bon-um	bon-am	bon-um	celer-em	celer-em	celer-e
Pl.	N	bon-ī	bon-ae	bon-a	celer-ēs	celer-ēs	celer-ia
	D	**bon-īs**	**bon-īs**	**bon-īs**	**celer-ibus**	**celer-ibus**	**celer-ibus**
	Akk	bon-ōs	bon-ās	bon-a	celer-ēs	celer-ēs	celer-ia

→ Im Dativ Singular und Plural der 3. Deklination und im Dativ Plural der a- und o-Deklination stimmen die Endungen für alle drei Geschlechter jeweils überein.

2.2 Funktionen des Dativs

2.2.1 Der Dativ als Objekt

Vulpes arbori appropinquat.
S DO ← P

Ein Fuchs nähert sich dem Baum.
S P → DO

Der Dativ *arbori* (dem Baum) hat in diesem Beispiel die Funktion eines Dativobjekts (DO). Es antwortet im Lateinischen wie im Deutschen auf die Frage *Cui?* (Wem?) und bezeichnet die Person oder Sache, der eine Handlung gilt. Bei transitiven Verben, die zusätzlich zu einem AO durch ein DO ergänzt werden können, steht der Dativ als Kasus des entfernteren oder indirekten Objekts:

Claudia amicae librum dat.	Claudia gibt der Freundin ein Buch.
S DO ← AO ← P	

2.2.2 Der Dativus possessivus (des Besitzers)

Tibi vox pulchra est.	Dir gehört eine schöne Stimme / Du hast eine schöne Stimme.
PN S A K	

Zusammen mit einer Form von *esse* bezeichnet dieser Dativ als Prädikatsnomen die Person, der etwas gehört, also den Besitzer. Im Deutschen entspricht ihm im Regelfall das Verb *haben*.

2.2.3 Der Dativus commodi oder incommodi (des Vorteils oder Nachteils)

Das folgende Beispiel stammt in dieser (!) Form von dem römischen Philosophen Seneca (4 v. Chr. – 65 n. Chr.):

Non vitae, sed scholae discimus.	Wir lernen nicht für das Leben, sondern für die Schule.
DO DO P + S	

In dieser Funktion antwortet der Dativ auf die Fragen: *Für wen?* oder *Wofür?* Er bezeichnet die Person oder Sache, zu deren Vor- oder Nachteil etwas geschieht.

2.2.4 Der Dativus finalis (des Zwecks)

Pennae mihi magno gaudio sunt.	Die Federn dienen / gereichen mir zur großen Freude.
S PN A PN K	→ Die Federn machen mir eine große Freude.
	→ Die Federn erfreuen mich sehr.

In diesem Beispiel hat die Kopula *sunt* zwei Ergänzungen: einen Dativus commodi *mihi* und einen Dativus finalis *magno gaudio* zur Angabe des Zwecks. Er antwortet auf die Frage *Wozu?*

Diese Konstruktion kann nicht wörtlich übersetzt werden. Der deutsche Übersetzungsvorschlag mit *dienen zu / gereichen zu* ist als Hilfe zu verstehen, um schließlich zu einer angemessenen Formulierung zu finden.

3. Die Personen

Im Lateinischen wie im Deutschen sprechen wir in der Grammatik von drei ›Personen‹:

- die 1. Person ist die sprechende,
- die 2. Person ist die angesprochene und
- die 3. Person ist die besprochene Person, d. h. die, von der man spricht.

Sie haben schon gesehen, dass die 3. Person an einer bestimmten Endung des Prädikats zu erkennen ist. Entsprechendes gilt auch für die 1. und 2. Person. Außerdem können im Lateinischen auch Pronomina zur Bezeichnung oder Hervorhebung der Personen gesetzt werden.

3.1 Präsens Aktiv

3.1.1 Die vokalischen und konsonantischen Konjugationen

		a-Konj. salutā-re	e-Konj. docē-re	i-Konj. audī-re	kons. / kurzvokal. Konj. reg-ĕ-re
Sg.	1. P.	salut-o	doce-o	audi-o	reg-o
	2. P.	salutā-s	docē-s	audī-s	reg-ĭ-s
	3. P.	saluta-t	doce-t	audi-t	reg-ĭ-t
Pl.	1. P.	salutā-mus	docē-mus	audī-mus	reg-ĭ-mus
	2. P.	salutā-tis	docē-tis	audī-tis	reg-ĭ-tis
	3. P.	saluta-nt	doce-nt	audi-**u**-nt	reg-**u**-nt

Bei den vokalischen Konjugationen wird die Personalendung fast immer direkt an den Stamm gehängt, bei der konsonantischen Konjugation wird dagegen ein Bindevokal eingeschoben. Beachten Sie aber die folgenden Ausnahmen:

→ Bei der a-Konjugation ist in der 1. P. Sg. der Stammauslaut mit der Personalendung *-o* verschmolzen.

→ Bei der i-Konjugation wird in der 3. P. Pl. ein *-u* als Bindevokal zwischen Stamm und Endung eingeschoben.

→ Bei der konsonantischen Konjugation fehlt in der 1. P. Sg. der Bindevokal.

→ Einige Verben der kurzvokalischen Konjugation wie *cap-ĕ-re, cup-ĕ-re, rap-ĕ-re, fug-ĕ-re* und *fac-ĕ-re* haben in der 1. P. Sg. und in der 3. P. Pl. zusätzlich zur ›rein‹ konsonantischen Form ein kurzes *-ĭ* eingeschoben. Es heißt also:

cap-ĭ-ō	cup-ĭ-o	rap-ĭ-ō	fug-ĭ-ō	fac-ĭ-ō
cap-ĭ-u-nt	cup-ĭ-u-nt	rap-ĭ-u-nt	fug-ĭ-u-nt	fac-ĭ-u-nt

Die Verben dieser Gruppe werden auch als gemischte Konjugation zusammengefasst, da ihre Formen z. T. nach der ›rein‹ konsonantischen, z. T. nach der i-Konjugation gebildet zu sein scheinen.

3.1.2 Besonderheiten der Konjugation bei *esse, posse, velle*

Sg.	1. P.	s-u-m	pos-sum	vŏl-ō
	2. P.	es	pŏt-ĕs	vī-s
	3. P.	es-t	pŏt-est	vul-t
Pl.	1. P.	s-ŭ-mus	pos-s-u-mus	vŏl-u-mus
	2. P.	es-tis	pŏt-es-tis	vul-tis
	3. P.	s-u-nt	pos-s-u-nt	vŏl-u-nt

→ Die Personalendung der 1. P. Sg. lautet bei *esse* ***-m***.

→ *Posse* ist eigentlich aus der Silbe *pot* (≈ ›fähig‹) und den Formen von *esse* zusammengesetzt.

3.2 Der Imperativ

Der Imperativ (die Befehlsform) wird bei den vokalischen Konjugationen und bei *esse* im Singular mit dem Verbstamm gebildet, im Plural wird die Endung *-te* an diesen angebunden; bei der 3. Konjugation wird im Singular die Endung *-e* an den Stamm angehängt, im Plural der Bindevokal *-i* und die Endung *-te*:

Sg.	salutā	docē	audī	es	reg-e
Pl.	salutā-te	docē-te	audī-te	es-te	reg-i-te

Eine Ausnahme bilden die Verben *dicere, ducere, facere* und *ferre* (tragen). Bei ihnen fehlt im Imperativ Singular das *-e*: *dīc, dūc, făc, fer.*

Ein **verneinter Imperativ** wird mithilfe der Befehlsformen von *nōlle* (entstanden aus *non velle*) und dem Infinitiv der Gleichzeitigkeit Aktiv gebildet:

nōlī volare: flieg nicht   nōlīte venire: kommt nicht

3.3 Pronomina

Corvus **caseum** videt. Statim **eum** rapit, quod **eum** edere vult.

Pronomina sind Verweiswörter, d.h., ein Pro-Nomen (Für-Wort) steht immer anstelle einer Person oder Sache im vorangehenden oder folgenden Text, auf die es verweist. Dabei übernimmt es, wie das Beispiel zeigt, immer Numerus und Genus des Wortes, für das es stellvertretend gesetzt ist. Auf diese Weise können verschiedene Aussagen einzelner Sätze zu Texten verknüpft werden. Das Pronomen übernimmt damit die Funktion eines sog. Konnektors, d.h. eines Textverknüpfers.

Aus dem Gesagten folgt die Übersetzungsregel 6:

ÜR 6 Sinngeleitetes Übersetzen erfordert, dass Sie sich bei jedem Pronomen bewusst sind, auf wen oder was jeweils verwiesen wird.

3.3.1 Das Personalpronomen

Auszug aus der Deklinationstabelle:

		1. Person	2. Person	3. Person		
				m	f	n
Sg.	N	egŏ	tū	is	ea	id
	D	mihĭ	tibĭ	eī	eī	eī
	Akk	mē	tē	eum	eam	id
Pl.	N	nōs	vōs	iī / eī	eae	ea
	D	nōbīs	vōbīs	eīs / iīs	eīs / iīs	eīs / iīs
	Akk	nōs	vōs	eōs	eās	ea

→ Wie Sie schon im Fundamentum unter II. 4. gesehen haben, wird das Personalpronomen als Subjekt, also im Nominativ, nur gesetzt, wenn es der Hervorhebung dient. Abweichend von dieser Regel gilt, dass es gesetzt werden muss, wenn es die Position Subjektsakkusativ einnimmt:

Der Fuchs spricht zum Raben:

a) Iamdudum scio: stultus es.	b) Iamdudum scio te stultum esse.
P+S	SA PI

→ Das Personalpronomen der 3. Person hat eine weitere Funktion: *is, ea, id* dient häufig als Demonstrativpronomen:

Ea verba corvum fallunt. **Diese** Worte täuschen den Raben.

3.3.2 Das Possessivpronomen

Penn**ae** tu**ae** mihi gaudio sunt.

Possessivpronomina dienen zur Bezeichnung von Besitz und Zugehörigkeit. Sie stehen meistens wie ein adjektivisches Attribut; dabei gilt auch hier die KNG-Kongruenz (s. FV 3.3 und FP 2.2.1).

Das ›besitzanzeigende Fürwort‹ der 1. und 2. Person richtet sich in seinen Endungen nach der a- und o-Deklination:

	1. Person			2. Person		
Sg.	me-us	me-a	me-um	tu-us	tu-a	tu-um
Pl.	noster	nostr-a	nostr-um	vester	vestr-a	vestr-um

3.3.3 Das Reflexivpronomen

Pronomina können auch auf das Subjekt des Satzes *zurückverweisen*. Bei der **1. und 2. Person** wird dann im Lateinischen wie im Deutschen der Akkusativ des Personalpronomens gesetzt:

Me video. Ich sehe **mich** (z. B. auf dem Foto).
Te vides. Du siehst **dich**.
AO ← P+S S P → AO

Im Falle der **3. Person** gibt es ein eigenes Pronomen, um die Reflexivität, also den Rück-Bezug auf das Subjekt, zu bezeichnen:

Marcus **se** videt. Marcus sieht **sich**.
S AO ← P S P → AO

Die Formen des reflexiven Personalpronomens sind im Numerus und Genus immer gleich:

Dativ: sibĭ Akkusativ: sē

Auch für das adjektivische Possessivpronomen gibt es in der 3. Person eine reflexive Form: *su-us, su-a, su-um*:

Marcus librum **suum** legit. Marcus liest **sein** (eigenes) Buch.

Claudia librum **suum** legit. Claudia liest **ihr** Buch.

Marcus et Claudia libros **suos** legunt. Marcus und Claudia lesen **ihre** Bücher.

3.3.4 Reflexivität im AcI

Rana se volare posse putat.

Rana eum volare posse putat.

Der Frosch glaubt, dass er ? fliegen kann.

Die deutsche Übersetzung ist in diesem Fall unklar: Wer ist mit ›er‹ gemeint, der Frosch selbst oder vielleicht der Fink? Um hier Eindeutigkeit herzustellen, bedarf es im Deutschen ggf. einer Ergänzung, z.B.: Der Frosch glaubt von sich, dass er fliegen kann. Im Lateinischen wird durch das Pronomen der 3. Person Klarheit geschaffen. Ist es das Reflexivpronomen, so muss es sich auf das Subjekt des Satzes zurückbeziehen; findet sich dagegen das Personalpronomen der 3. Person, so verweist dies auf ein Nomen im vorausgehenden Satz:

! *eum* meint also hier den Fink.

4. Wort- und Satzfragen

Da es im klassischen Latein keine Satzzeichen gab, mussten Fragen durch ein ›Signal‹ kenntlich gemacht werde. Dies geschah und geschieht durch verschiedene Fragewörter.

4.1 Das substantivische Interrogativpronomen

Mit diesem Pronomen wird nach einem Satzglied, meistens einem Nomen, gefragt. Derartige Fragen heißen deshalb *Wortfragen*. – Sie kennen bereits folgende (rechts) substantivische Interrogativpronomina:

N	Quis? Quid?
D	Cui?
Akk	Quem? Quid?

4.2 Fragepartikeln

Diese kleinen Wörter signalisieren zugleich, welche Antwort der Fragende erwartet:

Est**ne** tibi vox pulchra?	Diese Partikel *-ne* wird immer an das erste Wort des Satzes angehängt. Sie lässt die Antwort offen, kann also mit *ja* oder mit *nein* beantwortet werden: *Hast du eine schöne Stimme?*
Nonne tibi vox pulchra est?	Mit dem Wort *nonne* zeigt der Fragende, dass er die Antwort *ja* erwartet: *Hast du nicht auch eine/etwa keine schöne Stimme?*
Num tibi vox pulchra est?	Die Partikel *num* lässt eine negative Antwort erwarten: *Hast du etwa eine schöne Stimme?*

Da mithilfe der Fragepartikeln nach dem Inhalt eines Satzes gefragt wird, heißen diese Fragen *Satzfragen*.

EXERCITANDA

LECTIO 3

1. Übersetzen und Verstehen

a) Vor der Übersetzung: Überprüfen Sie die im Grammatikteil unter 1. TE 4 aufgestellten Merkmale einer Fabel am Beispiel ›Der Rabe und der Fuchs‹.

b) Ein Dialog lässt bestimmte grammatische Formen erwarten. Benennen Sie diese am Text der ersten Fabel.

c) Nach der Übersetzung: Die ›Moral‹ ist hier fortgelassen. Wie könnte sie lauten?

2. Quis? Quid? Cui? Quem?

a) Quis caseum rapit? b) Quid corvus edere vult? c) Quid vulpes videt? d) Cui vox pulchra est? e) Cui vulpes gratias agit? f) Quem verba dolosa fallunt? g) Cui rana appropinquat? h) Quid rana putat?

3. Formentraining

a) Unterscheiden Sie die Formen der Nomina von den Verbformen.

b) Bestimmen Sie jeweils Kasus, Numerus und Genus bzw. Person und Numerus.

c) Vertauschen Sie jeweils Singular und Plural.

agimus – amicos – aperi – appropinquo – arboribus – cantate – ego – eis (3) – gaudia (2) – mortes (2) – nolite – possum – pulchro (2) – rapio – sciunt – tacetis – tibi – villae (2) – voci – vult

4. Solisten

caseo	mihi	videtis	filius	diebus
amico	tibi	vultis	dicimus	tempus
video	sibi	viris	scimus	manibus
corvo	ibi	agitis	sumus	matribus

5. Der Junge, der nicht lernen wollte

Lucius abecedarius est, sed ludus litterarius ei non placet. Cottidie condiscipulis dicit: »Discere mihi gaudio non est. Discere nolo.« Itaque tacet neque alphabetum discit neque primam litteram dicit. Tandem praeceptor crustula apportat. Ea Lucio monstrat dicitque: »Aperi os et dic ›a‹ et crustula tibi erunt.« Lucius vero os aperit, sed tacet. Praeceptor, quod laborem suum irritum esse videt, Lucium inter condiscipulos sedere iubet. Ii Lucium interrogant: »Estne tantus labor ›a‹ dicere?« Eis Lucius callidus: »Non est«, inquit, »difficile dicere ›a‹, sed post ›a‹ semper est ›b‹ et cetera.«

a) Übersetzen Sie den Text.

b) Beschreiben Sie die grammatische Funktion der Dative.

c) Ersetzen Sie die Formen von is, ea, id durch das jeweilige Beziehungswort in der grammatisch richtigen Form.

6. Hund und Wolf

a) Lesen Sie den Text langsam durch, wählen Sie jeweils, wo mehrere Vorschläge angeboten werden, die passende Form bzw. Endung und übersetzen Sie.

b) Finden Sie abschließend eine ›moralische‹ Überschrift für diese kleine Fabel.

Vesperi canis catenatus ante vill- a / am / ae iacet. Lupus venit dicitque: »Salve, amic- e / us!« Canis lup- os / um / us adesse gaudet eos- / eum- / is -que salutat:

»Salve, lupe! Ut vales?« Lupus: »Male mihi est. Esuri- o / s / unt et cibum quaer- o / is / it .« Canis eam / ei / is respondet: »Intra, amice! Cib- i / us bon- i / us te exspectat.« Lupus, »Gratias«, inquit, » te / tibi / tu ago. Dic mihi: Quis tibi cibum dat?« Canis: »Domin- i / o / us semper mihi cibum dat, nam villam custodio.« Subito lupus catenam videt: »Vae tibi! Cur catenat- a / um / us es? Nonne et familiam et villam custodi- o / s ? Dominus tuus ingratus es / est / sunt . Vita tua mihi gaudi- a / o / um non est. Diligo vit- a / am / ae me- a / am / ae liber- a / am / ae . Vale, amice!«

7. Cui bono?

Nach Cicero soll ein gewisser L. Cassius den Richtern empfohlen haben, bei ihren Untersuchungen in Mordfällen die Frage Cui bono? *zu stellen. Diese Empfehlung wäre sicher auch im politischen Alltagsgeschäft oftmals hilfreich. Teilen Sie diese Auffassung?*

8. Oracula, oracula

In der Antike glaubten die meisten Menschen, dass die Götter den Menschen durch Orakel die Zukunft verkünden könnten. Am angesehensten war das Orakel in Delphi (Griechenland), wo der Gott Apollo weissagen sollte. Auch König Pyrrhus, der einen Krieg gegen die Römer plante, befragte zuvor diesen Gott nach seinen Erfolgsaussichten. Er erhielt folgende Antwort:

Rex, tibi dico te Romanos vincere posse.

Orakel wie dieses begründeten den Ruhm Delphis. Finden Sie hierfür eine Erklärung.

9. Aenigma mediaevale

In einer mittelalterlichen Kirche Norddeutschlands findet sich ein rätselhaftes Fresko: Ein Mann und eine Frau umgeben das abgebildete Buchstabenquadrat und halten dem Besucher der Kirche auf einem Spruchband die folgende Aufforderung entgegen:

LEGE SISTE TEMPTA SI VIS

Wenn Sie dieser (leicht veränderten) Aufforderung folgen wollen, beachten Sie bitte die mittelalterliche Schreibweise: Statt -ti- wird -ci- geschrieben.

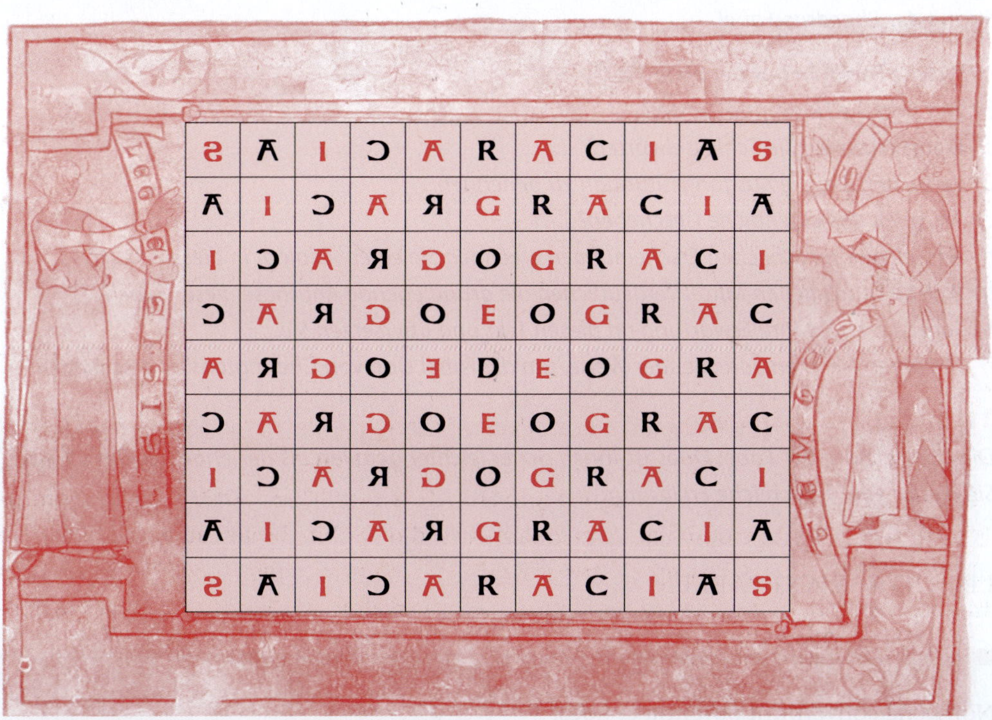

10. Lingua Latina Europaea

Italienisch	Spanisch	Portugiesisch	Französisch	Englisch	Lateinisch
favola	fabula	fábula	fable	fable	
corvo	cuervo	corvo	corbeau		
vacca	vaca	vaca	vache		
cane		cão	chien		
leone	leon	leão	lion	lion	
lupo	lobo	lobo	loup		
dire	decir	dizer	dire		

11. Übersetzungsschritte (Lectio 4)

11.1 Vor der Übersetzung

Wiederholen Sie im grammatischen Teil 1. TE, bevor Sie die Aufgaben a)–i) bearbeiten; beginnen Sie mit der Phaedrus-Fabel.

a) Welche Funktion hat der erste Satz?
b) Wer sind die Handlungsträger?
c) Worin erkennen Sie Schlüsselwörter?
d) Versuchen Sie, die Ausgangssituation zu benennen.
e) Wo spielt das eigentliche Geschehen?
f) An welchen sprachlichen Erscheinungen erkennen Sie einen ›Dialog‹ in diesem Text?
g) Welche sprachlichen Mittel verdeutlichen die grundlegende Antithese dieser Fabel?
h) Formulieren Sie Ihre Erwartung an diesen Text und übersetzen Sie.
i) Verfahren Sie in entsprechender Weise, um die Fabel Odo von Cheringtons zu erschließen.

11.2 Nach der Übersetzung

Die Übersetzung der Fabel Odos ist Ihnen sicher leichter gefallen als der Phaedrus-Text. Finden Sie hierfür eine sprachliche Erklärung.

LECTIO 4: ZWEI FABELN

■ Traue keinem Mächtigen!

Non bene conveniunt potentia et fides.

Vacca et capella et ovis et leo foedus faciunt: consilia coniungunt, quod fames eos ad societatem compellit. Proinde socii in silvam currunt et – re vera – cervum vastum capiunt. Dum praedam in quattuor partes dividunt, leo dicit: »Ego primam partem tollo.

Quia rex sum, mea est. Vos secundam mihi tribuere oportet, quia fortis sum. Etiam tertia pars mihi est, quia plus valeo. Et quartam partem nolite tangere, furciferi! Bene scitis me leonem esse. Vae vobis!« Sic leo improbus sociis totam praedam rapit.

(*nach Phaedrus I,5*)

■ Der Wolf und der Storch

Odo von Cherington soll im 13. Jahrhundert in England gelebt haben und Zisterzienser-Abt gewesen sein. Die Fabel vom Wolf und vom Storch hat er nach dem Vorbild einer Fabel des Phaedrus (I,8: Der Wolf und der Kranich) geschrieben.

Einem Wolf ist beim Fressen ein spitzer Knochen in der Kehle stecken geblieben.

Os lupum strangulat. Itaque medicum quaerit. Dicunt servi: »Ciconia habet longum rostrum et os tibi extrahere potest.« Quaerunt ciconiam, eique mercedem magnam promittunt. Ciconia venit et lupo os extrahit. Mercedem quaerit. Lupus nihil dare vult ciconiaeque dicit: »Dum caput tuum ori meo inseris, te non interfeci. Nonne tibi sufficit me tibi vitam dare?«

Moral:

Sic rustici et pauperes, quando serviunt, nullam mercedem habere possunt. Dicit enim dominus: »Homo meus es. Nonne magnum est, si te non escorio, si te vivere permitto?«

›Der Wolf und der Kranich‹ sowie ›Der Wolf und das Lamm‹. Reliefs des 13. Jahrhunderts nach den Fabeln des Phaedrus. Von der Fontana Maggiore in Perugia (Italien).

LEGENDA · LEGENDA · LEGENDA · LEGENDA

FABELN

Die Texte dieses Kapitels repräsentieren eine kleine Auswahl aus der Fülle literarischer Fabeln. Eine Fabel ist eine kurze, fiktive Geschichte mit einer eingebundenen Moral, deren Handlungsträger in der Regel personifizierte Tiere sind. Die Wurzeln der Fabel liegen wohl im Alten Orient. Zunächst nur durch Erzählungen weitergegeben, wurden sie schließlich auch aufgeschrieben. Die ersten Textzeugnisse stammen aus altbabylonischer Zeit (1. Hälfte des 2. Jahrtausends v. Chr.). Später hat sich die Fabel von Mesopotamien aus in die Nachbarländer verbreitet.

Bei den Griechen galt schon in der Antike der Dichter Äsop, griechisch Aisopos, lateinisch Aesōpus, als der wichtigste Vertreter dieser literarischen Gattung. Er lebte höchstwahrscheinlich im 6. Jahrhundert v. Chr. Seine Werke waren in der Zeit des Hellenismus (ca. ab 300 v. Chr.) in verschiedenen Sammlungen zugänglich, aus denen die römischen Dichter schöpfen konnten. So bediente sich Horaz (65–8 v. Chr.) besonders in seinen Satiren einiger Fabeln, um ›lachend die Wahrheit zu sagen‹, war es doch sein Ziel, die Menschen zugleich zu belehren und zu unterhalten. Dieses Ziel verfolgte auch Phaedrus, der berühmteste Fabeldichter lateinischer Sprache. Seine Lebenszeit fällt in die frühe Kaiserzeit. Er stammte aus Griechenland, kam als Sklave nach Rom und wurde von Kaiser Augustus freigelassen. Phaedrus schrieb eine Vielzahl poetischer Fabeln, die in fünf Büchern gesammelt wurden. Das antike Fabelgut war im Mittelalter sehr verbreitet und wirkte von dort in die Neuzeit hinein. Die originalen Fabeln des Phaedrus wurden allerdings erst von den Humanisten wieder entdeckt. Diese Grundlagen führten in Europa zu einer weiten Verbreitung der literarischen Fabel bis ins 20. Jahrhundert.

Äsop (Aisopos) lässt sich aufmerksam vom Fuchs belehren. Der große Kopf steht für seine Weisheit, der Stock in der Hand für das ärmliche Leben der einfachen Leute. Innenbild einer griechischen Schale, um 450 v. Chr. Äsops lateinischer Nachfolger Phaedrus, ursprünglich Sklave, galt in seiner Zeit in der damaligen Literaturwissenschaft als Autor der ›kleinen Leute‹.

· CAPUT III ·

MYTHEN

LECTIO 5: EUROPA

Der Name unseres Kontinents war ursprünglich der Name einer phönizischen Prinzessin: Europa, Tochter des Königs der Phöniker, lebte in Tyrus, einer Hafenstadt an der Ostküste des Mittelmeeres (Libanon). Das entscheidende, schicksalhafte Ereignis ihres Lebens hat uns der römische Dichter Ovid (43 v. Chr. – 17. n. Chr.) in seinen ›Metamorphosen‹ überliefert. Der Göttervater Zeus, bei den Römern Jupiter genannt, hatte sich – mal wieder – in eine Sterbliche verliebt. Aber er sieht ein Problem:

Non bene conveniunt maiestas et amor. Itaque deus maximus se in taurum vertit atque iuvencis immiscet. Ii enim prima luce litora petunt, ubi Europa cum virginibus Tyriis ludere solet. Ibi taurus divus mugit et in teneris formosus obambulat herbis; quippe color niveus est, colla toris exstant, ab armis palearia pendent, cornua ei parva et perlucida sunt. Nullae in fronte minae nec formidabile lumen: vultus pacem habet. Europa taurum inspicit stupetque, quod tam formosus, tam mitis est. Primo eum contingere metuit, mox adit et flores ad candida porrigit ora. Gaudet amans et manibus oscula dat. Vix iam, vix cetera differt. Et nunc adludit viridique exsultat in herba, nunc latus in fulvis niveum deponit harenis. Paulatim virgini metum demit atque pectora tergumque praebet. Et virgo regia tauro pectora manu palpat, cornua sertis impedit, tandem in tergo considere audet. Tum deus a terra et a litore sicco sensim primis vestigia ponit in undis. Inde abit ulterius laetoque animo medium per mare fert praedam. Virgo pavet litusque relictum respicit et dextra manu tauri cornu tenet, alteram tremula tergo imponit; venti vestes sinuant.

Europa auf dem Stier.
Griechisches Vasenbild, 5. Jh. v. Chr.

(nach Ovid, Metamorphosen II, 846–875)

GRAMMATICA

1. Texterschließung

TE 5: Der situative Kontext

Um einen Text leichter erfassen und verstehen zu können, ist es wichtig, die näheren Umstände zu kennen, die ihn bedingen. Ein Text auf einem Grabstein z. B. weckt in uns andere Erwartungen als einer auf dem Sockel eines Denkmals auf einem öffentlichen Platz oder auf einem Altarbild in einer Kirche. Eine Rede, die vor Gericht gehalten wurde, unterscheidet sich in ihrem Stil und ihrer Redeabsicht wesentlich von der öffentlichen Rede eines Staatsmannes oder von der Rede anlässlich eines Festes, einer Beerdigung etc. In einem Buch können Bilder z. T. die Erschließung unterstützen. Ihre Beachtung kann daher den Zugang zu einem Text erleichtern.

TE 6: Wortstellung und Stilistik

Bei literarischen Texten verwenden die Autoren in der Regel rhetorische Stilmittel, um ihre Aussagen zu verdeutlichen und wirkungsvoll zu gestalten. Deren Kenntnis erleichtert die Erfassung des Satzbaus und fördert das Textverständnis.

Wie Sie im Fundamentum gesehen haben, unterliegt die Wortstellung lateinischer Sätze einer größeren Freiheit (Fundamentum II. 2.4.3). Zusätzlich zum jeweiligen Kontext verbürgen die Regeln der KNG-Kongruenz (Fundamentum I.3.3), dass das Verständnis des Satzes gesichert ist, wenn der Autor z. B. zusammengehörige Wörter voneinander trennt, weil er die Betonung am Anfang oder Ende des Satzes ausnutzen möchte, um seine Aussage zu verdeutlichen, oder weil das Versmaß eines Gedichtes dies nahelegt. Diese Auseinanderstellung, auch als Sperrung bezeichnete Anordnung zusammengehörender Wörter, nennt man Hyperbaton, ein Stilmittel, das sich bei Ovid besonders häufig findet.

Ein interessantes Beispiel für ein Hyperbaton ist der 4. Satz:

Taur**us** ... in tener*is* formos**us** obambulat herb*is.*

Die Endung *-īs* verweist eindeutig auf *herb-īs*. Die Sperrung *in teneris ... herbis* umschließt gewissermaßen den schönen Stier – *formos***us** (N, Sg., m) kann sich nur auf das in der ersten Hälfte des Satzes genannte Subjekt *taur***us** beziehen – und seine Tätigkeit: Der Stier spaziert herum. Ovid gelingt es hier, dem Leser mithilfe der Satzstellung ein Geschehen zu veranschaulichen und sprachlich quasi abzubilden: Der schöne göttliche Stier stolziert auf einer Wiese, umgeben von zartem, weichem Gras. In den folgenden Sätzen verstärkt Ovid diesen bildhaften Eindruck, indem er das Weiß des Stieres (Satz 5) und das Grün der Wiese bzw. die rotgelbe Farbe des Sandes am Strand (Satz 12) hervorhebt.

→ Das Erkennen eines Hyperbatons ist für ein zügiges Übersetzen notwendig. Dabei gilt die Übersetzungsregel 7:

ÜR 7 Bei einem Hyperbaton müssen die auseinandergestellten Satzglieder, besonders die Substantiv-Adjektiv-Verbindungen, im Deutschen zusammengestellt werden.

Neben den Hyperbata enthält der Text der Lectio 5 u.a. folgende rhetorische Stilmittel:

Alliteration	Zwei oder mehr benachbarte Wörter beginnen mit dem gleichen Laut: *cornua ei **p**arva et **p**erlucida sunt.*
Anapher	Wiederholung desselben Wortes am Anfang von Sätzen oder Satzteilen: ***Vix** iam, **vix** cetera differt.*
Asyndeton	Aneinanderreihung von Wörtern oder Sätzen ohne verbindende Konjunktion: *Virgo tauro pectora manu palpat, cornua sertis impedit, in tergo considere audet.* Dieses Beispiel zeigt zugleich eine sog. Klimax:
Klimax	Anordnung von Wörtern oder Sätzen mit beständiger Steigerung der Aussage. Mit der Aufzählung (Brust → Hörner → Rücken) wächst gewissermaßen das Maß des erforderlichen Muts, bis Europa auf dem Stier sitzt.

→ Bei allen rhetorischen Stilmitteln, die Sie in Texten entdecken, sollten Sie sich stets fragen, welche Wirkung der Autor durch deren Verwendung erzielen möchte.

2. *ire* und *ferre*

Die Verben *ire* und *ferre* weisen im Präsens einige Besonderheiten auf.

		ire	ferre
Sg.	1. P.	ĕ-ō	fĕr-ō
	2. P.	ī-s	fer-s
	3. P.	ĭ-t	fer-t
Pl.	1. P.	ī-mus	fĕr-i-mus
	2. P.	ī-tis	fer-tis
	3. P.	ĕ-**u**-nt	fĕr-**u**-nt

Imperativ		
Sg.	ī	fĕr
Pl.	ī-te	fer-te

Zu beiden Verben gibt es zahlreiche *Komposita* (zusammengesetzte Verben), die in gleicher Weise konjugiert werden.

3. Der Ablativ

3.1 Formen des Ablativs

Ergänzung der Deklinationstabellen:

3.1.1 Substantive

		a-Dekl.	o-Dekl.		u-Dekl.	e-Dekl.
Sg.	N	regul-a	mur-us	vin-um	fruct-us	r-ēs
	D	regul-ae	mur-ō	vin-ō	fruct-uī	r-eī
	Akk	regul-am	mur-um	vin-um	fruct-um	r-em
	Abl	**regul-ā**	**mur-ō**	**vin-ō**	**fruct-ū**	**r-ē**
Pl.	N	regul-ae	mur-ī	vin-a	fruct-ūs	r-ēs
	D	regul-īs	mur-īs	vin-īs	fruct-ibus	r-ēbus
	Akk	regul-ās	mur-ōs	vin-a	fruct-ūs	r-ēs
	Abl	**regul-īs**	**mur-īs**	**vin-īs**	**fruct-ibus**	**r-ēbus**

		3. Deklination konsonant. Stämme		3. Dekl. i-Stämme	Neutra der u-Deklination
Sg.	N	homo	nomen	mar-e	corn-ū
	D	homin-ī	nomin-ī	mar-ī	corn-ū / uī
	Akk	homin-em	nomen	mar-e	corn-ū
	Abl	**homin-e**	**nomin-e**	**mar-ī**	corn-ū
Pl.	N	homin-ēs	nomin-a	mar-ia	corn-ua
	D	homin-ibus	nomin-ibus	mar-ibus	corn-ibus
	Akk	homin-ēs	nomin-a	mar-ia	corn-ua
	Abl	**homin-ibus**	**nomin-ibus**	**mar-ibus**	corn-ibus

→ Zu den i-Stämmen der 3. Deklination, auch i-Deklination genannt, gehören
a) einige Neutra auf *-ar, -e, -al*; wie *mare* werden also auch Wörter wie *animal, animalia* und *palear, palearia* dekliniert;
b) wenige Feminina wie *turris, turrēs* und *vīs*, **vīrēs**; letzteres hat im Singular neben dem Nominativ nur den Akkusativ *vīm* und den Ablativ *vī*.
→ Die u-Deklination kennt auch sehr wenige Neutra. Sie werden wie *cornu* dekliniert.

3.1.2 Adjektive

		a- und o-Dekl.			3. Dekl., i-Stämme		
		m	f	n	m	f	n
Sg.	N	bon-us	bon-a	bon-um	celer	celer-is	celer-e
	D	bon-ō	bon-ae	bon-ō	celer-ī	celer-ī	celer-ī
	Akk	bon-um	bon-am	bon-um	celer-em	celer-em	celer-e
	Abl	**bon-ō**	**bon-ā**	**bon-ō**	**celer-ī**	**celer-ī**	**celer-ī**
Pl.	N	bon-ī	bon-ae	bon-a	celer-ēs	celer-ēs	celer-ia
	D	bon-īs	bon-īs	bon-īs	celer-ibus	celer-ibus	celer-ibus
	Akk	bon-ōs	bon-ās	bon-a	celer-ēs	celer-ēs	celer-ia
	Abl	**bon-īs**	**bon-īs**	**bon-īs**	**celer-ibus**	**celer-ibus**	**celer-ibus**

→ Dativ und Ablativ haben im Plural immer die gleiche Endung; dies gilt bei den i-Stämmen der 3. Deklination auch im Singular.

3.1.3 Das Personalpronomen

		1. Person	2. Person	3. Person m	f	n
Sg.	N	egŏ̄	tū	is	ea	id
	D	mihĭ̄	tibĭ̄	eī	eī	eī
	Akk	mē	tē	eum	eam	id
	Abl	mē	tē	eō	eā	eō
Pl.	N	nōs	vōs	iī / eī	eae	ea
	D	nōbīs	vōbīs	eīs / iīs	eīs / iīs	eīs / iīs
	Akk	nōs	vōs	eōs	eās	ea
	Abl	nōbīs	vōbīs	eīs / iīs	eīs / iīs	eīs / iīs

→ Das Reflexivpronomen der 3. Person lautet auch im Ablativ *sē*.

3.2 Die Funktionen des Ablativs

Der Ablativ, ein besonderer Kasus des Lateinischen, dient meistens zur Kennzeichnung der Satzgliedposition Adverbiale (Fundamentum II. 1). Mit dieser syntaktischen Funktion sind drei Hauptbedeutungen verbunden, die sog. *semantischen Funktionen*.

3.2.1 Ablativus locativus / temporis

Dieser Ablativ antwortet auf die Fragen *Ubi?* (*Wo?*) oder *Quando?* (*Wann?*); er dient also zur Angabe eines Ortes oder einer Zeit.

Ablativus locativus:	Taurus **in teneris herbis** obambulat.	Der Stier spaziert **auf dem weichen Gras** umher.
Ablativus temporis:	**Prima luce** litora petunt.	Sie suchen **im Morgengrauen** die Küste auf.

3.2.2 Ablativus instrumentalis

Dieser Ablativ umfasst mehrere semantische Funktionen, die nicht immer scharf unterschieden werden können:

a) Der Ablativus instrumentalis im engeren / konkreten Sinne

Auf die Frage *Qua re?* (*Womit? Wodurch?*) bezeichnet dieser Ablativ das *Mittel oder Werkzeug, mit dessen Hilfe* etwas geschieht.

Virgo tauro pectora **manu** palpat.	Das Mädchen krault dem Stier die Brust **mit der Hand**.

b) Der Ablativus modi

Der Ablativ antwortet in dieser Funktion auf die Frage *Quo modo?* (*Wie? Auf welche Weise?*), bezeichnet also die *Art und Weise* bzw. den *Begleitumstand einer Handlung.*

Taurus **laeto animo** praedam per mare fert.	Der Stier trägt **mit frohem Sinn / frohen Herzens** seine Beute über das Meer.

c) Der Ablativus sociativus

Dieser Ablativ antwortet auf die Frage *Quocum?* (*Mit wem [zusammen]?*) und benennt die *Begleitpersonen einer Handlung.*

Europa **cum virginibus Tyriis** ludit.	Europa spielt **mit den Mädchen aus Tyrus** (›den tyrischen‹).

3.2.3 Ablativus separativus

In dieser Funktion bezeichnet der Ablativ den *Ausgangspunkt* der jeweiligen Aussage. Er antwortet auf die Fragen *Woher?, Von wo?, Wovon?,* lateinisch *Unde?*

Deus **a litore** ulterius abit.	Der Gott geht **vom Strand** weiter fort.

3.2.4 Präpositionen beim Ablativ

Präpositionen stehen im Lateinischen entweder mit Akkusativ oder mit Ablativ. Die obigen Beispiele zeigen, dass der Ablativ als Adverbiale je nach seiner semantischen Funktion mit oder ohne Präposition gesetzt werden kann. Es ist deshalb hilfreich zu wissen, nach welchen Präpositionen ein Ablativ stehen kann, um das jeweilige Adverbiale leichter zu erfassen.

Die wichtigsten Präpositionen, die im Lateinischen einen Ablativ erfordern, sind in dem folgenden Merkvers zusammengefasst:

a und *ab, e, ex* und *de,*
cum und *sine, pro* und *prae*

→ Wenn zwei Vokale aufeinanderstießen, ergab das für lateinische Ohren einen Misslaut. Deshalb erhalten die Präpositionen *a* und *e* in diesen Fällen meistens einen Endkonsonanten:

a litore, *aber* ab armis
e mari, *aber* ex aqua

→ In Verbindung mit einem Personal-, Reflexiv- oder entsprechendem Interrogativpronomen wird die Präposition *cum* angehängt:

quōcum? (*mit wem?*) – sēcum (*mit sich*), mēcum (*mit mir*), tēcum (*mit dir*) etc.

in und *sub*

Wie in Caput I 2.2.2.a dargestellt, bildet die Präposition *in* mit einem Akkusativ ein Adverbiale, das als Antwort auf die Frage ›Wohin?‹ Richtung und Ziel einer Antwort bezeichnet. Entsprechendes gilt für die Präposition *sub*. Diese beiden Präpositionen können aber auch mit einem Ablativ gesetzt werden. Das so entstehende Adverbiale antwortet auf die Frage ›Wo?‹, dient also als Ortsbestimmung. Vergleichen Sie:

in:

Thales **in foveam** incidit.	Thales fällt **in eine Grube**.
Thales **in fovea** ancillam clamat.	Thales ruft **in der Grube** seine Magd herbei.

sub:

Ein Unwetter droht:

Sub tectum curro.	Ich laufe **unter ein Dach**.
Sub tecto securus sum.	**Unter dem Dach** bin ich sicher.

Besonderheiten der Satzstellung

Präpositionen werden häufig *zwischen* Adjektiv und Substantiv gesetzt:

Taurus **viridi in herba** exsultat.	Der Stier springt **auf dem grünen Gras** umher.
Taurus praedam **medium per mare** fert.	Der Stier trägt seine Beute **mitten über das Meer**.

4. Römische Namen

Die Namen römischer Bürger bestanden meistens aus drei Teilen. So hieß Ovid mit vollem Namen Publius Ovidius Naso: Publius ist der Vorname, Ovidius der Gentilname (< gēns = Sippe, Geschlecht) und Naso das Cognomen, der Beiname.

Die Zahl der Vornamen war sehr begrenzt; sie wurden in Texten meistens abgekürzt. Die gebräuchlichsten Vornamen waren:

A.	Aulus	L.	Lucius	Ser.	Servius
App.	Appius	M.	Marcus	Sex.	Sextus
C.	Gaius	M'	Manius	Sp.	Spurius
Cn.	Gnaeus	P.	Publius	T.	Titus
D.	Decimus	Q.	Quintus	Ti(b)	Tiberius

→ Die Abkürzungen C. bzw. Cn. für Gaius und Gnaeus beruhen darauf, dass es im Altlateinischen nur den Buchstaben C für die Laute K und G gab. Nach Einführung des Buchstabens G wurde die alte Abkürzung C. bei diesen beiden Vornamen beibehalten.

→ Die Namen Decimus (*Zehnter*), Quintus (*Fünfter*) und Sextus (*Sechster*) verweisen auf den Brauch, dass, wenn eine Familie viele Söhne hatte, diese ab dem fünften Sohn ›nummeriert‹ wurden.

Meistens gab es zum Vor- und Gentilnamen noch einen Beinamen, um eine Person unterscheidbar zu machen, z. B. Naso (< nasus ≈ *Nase*), also etwa ›großnasig‹. Da auch diese Beinamen vererbt werden konnten, ging oft das Bewusstsein für den Sinn des Cognomens verloren.

Frauen trugen als ›offiziellen Familiennamen‹ die weibliche Form des väterlichen Gentilnamens. So hieß die geliebte Tochter Marcus **Tullius** Ciceros **Tullia**, und **Cornelia**, die berühmte Mutter der Gracchen, war die Tochter des P. **Cornelius** Scipio Africanus, des Siegers über Hannibal. Individuell hatten sie viele verschiedene Namen, so wie Octavia, Superba, Venusta, Musa u.a.

→ Wie das Beispiel des Scipio Africanus zeigt, gab es zudem die Möglichkeit, dass einem verdienten Bürger als vierter Name ein Ehrenname verliehen werden konnte, hier Africanus.

Sklaven hatten nur einen Rufnamen, z.B. Flavus (›Blonder‹) oder ›Restitutus‹ (›Ersetzter‹ – ein Name wie dieser spricht für sich: der Betreffende hatte einen anderen ›ersetzt‹). Wenn sie freigelassen wurden, übernahmen sie den Vor- und Gentilnamen ihres bisherigen Herrn, ihr ehemaliger Sklavenname diente dann als unterscheidendes Cognomen.

EXERCITANDA

LECTIO 5

1. Übersetzen und Verstehen

a) Beschreiben Sie das Bild zu Lectio 5, lesen Sie die deutsche Einleitung und stellen Sie Ihre Kenntnisse über die Herkunft Europas zusammen. Worum wird es in dem Text gehen?

b) Lesen Sie den lateinischen Text langsam durch:
– Wo spielt die Geschichte?
– Welche Ausdrücke dienen zur Bezeichnung und Charakterisierung Jupiters und Europas?

c) Übersetzen Sie den Text Satz für Satz. Beachten Sie die Hinweise unter TE 6, prüfen Sie jeden Satz auf stilistische Besonderheiten und versuchen Sie, die Bedeutung der einzelnen Stilmittel für die Aussage des jeweiligen Satzes im Rahmen des Kontextes zu bestimmen.

d) Diskutieren Sie abschließend, ob Ovid eine Verführung oder eine Vergewaltigung geschildert hat. Wie beurteilen Sie in diesem Zusammenhang den lateinischen Einleitungssatz?

2. Fragen zum Text

a) Quis deus maximus est? b) Quando iuvenci litora petunt? c) Ubi Europa ludere solet? d) Quocum Europa ludere solet? e) Quid taurus divus in herbis teneris facit? f) Cui virgo flores ad ora porrigit? g) Qua re Europa tauro pectora palpat? h) Unde taurus divus sensim abit?

3. Formentraining

a) Unterscheiden Sie die Formen der Nomina von den Verbformen.
b) Bestimmen Sie jeweils Kasus, Numerus und Genus bzw. Person und Numerus.
c) Vertauschen Sie jeweils Singular und Plural.

abite – adeunt – amores – brevia (2) – facimus – fers – latere – luditis – mari (2) – medias – narra – pectus (2) – paci – re – religiones (2) – unda (2) – ventis (2) – vina (2) – virgine – vultu.

4. Solisten

metus vultus murus sensus	amore arte age re	periculis omnis praemiis servis	pectora litora pecunia tempora	deo abeo studio tergo	dexter celer liber fer

5. Eine besondere Gastfreundschaft

Die kleine Geschichte beruht auf einer Fabel des Phaedrus (I 26). Übersetzen Sie und bestimmen Sie die Bedeutung der Ablative.

Vulpes multis verbis ciconiam domum ad se invitat. Brevi tempore ciconia laeto animo vulpem visitat. Ea volucrem peregrinam risu leni et doloso salutat dicitque: »Salve, ciconia! Quam gaudeo te me visitare! Cenam bonam tibi habeo.« Deinde sorbitionem liquidam in patina affert; eam ciconia nullo modo edere potest. Itaque magna cum fame a vulpe abit.

Paulo post ciconia vulpem domum ad se invitat; ad portam eam salutat dicitque: »Salve, vulpes! Tandem et tu me visitas. Cena bona te exspectat.« Deinde lagonam longam cibo complet atque affert. Dum rostrum longum magno cum gaudio in lagonam inducit, convivam fame torquet. Tandem vulpes dicit: »Iam intellego. Quisque sua exempla aequo animo ferre debet.«

6. Laokoon

Die folgende Episode aus dem Troianischen Krieg wird von Vergil berichtet (Aeneis II, 26–222 passim). Lesen Sie den Text langsam durch, wählen Sie, wo mehrere Vorschläge gemacht werden, den jeweils richtigen und übersetzen Sie.

Nach zehn Jahren Krieg werden die Troianer eines Morgens durch den Anblick eines großen hölzernen Pferdes überrascht, das einsam am Strand steht, während die Griechen abgezogen zu sein scheinen.

Omnes Troiani laeti (portas / portis) aperiunt, iuvat exire et Dorica castra desertosque locos litusque relictum videre et (equum ingentem / equos ingentes). Tum Laocoon sacer-

Die Laokoon-Gruppe im Vatikan. Römische Kopie nach hellenistischem Original.

dos una cum (filiis / filio) duobus summa (ab / in / sub) arce decurrit et procul iam clamat: »O miseri! Estisne insani, cives? Num putatis dona Danaa dolis (carere / carent)? (Equo / Equis) ne credite, Troiani! Quidquid id est, timeo Danaos, etsi dona ferunt.« Troiani et Laocoonta et equum animo incerto aspiciunt, cum subito duo serpentes a Tenedo insula tranquillum per mare immensis orbibus ad litora tendunt atque agmine certo Laocoonta petunt. Primum filios parvos implicant et (morsu / morsus) interficiunt. Deinde patrem corripiunt. Laocoon frustra (manui / manibus) nodos divellere tendit et clamores horrendos ad sidera tollit: postremo (vis / vires) eum deficiunt.

7. Zweideutig? Eindeutig!

Equus medio in litore stat.

Für diesen Satz gibt es zwei Übersetzungsmöglichkeiten:

a) Das Pferd steht mitten auf dem Strand.

b) Das Pferd steht auf dem mittleren Strand.

Der Kontext der Übung 6 spricht nicht von mehreren Stränden, also kann nur die Übersetzung a) richtig sein. Begründen Sie entsprechend Ihre Übersetzung des medium per mare *in Lectio 5, Satz 16.*

Auch bei den beiden folgenden Beispielen müssen Sie sich für eine von zwei grammatischen Möglichkeiten entscheiden:

a) *Sie wollen einen Bekannten besuchen und fragen ihn: »Ubi habitas?« Er antwortet: »Medio in oppido.«*

b) *In Troia gab es eine Burg. Laokoon läuft* summa ab arce *herbei. Finden Sie eine freie Übersetzung.*

8. Summa cum laude

Wenn Sie die folgenden lateinischen Wendungen, die im Deutschen oft gebraucht werden, übersetzen und erklären können, verdienen Sie sicher ein ›summa cum laude‹.

c.t. ≈ cum tempore	in medias res
s.t. ≈ sine tempore	in memoriam
de iure	in vino veritas
de facto	pax vobiscum
ex libris	per pedes
ex oriente lux	pro forma
in dubio pro reo	de mortuis nil (nihil) nisi bene.

9. Multum, non multa

Die Überschrift dieser Übung zitiert C. Plinius d.J., der diese Sentenz in Bezug auf das Lesen geprägt hat. Welche vom Lateinischen grammatisch abweichende Übersetzung wählen Sie für multa*? Teilen Sie seine Auffassung?*

Übersetzen Sie in gleicher Weise die nächsten Beispiele.

a) *Jeder Sammler weiß es:* Rara sunt cara.

b) *Amor ist ein mächtiger Gott. Vergil stellt fest:* Omnia vincit Amor.

c) *Eine wahre Einsicht:* Non omnia possumus omnes.

10. Kürzer geht's nicht!

Zwei Freunde, die getrennt verreisen wollen, wetten, wer den kürzesten Brief schreiben kann. Der erste schreibt noch vor der Abfahrt: »Rus eo.« Kurz darauf erhält er von seinem Freund den wohl kürzesten aller denkbaren Briefe. Wie lautet der?

11. Komposita

Die Präpositionen dienen oft dazu, als Präfix (Vorsilbe) eines einfachen Verbs ein neues zusammengesetztes zu bilden. Dies zu wissen hilft sehr oft, die Grundbedeutung des neuen Wortes zu erschließen. Beachten Sie aber, dass die Zusammensetzung zu lautlichen Veränderungen führen kann.

a / ab: abire, auferre, abesse, abducere, abigere, abstinere
ad: adire, afferre, adesse, adducere, advenire, acclamare, accipere, aspicere
cum: coire, conferre, convenire, conclamare, concipere, conspicere, concurrere, componere
de: deferre, deesse, deducere, despicere, decurrere, deponere
e / ex: exire, efferre, educere, exclamare, excipere
in: inire, inferre, inesse, inducere, invenire, inspicere, incurrere

12. Lingua Latina Europaea

Italienisch	Spanisch	Portugiesisch	Französisch	Englisch	Lateinisch
dio	dios	deus	dieu		
amore	amor	amar	amour		
toro	toro	touro	taureau		
vergine	virgen	virgem	vierge	virgin	
mano	mano	mão	main		
luce	luz	luz	lumière		
vento	viento	vento	vent		
pace	paz	paz	paix	peace	

13. Übersetzungsschritte (Lectio 6)

Die Lectio 6 bietet Ihnen einen weiteren Mythos aus der Feder Ovids.

13.1 Vor der Übersetzung:

a) Beschreiben Sie die Grafik A. Paul Webers. Wie versucht der Künstler mit bildnerischen Mitteln, den Begriff ›Gerücht‹ zu veranschaulichen?
b) Lesen Sie jetzt den Text langsam durch. Wo ist die ›Geschichte‹ angesiedelt?
c) Die Überschrift übernimmt ein Stilmittel, das in diesem Text eine besondere Anwendung findet: die Personifikation: Eine Sache oder ein Gefühl wird als Person behandelt.

Fama domum habet. *Das Gerücht hat ein Haus.*

Aus welchen ›Personen‹ besteht das ›Gefolge der Fama‹? (→ Schreibweise!)
d) Worin erkennen Sie Schlüsselwörter?
e) Vox omnis ad aures penetrat. *Stellen Sie alle Wörter zusammen, die zu diesem Sachbereich gehören.*
f) Formulieren Sie zusammenfassend Ihre Erwartungen an den Text.
g) Übersetzen Sie jetzt den Text.

13.2 Nach der Übersetzung:

a) *Vergleichen Sie die sprachliche Gestaltung Ovids mit der bildnerischen Bearbeitung desselben Themas durch Weber und stellen Sie Gemeinsamkeiten und Unterschiede fest.*

LECTIO 6: FAMA UND IHR GEFOLGE

Medio in orbe locus est inter terras mariaque caelestesque plagas, unde omnia inspiciuntur, penetratque vox omnis ad aures. Fama eum tenet ibique summa in arce domum habet. Ei innumeri aditus sunt et mille foramina tectis. Nullae portae limina includunt: nocte diēque patet. Tota est ex aëre sonanti, tota fremit vocesque refert. Nulla quies intus, nulla in parte silentia. Nec tamen est clamor, sed parva murmura, qualia procul de undis esse solent.

Atria turba varia tenet: veniunt leve vulgus euntque.* Ii innumerabiles rumores confusaque verba volutant. Alii vacuas implent sermonibus aures, alii narrata ferunt alio, ficta semper crescunt, nam auditis novus auctor aliquid adicit. Illic Credulitas, illīc temerarius Error vanaque Laetitia est consternatique Timores Seditioque repens incertique Susurri. Fama et in caelo et in maribus et in terris omnia videt totumque inquirit in orbem. *(nach Ovid, Metamorphosen XII, 39–63)*

* Sog. *constructio ad sensum,* d. h., das Prädikat richtet sich nicht nach der Form, sondern nach dem Sinn des Subjektswortes (Menge oder Einzelelement).

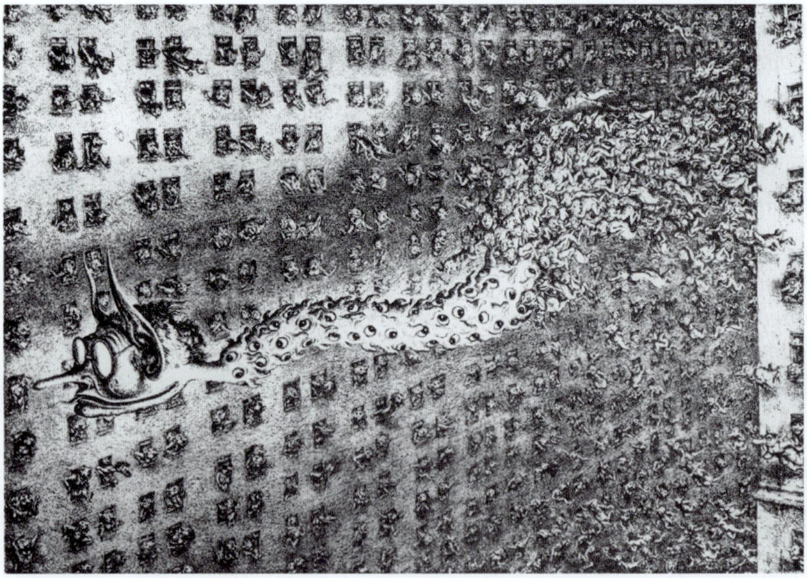

›Das Gerücht‹, Grafik von A. Paul Weber (1943/1953)

LEGENDA · LEGENDA · LEGENDA · LEGENDA ·

MYTHOS

Die drei mythischen Erzählungen dieses Kapitels möchten ein Hinweis sein auf die zentrale Bedeutung, die der griechisch-römische Mythos der Antike für die europäische Geistes- und Kulturgeschichte gehabt hat und weiterhin hat. So werden z. B. die meisten Europäer die Darstellung einer jungen Frau mit Stier angemessen zu deuten wissen.

Eine allgemeine Definition versteht den Mythos als eine traditionelle Erzählung von kollektiver Bedeutsamkeit. Sie kann von Kultur zu Kultur weitergegeben werden, also z. B. von den Griechen über die Römer zu den Völkern nördlich der Alpen bis in unsere Gegenwart. Die Bedeutsamkeit des Mythos beruht vor allem auf den kosmologischen und theogonischen Mythen einerseits, die durch eine Erzählung von Welt- und Götterentstehung die Ordnung der gegenwärtigen Welt einschließlich des Götterhimmels erklären, und den aitiologischen, d.h. den Ursprung erklärenden Mythen andererseits, die Institutionen, Riten, Naturerscheinungen und dergleichen durch eine in der Vorzeit von Göttern oder Heroen vollzogene Handlung verstehbar machen.

Die Hauptquellen für den Mythos sind dichterische Texte. So stehen am Beginn der abendländischen Literatur vor ca. 2700 Jahren die Werke des Homer, die Ilias und die Odyssee, zwei gewaltige Epen, die in rund 28000 hexametrischen Versen die Sagen von den Göttern und Helden des Troianischen Krieges sowie von den Irrfahrten und der Heimkehr des Odysseus berichten. Da diese Werke von Anfang an kontinuierlich rezipiert wurden, waren sie ein wesentliches Element für die Entfaltung des griechischen Mythos.

Der römische Dichter P. Vergilius Maro, 70–19 v. Chr., sah in dem Werk Homers ein Vorbild, dem er ein eigenes langes Gedicht in Hexametern an die Seite stellte: die *Aeneis*. Ein vorherbestimmtes Schicksal lässt Aeneas, den Sohn der Göttin Venus und Ahnherrn der Julischen Dynastie, also Caesars und des Kaisers Augustus, auch zum sagenhaften Ahnherrn Roms werden. So lesen wir in dem Epos vom Untergang Troias, der Flucht und den Irrfahrten des Aeneas, seiner tragischen Liebe zu Dido, der Königin Karthagos, und von der schließlichen Landung in Italien, wo er die Anfänge des späteren römischen Reiches legt.

Mit seinem Werk wurde Vergil zu einem Klassiker Roms, der Literatur, Kunst und Musik z.T. bis in die Gegenwart beeinflusste.

Ähnliches in wohl noch größerem Maße gilt für P. Ovidius Naso, 43 v. Chr.–17 n. Chr., aber auf andere Weise. Auch er schrieb ein Epos, ein hexametrisches Gedicht in 15 Büchern: die *Metamorphosen*, eine Sammlung mythischer und sagenhafter Erzählungen von Verwandlungen. Ovid hat dabei versucht, diese vielen einzelnen Geschichten in einen großen zeitlichen Rahmen einzuordnen, der vom Anfang der Welt bis zur Zeit des Augustus reicht. Von diesem Werk

Römisches Mosaik mit Kentauren aus der Villa Kaiser Hadrians in Tivoli bei Rom, 2. Jh. n. Chr.

der Metamorphosen ging eine ungeheure Faszination aus, die die Menschen der folgenden Jahrhunderte bis in die Gegenwart erfasste. Manche seiner mythischen Gestalten sind – wie die Königstochter Europa – zum Symbol menschlicher Grundsituationen geworden, z. B. Ikarus, Orpheus, Narziss und viele andere. Wohl kein anderes Werk der Antike hat eine so starke Auswirkung auf die Literatur, bildende Kunst und Malerei in Europa und darüber hinaus gehabt. So erklärt sich, dass dieses Epos Ovids zentrale Bedeutung für die Rezeption der griechisch-römischen Mythen in der europäischen Geistes- und Kulturgeschichte erlangt hat.

Zur Abbildung

Ein typisches Wesen des griechischen Mythos ist der Kentaur, hier mit einer Gefährtin (wie auch bei Ovid), die durch Raubkatzen den Tod gefunden hat.

Der Kentaur ist dabei, sie zu rächen, einen Löwen hat er schon erlegt. Die Kentauren sind hier nur äußerlich die ›Grobiane‹ des alten griechischen Mythos, sie zeigen menschliche Verwundbarkeit und Leidenschaft und verteidigen ihre Welt gegen eine kulturell nächst niedrigere.

· CAPUT IV ·

C. IULII CAESARIS COMMENTARII RERUM GESTARUM BELLI GALLICI

Hinter der Überschrift dieses Kapitels verbirgt sich eine Schrift, mit der C. Iulius Caesar in sieben ›commentarii‹ genannten Büchern über seine sieben Feldzugsperioden der Jahre 58–52 v. Chr. berichtete, die mit der Unterwerfung Galliens zur römischen Provinz die Grundlagen für die Romanisierung dieses Landes legten. In dieses Werk hat Caesar einen kulturgeschichtlichen Exkurs eingeschoben, in dem er von den Sitten und Gebräuchen der Gallier und Germanen berichtet. Sie werden in den Lectiones 7 und 8 Auszüge aus diesem Exkurs kennenlernen.

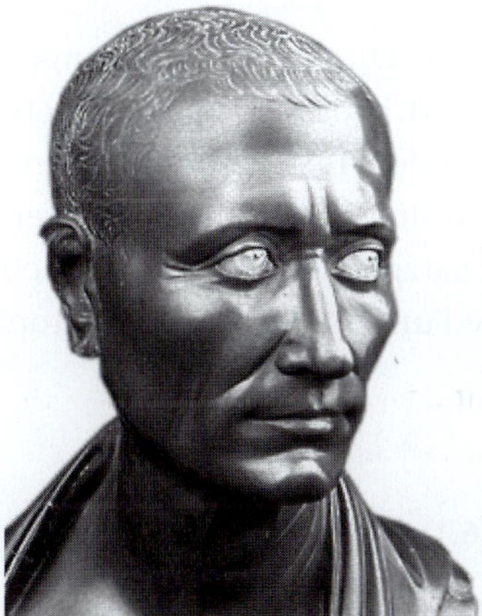

C. Iulius Caesar

LECTIO 7: DIE GALLIER

In omni Galliā eorum hominum, qui aliquo sunt numero atque honore, genera sunt duo. Nam plebem Galli paene pro servis habent, quae nihil audet per se, quam nulli adhibent consilio.

Sed de his duobus generibus alterum est drụidum, alterum equitum. Illi rebus divinis intersunt, sacrificia publica ac privata procurant, religiones explanant.

Ad hos magnus adulescentium numerus disciplinae causa concurrit magnoque hi sunt apud eos honore. Nam fere de omnibus controversiis publicis privatisque constituunt.

Alterum genus est equitum. Qui, cum aliquod bellum incidit, omnes arma capiunt atque cum hostibus pugnant.

Natio est omnis Gallorum admodum religiosa. Mercurịum deum maxime colunt. Huius sunt plurima simulacra, hunc omnium inventorem artium ferunt, hunc viarum atque itinerum ducem, hunc ad quaestus pecuniae mercaturasque habere vim maximam credunt. Post hunc Apollinem et Martem et Iovem et Minervam colunt. De his hanc opinionem habent: Apollinem morbos depellere, Minervam operum atque artificiorum initia tradere, Iovem imperium caelestium tenere, Martem bella regere.

Galli se omnes ab Dite patre prognatos esse praedicant. Ob eam causam spatia omnis temporis non numero dierum, sed noctium finiunt. In reliquis vitae institutis hoc fere a reliquis gentibus differunt, quod suos liberos parvos palam ad se adire non sinunt filiumque puerili aetate in publico in conspectu patris adsistere turpe ducunt.

GRAMMATICA

1. Texterschließung

TE 7: Textverknüpfungen

Das Wort Text beruht auf dem lateinischen *textus* und dessen Bedeutung ›Gewebe, Geflecht‹. Wie aus vielen Fäden z. B. ein Teppich gewebt werden kann, wenn diese verknüpft werden, so kann auch aus einzelnen Sätzen ein sprachliches Gewebe, d. h. ein Text, erst durch Verknüpfungen entstehen. Jeder Satz und jedes Satzglied sind somit Teil eines Textes, doch erst die Verknüpfungen sichern die Kohärenz, den Zusammenhang des Textes.

Textverknüpfungen werden auf vielfältige Weise gebildet. Direkte Verknüpfungen erfolgen durch sog. Konnektoren (< *connectere* ≈ verknüpfen), d. h. durch Wörter, die ein Satzglied oder einen Satz unmittelbar mit dem vorangehenden Text verknüpfen und dabei meistens eine gedankliche Verbindung herstellen. Andererseits finden sich verschiedene Formen indirekter Verknüpfung, durch die auf Satzglieder, manchmal auch auf Sätze im Kontext verwiesen wird und die insofern die Funktion eines Konnektors übernehmen.

a) Direkte Verknüpfungen durch Konnektoren

↳ Beiordnende Konjunktionen (vgl. Caput I, Grammatica 6.1) wie *atque, et, -que, autem, sed, enim, nam* etc.

Sie dienen einerseits innerhalb von Sätzen der Aneinanderreihung von Satzgliedern, andererseits verbinden sie grammatisch gleichwertige Sätze zu einer Satzreihe (Parataxe).

Multi adulescentes ad druides concurrunt magno**que** hi sunt apud eos in honore.	Viele junge Männer strömen zu den Druiden **und** diese stehen bei ihnen in großem Ansehen.

↳ Unterordnende Konjunktionen (vgl. Caput I, Grammatica 6.1) wie *cum, dum, etsi, quamquam, quia, quod, si* etc.

Sie dienen dazu, eine Aussage einer anderen übergeordneten Aussage nicht nur syntaktisch, sondern meist auch gedanklich unterzuordnen. Es entsteht so ein Satzgefüge aus mindestens einem Hauptsatz und einem Gliedsatz (sog. Hypotaxe).
Das folgende Beispiel verdeutlicht eine kausale Verknüpfung:

Corvus in arborem volat, **quod** caseum edere vult.	Der Rabe fliegt auf einen Baum, **weil** er den Käse essen will.

↳ Relativpronomina (siehe unten 3.2)
Ein Relativpronomen verknüpft meistens einen attributiven Gliedsatz mit einem Beziehungswort.

Galli **plebem, quam** nulli adhibent consilio, paene pro servis habent.	Die Gallier betrachten **das einfache Volk, das** sie zu keiner Beratung hinzuziehen, fast wie Sklaven.

b) Indirekte Verknüpfungen durch Textverweiser mit der Funktion eines Konnektors

↳ Adverbien wie *deinde, ibi, proinde, subito, tum* etc.
Sie stellen oft räumliche oder zeitliche Verknüpfungen zwischen den Aussagen her, benennen aber auch weitere gedankliche Bezüge. (Eine scharfe Abgrenzung dieser Adverbien zu den beiordnenden Konjunktionen ist nicht immer möglich.)

In dem folgenden Beispiel wird durch das Adverb *ibi* auf *oppidum Graecum* im Vorsatz verwiesen.

Octavianus **in oppidum Graecum** venit. **Ibi** incolae eum salutant.	Oktavian kommt in **eine griechische Stadt**. **Dort** begrüßen die Einwohner ihn.

↳ Verweiswörter (sog. Pro-Formen) wie *is, ea, id; hic, haec, hoc; ille, illa, illud* (siehe unten)
Diese Pronomina verweisen auf bereits Erwähntes zurück, z. T. auch auf Folgendes voraus. (vgl. Caput II, Grammatica 3.3)

Fama **domum** habet. **Ei** innumeri aditus sunt.	Fama hat **ein Haus**. **Dieses / Es** hat zahllose Zugänge.

↳ Wortwiederholungen und Begriffsvariationen wie

lectio 7: Galli (3×); lectio 5: Benennungen Juppiters: deus maximus, deus, taurus (3×), taurus divus; Europa (2×), virgo (2×), virgo regia; lectio 2: Benennungen Oktavians: Octavianus (4×), Caesar, victor, imperator, imperator Romanus.

Diese eher stilistischen Mittel stellen Bezüge innerhalb der Texte her und helfen, Schlüsselwörter und das Textthema zu erkennen.

Dagegen bilden Wörter aus einer einheitlichen Realitätsebene deutlich erkennbare:

↳ Sachfelder

Sie werden durch verschiedene Wörter gebildet und sind dadurch wesentlicher Ausdruck des Textthemas (Fachbegriff: ›Isotopie-Ebene‹). So lassen in Lectio 7 die vielen zum Sachfeld ›Religion‹ gehörenden Begriffe und zudem die Häufung der Götternamen schnell das Hauptthema dieses Textes erkennen.

Zusammenfassend ergibt sich eine weitere Übersetzungsregel:

ÜR 8 Sinngeleitetes Übersetzen erfordert, die Möglichkeiten der Textverknüpfungen zu beachten, weil dadurch der gedankliche Aufbau des Textes, sein Thema und dessen Entfaltung leichter erkannt und verstanden werden können und somit der Übersetzungsprozess erleichtert wird.

2. Der Genitiv

2.1 Formen des Genitivs

Ergänzung der Deklinationstabellen:

2.1.1 Substantive

		a-Dekl.	o-Dekl.		u-Dekl.	e-Dekl.
Sg.	N	regul-a	mur-us	vin-um	fruct-us	r-ēs
	G	**regul-ae**	**mur-ī**	**vin-ī**	**fruct-ūs**	**r-eī**
	D	regul-ae	mur-ō	vin-ō	fruct-uī	r-eī
	Akk	regul-am	mur-um	vin-um	fruct-um	r-em
	Abl	regul-ā	mur-ō	vin-ō	fruct-ū	r-ē
Pl.	N	regul-ae	mur-ī	vin-a	fruct-ūs	r-ēs
	G	**regul-ārum**	**mur-ōrum**	**vin-ōrum**	**fruct-uum**	**r-ērum**
	D	regul-īs	mur-īs	vin-īs	fruct-ibus	r-ēbus
	Akk	regul-ās	mur-ōs	vin-a	fruct-ūs	r-ēs
	Abl	regul-īs	mur-īs	vin-īs	fruct-ibus	r-ēbus

→ Die Neutra der u-Deklination wie *cornu* (siehe Caput III, Grammatica 3.1.1), haben im Genitiv die gleichen Endungen wie *fructus*: Sg.: *corn-ūs,* Pl.: *corn-uum*.

		3. Dekl., konsonant. Stämme		3. Dekl., i-Stämme
Sg.	N	homo	nomen	mar-e
	G	**homin-is**	**nomin-is**	**mar-is**
	D	homin-ī	nomin-ī	mar-ī
	Akk	homin-em	nomen	mar-e
	Abl	homin-e	nomin-e	mar-ī
Pl.	N	homin-ēs	nomin-a	mar-ia
	G	**homin-um**	**nomin-um**	**mar-ium**
	D	homin-ibus	nomin-ibus	mar-ibus
	Akk	homin-ēs	nomin-a	mar-ia
	Abl	homin-ibus	nomin-ibus	mar-ibus

→ Beachten Sie, dass es bei der 3. Deklination je nach Untergruppe im Genitiv Plural die Endung *-um* oder *-ium* gibt.

→ Die Tabellen zeigen, dass bei allen Deklinationsgruppen der Stamm des Wortes erkennbar ist, wenn die Endung für den Genitiv Singular abgetrennt wird. Deshalb wird, wie allgemein üblich, von diesem Kapitel anstatt des Nominativ Plural diese Form im Vokabular gegeben.

2.1.2 Adjektive

		a- und o-Dekl.			3. Dekl., i-Stämme		
		m	f	n	m	f	n
Sg.	N	bon-us	bon-a	bon-um	celer	celer-is	celer-e
	G	**bon-ī**	**bon-ae**	**bon-ī**	**celer-is**	**celer-is**	**celer-is**
	D	bon-ō	bon-ae	bon-ō	celer-ī	celer-ī	celer-ī
	Akk	bon-um	bon-am	bon-um	celer-em	celer-em	celer-e
	Abl	bon-ō	bon-ā	bon-ō	celer-ī	celer-ī	celer-ī
Pl.	N	bon-ī	bon-ae	bon-a	celer-ēs	celer-ēs	celer-ia
	G	**bon-ōrum**	**bon-ārum**	**bon-ōrum**	**celer-ium**	**celer-ium**	**celer-ium**
	D	bon-īs	bon-īs	bon-īs	celer-ibus	celer-ibus	celer-ibus
	Akk	bon-ōs	bon-ās	bon-a	celer-ēs	celer-ēs	celer-ia
	Abl	bon-īs	bon-īs	bon-īs	celer-ibus	celer-ibus	celer-ibus

2.2 Funktionen des Genitivs

Ein Genitiv wird hauptsächlich als Attribut verwandt. In dieser Funktion benennt er den Bereich, zu dem jemand oder etwas gehört bzw. zugeordnet wird. Die Fragen lauten *Cuius?* (Wessen?) oder *Qualis/e?* (Was für ein?).

Im Einzelnen lassen sich mehrere Funktionen der Zuordnung unterscheiden:

2.2.1 Genitivus possessivus

Der Genitiv dient der Bezeichnung des Besitzers, auch im abstrakteren Sinn.

Terra Gallorum	Das Land der Gallier
Commentarii Caesaris	Die Berichte Caesars
Res gestae belli Gallici	Die Ereignisse des gallischen Krieges

Dieser Genitiv wird auch prädikativ verwandt:

Terra Gallorum est.	Das Land gehört den Galliern.

In übertragenem Sinn findet sich dieser Genitiv in prädikativer Verwendung bei unpersönlichem *est* in der Bedeutung: es ist Sache, Aufgabe, Pflicht, Zeichen von:

Druidum est adulescentes docere.	Es ist Aufgabe / Sache der Druiden, die jungen Männer zu unterrichten.

2.2.2 Genitivus partitivus

Dieser Genitiv bezeichnet ein Ganzes / eine Gesamtmenge, zu dem / der ein Teil gehört.

Magnus adulescentium numerus ad druides concurrit.	Eine große Zahl (Teil) der jungen Männer (Gesamtmenge) strömt zu den Druiden.

2.2.3 Genitivus qualitatis

Dieser Genitiv benennt die Eigenschaft oder genauere Beschaffenheit einer Person oder Sache.

homo generis nobilis	ein Mensch von edler Geburt
puer decem annorum	ein Junge von zehn Jahren

In dieser Bedeutung findet sich der Genitiv auch in prädikativer Verwendung:

Homo generis nobilis est.	Der Mensch ist von edler Geburt.
Puer decem annorum est.	Der Junge ist zehn Jahre alt.

→ Neben dem *Genitivus qualitatis* gibt es auch den *Ablativus qualitatis*; dieser dient in der Regel dazu, körperliche und geistige Eigenschaften zu benennen, doch finden sich *Ablativus* und *Genitivus qualitatis* auch in gleicher Verwendung.

Homo aliquo numero	Ein Mensch von irgendeiner Bedeutung
Druides magno honore sunt.	Die Druiden (sind von) haben ein hohes Ansehen.
Vir magni ingenii summāque prudentiā	Ein Mann von großer Begabung und höchster Klugheit

2.2.4 Genitivus subiectivus und obiectivus

imperium caelestium

Diese Wendung bietet ohne Kenntnis des Textes zwei Möglichkeiten der Übersetzung:

a) *als Genitivus subiectivus*: Die Herrschaft der Götter, d.h., die Götter herrschen, sind also quasi Subjekt einer Handlung.

b) *als Genitivus obiectivus*: Die Herrschaft über die Götter, d.h., die Götter werden beherrscht, sie sind also von Herrschaft betroffen, also quasi Gegenstand, Objekt einer Herrschaft.

Erst der Blick auf den Text in Lektion 7 zeigt, dass Jupiter die Herrschaft ausübt und deshalb für diese Wendung nur die Übersetzung als *Genitivus obiectivus* möglich ist.

2.2.5 Besonderheiten zum Gebrauch des Genitivs

a) Der Genitiv steht als Genitivus obiectivus nach einigen Adjektiven, z. B.:

cupidus gloriae	begierig nach Ruhm, ruhmbegierig
iuris peritus	erfahren, kundig im Recht, rechtskundig

Weitere Adjektive werden bei ihrem Auftreten im Vokabular benannt.

b) *causā*

Bei diesem Wort handelt es sich zwar ursprünglich um eine Ablativform in der Bedeutung ›aus dem Grunde‹, doch wird es wie eine Präposition mit Genitiv genutzt. In dieser Verwendung wird es meist nachgestellt.

disciplinae causā	wegen des Unterrichts, um Unterricht zu nehmen
rei publicae causā	wegen des Staates, um des Staates willen

3. Relativsätze

3.1 Das Relativpronomen *qui, quae, quod*

	Singular			Plural		
N	quī	quae	quod	quī	quae	quae
G	cuius	cuius	cuius	quōrum	quārum	quōrum
D	cui	cui	cui	quibus	quibus	quibus
Akk	quem	quam	quod	quōs	quās	quae
Abl	quō	quā	quō	quibus	quibus	quibus

→ Im Ablativ wird die Präposition *cum* an das Relativpronomen angehängt:
quo-, qua-, quibuscum (vgl. Caput III, Grammatica 3.2.4)

3.2 Die syntaktischen Funktionen der Relativsätze

Relativpronomina sind als Verweiswörter *Konnektoren*, d. h., sie verknüpfen zwei Sätze miteinander. Diese Verknüpfung erfolgt dadurch, dass sich das Relativpronomen meistens auf ein Beziehungswort, ein Nomen des übergeordneten Satzes bezieht (relativ < *referre* = beziehen), manchmal auch auf einen Satz. Diese Bezugsstruktur erklärt, dass Relativsätze überwiegend *Attributsätze* sind, die nähere Bestimmungen von Nomina enthalten. In dieser Funktion hat das Relativpronomen das gleiche Genus und den gleichen Numerus wie das Beziehungswort, sein Kasus wird jedoch durch die Satzgliedposition bestimmt, die es in dem Gliedsatz einnimmt. Wie das folgende Beispiel zeigt, besteht hier kein Unterschied zwischen dem Lateinischen und dem Deutschen.

quae nihil audet per se,
S
Galli **plebem,** paene pro servis habent.
Sg. *f*
quam nulli adhibent consilio,
AO

das nichts von sich aus wagt,
S
Die Gallier betrachten fast wie Sklaven.
das einfache Volk,
Sg. *n*
das sie zu keiner Beratung hinzuziehen,
AO

Relativsätze können in einem Satzgefüge manchmal auch die Satzgliedpositionen Subjekt oder Objekt einnehmen. Für das Relativpronomen eines solchen *Subjekt-* oder *Objektsatzes* findet sich kein Beziehungswort, es muss daher aus dem Kontext erschlossen werden.

Bis dat, **qui** cito dat.			Doppelt gibt, **wer** schnell gibt.			
AB	P	S	AB	P	S	

Quae dicis, non intellego.			**Was** du sagst, verstehe ich nicht.			
AO	←	P + S	AO	←	P	S

→ Beachten Sie die Wiedergabe der Pluralform *quae* im Singular (vgl. Caput III, Exercitanda 9).

3.3 Der relativische Anschluss

Ein Relativpronomen kann auch am Anfang eines neuen Satzes oder Satzgefüges als Konnektor stehen, indem es einen weiterführenden Gedanken eng mit dem vorangegangenen Satz verknüpft. Dieser sog. relativische Anschluss wird meist demonstrativisch übersetzt, oft wird eine beiordnende Konjunktion ergänzt, um den gedanklichen Zusammenhang hervorzuheben.

Alterum genus est equitum. **Qui** cum hostibus pugnant. — Der zweite Stand ist der der Ritter. **Diese** kämpfen mit den Feinden.

4. Attribute

Die häufigsten Attribute im Lateinischen sind folgende:

4.1 Adjektivisches Attribut (→ Fundamentum II. 2.2.1)

controversiae **publicae privataeque** — **öffentliche und private** Streitfälle

4.2 Apposition

Eine Apposition (< apponere = hinzufügen, -setzen) ist ein substantivisches Attribut im gleichen Kasus wie sein Beziehungswort. Sie steht meistens hinter dem Beziehungswort; wenn sie ihrerseits durch ein Attribut erweitert wird, immer.

Mercurius **deus** — **der Gott** Merkur

Octavianus **imperator** Romanus — **der** römische **Feldherr** Oktavian *oder* Oktavian, **der** römische **Feldherr**

4.3 Genitivattribut (→ oben 2.2)

natio **Gallorum** das Volk **der Gallier**

4.4 Relativsatz als Attribut (→ oben 3.2)

Homines, **qui aliquo numero sunt**	Menschen, **die von irgendeiner Bedeutung sind**

5. Das Adverb

Ad-Verbien sind unveränderliche Wortformen, die *Verben*, aber auch Adjektive und andere Adverbien näher bestimmen.

Die Bildung der Adverbien geschieht bei den Adjektiven der 1./2. Deklination, indem die Endung *-ē* an den Wortstamm gesetzt wird, bei den Adjektiven der 3. Deklination durch die entsprechende Setzung der Endung *-iter.*

public-us / a / um	→ public-ē
pulcher / -chra / chrum	→ pulchr-ē
celer / -is / e	→ celer-ĭter

→ Zahlreiche abweichende Adverbbildungen, die häufig auf erstarrte Kasus zurückgehen, werden bei ihrem Vorkommen als Vokabel mitgeteilt.

6. Das Prädikativum

Europa manum **tremula** tergo tauri imponit.	Europa legt ihre Hand **zitternd** auf den Rücken des Stieres.

Durch das Adjektiv *tremula* wird, wie die KNG-Kongruenz ausweist, einerseits Europa näher bestimmt, andererseits besteht aber ein deutlicher inhaltlicher Bezug zum Prädikat *imponit. Tremula* hat also als Satzglied eine doppelte Funktion: der Form nach ist es wie ein adjektivisches Attribut auf ein Substantiv bezogen, inhaltlich dagegen dient es zugleich wie ein Adverbiale zur näheren Bestimmung des Prädikats. Ein solches Satzglied, das durch seinen Doppelbezug auf Substantiv und Prädikat charakterisiert ist, heißt Prädikativum.

→ Bei der Übersetzung ins Deutsche wird oft die Konjunktion *als* ergänzt:

Virgines stupent: Europa **prima** tauro appropinquat.	Die Mädchen staunen: Europa nähert sich **als erste** dem Stier.

7. Pronomina

7.1 Personalpronomina (→ Caput II, Grammatica 3.3.1; Caput III, Grammatica 3.1.3 und 3.2.4)

		1. Person	2. Person	3. Person, nichtreflexiv m	f	n	3. Person, reflexiv
Sg.	N	egŏ	tū	is	ea	id	–
	G	meī	tuī	eius	eius	eius	suī
	D	mihĭ	tibĭ	ei	ei	ei	sibĭ
	Akk	mē	tē	eum	eam	id	sē
	Abl	mē	tē	eō	eā	eō	sē
Pl.	N	nōs	vōs	iī / eī	eae	ea	–
	G	nostrī / nostrum	vestrī / vestrum	eōrum	eārum	eōrum	suī
	D	nōbīs	vōbīs	eīs / iīs	eīs / iīs	eīs / iīs	sibī
	Akk	nōs	vōs	eōs	eās	eōs	sē
	Abl	nōbīs	vōbīs	eīs / iīs	eīs / iīs	eīs / iīs	sē

→ Die Genitive der 1. und 2. Person und des Reflexivums werden vom Possessivpronomen *meus / tuus / noster / vester* gebildet.

→ Unterscheiden Sie:

a) Genitivus obiectivus:
amor nostri / vestri / sui (Liebe zu uns / euch / sich [Eigenliebe])

b) Genitivus partitivus:
Quis vestrum? (Wer von euch?)
Multi nostrum (Viele von uns)

7.2 Possessivpronomina (→ Caput II, Grammatica 3.3.2 und 3.3.3)

Während es, wie Sie im Caput II gesehen haben, für die 1., 2. und 3. reflexive Person ein eigenes Possessivpronomen gibt, fehlt dieses für die Nichtreflexivität der 3. Person. Stattdessen findet hier der Genitiv des Personalpronomens Verwendung.

Unterscheiden Sie:

Marcus non librum **suum**, sed librum **eius** legit.

Dieser Satz kann je nach Kontext verschieden übersetzt werden:

- *Annahme a)* Das Buch gehört seiner Freundin:
  Marcus liest nicht **sein (eigenes)**, sondern **ihr (der Freundin)** Buch.
- *Annahme b)* Das Buch gehört seinem Freund:
  Marcus liest nicht **sein (eigenes)**, sondern **sein (des Freundes)** Buch.

→ Beachten Sie beim Übersetzen, dass das deutsche Possessivpronomen der 3. Person nicht immer eindeutig ist.

Eine merkwürdige Sitte der Gallier:

Caesar liberis **eorum** in publico in conspectu patris adsistere non licere narrat. Itaque patres liberos **suos** palam ad **se** adire non sinunt.

Caesar erzählt, dass es **ihren (den gallischen)** Kindern nicht erlaubt ist, sich in der Öffentlichkeit vor den Augen des Vaters zu zeigen. Deshalb lassen die Väter es nicht zu, dass **ihre (eigenen)** Kinder sich öffentlich **ihnen (den Vätern)** nähern.

7.3 *Is, ea, id* und seine Funktionen

Das Pronomen *is, ea, id* hat als Verweiswort drei Funktionen:

7.3.1 als Personalpronomen der 3. Person (→ Caput II, Grammatica 3.3)

Druides adulescentes docent. Itaque magno apud **eos** honore sunt.	Die Druiden unterrichten die jungen Männer. Deshalb haben sie bei **ihnen** ein hohes Ansehen.

7.3.2 als Demonstrativpronomen

In dieser Funktion dient es dazu, ein Nomen oder einen Sachverhalt aus dem Kontext hervorzuheben (→ Caput II, Grammatica 3.3.1): dieser, diese, dieses.

Es kann auch auf einen Relativsatz verweisen: der(jenige), die(jenige), das(jenige).

Eorum hominum, **qui** aliquo sunt numero, genera sunt duo.	Es gibt von **den(jenigen)** Menschen, **die** von irgendeiner Bedeutung sind, zwei Stände.

7.3.3 im Genitiv als nicht-reflexives Possessivpronomen der 3. Person (→ oben 7.2)

7.4 Die Demonstrativpronomina *hic* und *ille*

7.4.1 Formenübersicht

		m	f	n	m	f	n
Sg.	N	hic	haec	hoc	ille	illa	illud
	G	hŭius	hŭius	hŭius	illīus	illīus	illīus
	D	huic	huic	huic	illī	illī	illī
	Akk	hunc	hanc	hoc	illum	illam	illud
	Abl	hōc	hāc	hōc	illō	illā	illō
Pl.	N	hī	hae	haec	illī	illae	illa
	G	hōrum	hārum	hōrum	illōrum	illārum	illōrum
	D	hīs	hīs	hīs	illīs	illīs	illīs
	Akk	hōs	hās	haec	illōs	illās	illa
	Abl	hīs	hīs	hīs	illīs	illīs	illīs

→ Die Formenübersicht zeigt, dass beide Pronomina – trotz einiger Besonderheiten – in ihrer Deklination dem Pronomen *is, ea, id* entsprechen.

7.4.2 Die Funktionen von *hic* und *ille*

a) Beide Pronomina verweisen aus der Sicht eines Sprechers auf dessen Umfeld: *hic* auf das zeitlich oder räumlich nähere, *ille* auf das entferntere.

Europa sagt zu ihren Freundinnen, als sie die Stiere erblicken:

Ille taurus niveus pulcher est.	**Jener** schneeweiße Stier / **Der** schneeweiße Stier **da (hinten)** ist schön.

Als der göttliche Stier allein herangekommen ist, sagt sie:

Hic taurus vere pulcher est, **illi** tam nivei non sunt.	**Dieser** Stier ist wirklich schön, **jene** / **die da (hinten)** sind nicht so schneeweiß.

b) Als Textverweiser verweist *hic, haec, hoc* auf das, was unmittelbar vorausging oder direkt folgen wird:

Galli Mercurium deum maxime colunt. Post **hunc** Apollinem et Martem et Iovem et Minervam colunt. De **his hanc** opinionem habent: ...	Die Gallier verehren den Gott Merkur am meisten. Nach **diesem** verehren sie Apoll, Mars, Jupiter und Minerva. Von **diesen** haben sie die **folgende** Vorstellung: ...

c) *Ille, illa, illud* hat oft die Nebenbedeutung des Bekannten oder Berühmten.

ille Caesar	jener / der berühmte Caesar
illa carmina	jene / die bekannten Gedichte
illud Ciceronis	jener / der bekannte Ausspruch Ciceros

d) Werden *hic* und *ille* in Gegenüberstellung gebraucht, verweist *hic* auf den zuletzt genannten, *ille* auf den entfernteren, d. h. auf den vorher erwähnten oder folgenden Begriff.

In Gallien gibt es zwei Stände:

Alterum est **druidum**, alterum **equitum**.	Der eine ist der der **Druiden**, der andere der der **Ritter**.
Hi cum hostibus pugnant, **illi** rebus divinis intersunt.	**Diese** kämpfen mit den Feinden, **jene** sind für den Götterdienst verantwortlich.

7.5 Die Interrogativpronomina

Wie das Deutsche kennt auch das Lateinische zwei Arten von Interrogativpronomina (< *interrogare* ≈ fragen).

7.5.1 Das substantivische Interrogativpronomen

Mit diesem Pronomen wird nur nach Personen oder Sachen, d. h. auch nach Sachverhalten und Tieren, gefragt. Da Sie dieses Pronomen in den bisherigen Kapiteln mit den einzelnen Kasus kennengelernt haben, folgt nebenstehend nur eine zusammenfassende Übersicht:

→ Beachten Sie, dass es keine Formen im Plural gibt.

N	quis	quid
G	cŭius	
D	cui	
Akk	quem	quid
Abl	quō	

Quis cum hostibus pugnat?	**Wer** kämpft mit den Feinden?
Equites cum hostibus pugnant.	**Die Ritter** kämpfen mit den Feinden.

Quid patres non sinunt?	**Was** lassen die Väter nicht zu?
Patres **suos filios parvos palam ad se adire** non sinunt?	Die Väter lassen nicht zu, **dass ihre kleinen Söhne sich ihnen öffentlich nähern**.

7.5.2 Das adjektivische Interrogativpronomen

Dieses Pronomen tritt wie ein adjektivisches Attribut zu einem Substantiv hinzu und erfragt eine Information. Es wird wie ein Relativpronomen dekliniert (→ oben 3.1).

Quem deum Galli maximē colunt?	**Welchen** Gott verehren die Gallier am meisten?
Mercurium deum maximē colunt.	Den Gott **Merkur** verehren sie am meisten.

8. *Quod* und seine Funktionen

Das Wort *quod* tritt in vier unterschiedlichen Funktionen auf:

a) als Relativpronomen (→ oben 3.1)

Vinum, quod bibimus, mihi placet.	Der Wein, den wir trinken, gefällt mir.

b) als adjektivisches Interrogativpronomen (→ oben 7.5.2)

Quod vinum bibis? Vinum Falernum bibo.	Welchen Wein trinkst du? Ich trinke Falerner Wein.

c) als kausales *quod* (→ Caput I, Grammatica 6.1)

Corvus in arborem volat, quod caseum edere vult.	Der Rabe fliegt auf einen Baum, weil er den Käse essen will.

d) als faktisches *quod*

In dieser Funktion dient *quod* als Konjunktion dazu, eine Tatsache als Erläuterung der Aussage des übergeordneten Satzes anzuführen. Es wird übersetzt mit *›dass …‹ oder ›die Tatsache, dass …‹*.

Galli hōc a reliquis gentibus differunt, quod suos filios palam ad se adire non sinunt.	Die Gallier unterscheiden sich von den übrigen Völkern dadurch / durch dieses / durch diese Tatsache, dass sie nicht zulassen, dass ihre Söhne sich ihnen öffentlich nähern.

EXERCITANDA

LECTIO 7

1. Übersetzen und Verstehen

a) Informieren Sie sich über Caesar, sein Leben und sein politisches Wirken.

b) Lesen Sie zunächst den Text langsam durch, indem Sie auf Schlüsselwörter und Eigennamen achten, die das Thema ›Die Gallier‹ spezifizieren könnten.

c) Informieren Sie sich im Grammatikteil über die verschiedenen Arten der Textverknüpfungen (G1). Übersetzen Sie anschließend den Text absatzweise, stellen Sie dabei die Textverknüpfungen fest und erklären jeweils ihre grammatische und inhaltliche Funktion.

2. Fragen zum Text

a) Quem Galli pro servis habent? b) Quis rebus divinis interest? c) Cuius imperium Iupiter tenet? d) Quos deos Galli colunt? e) Quem deum Galli maxime colunt? f) Quid Galli de Minerva dea credunt?

3. Formentraining

a) Bestimmen Sie jeweils Kasus, Numerus und Genus.

b) Vertauschen Sie Singular und Plural.

adulescens – artium – cuius (3) – deo (2) – die – earum – equitum – generibus(2) – hominis – honoris – horum (2) – huic (3) – illae – omnia (2) – patri – pecuniae (3) – quorum (2) – rei (2) – vi – vitam

4. Solisten

filium	eius	mihi	cui	numerum
imperium	alius	tibi	ei	rerum
matrum	huius	sibi	dei	quaestuum
alium	illius	ibi	illi	artium

5. Passende Paare (1)

Verbinden Sie die Pronomina mit den zugehörigen Substantiven.

a) illa – illud – is – earum – huic – huius – quam – quibus – mea – tuo

b) diei – quaestus – noctium – homo – deam – rebus – bellum – religio – opera – conspectu

6. Passende Paare (2)

Verbinden Sie die Substantive und Adjektive zu grammatisch und dem Sinn nach passenden Paaren.

a) operum – vi – dies – bellum – homini – quaestum - controversiarum – rebus– nationi – adulescentium

b) sapienti – magnum – breve – proximos – publicarum – parvorum – privatis – maxima – religiosae – fortium

7. Mehrdeutig? – Eindeutig!

Sie haben bei der Behandlung der Deklinationsgruppen gesehen, dass einige Endungen – formal gesehen – mehrdeutig sind. Dies wird Ihnen aber im Allgemeinen keine Schwierigkeiten bereiten, wenn Sie den jeweiligen Kontext beachten und den Übersetzungsregeln folgen.

Imperium ⇨ ?	hominum deum bellum	hominibus nonnumquam periculosum est.
Ille vir ⇨ ?	filiis iuris is	peritus est.
Liberi libenter ⇨ ?	caseus cibus fructus	edunt.

Equiti Galli Diei ? ⇦	deos hominibus adesse credunt.
Litus Sidus Mercurius ? ⇦	Gallis ignotus non est.

8. Epigramme

8.1 Zahnpflege in der Antike

Das folgende kurze Spottgedicht, ein Epigramm, stammt von M. Valerius Martialis (ca. 40–102 n. Chr.). Seine pointierten satirischen Gedichte machten ihn schon in der Antike sehr berühmt.

Thais habet nigros, niveos Laecania dentes.
Quae ratio est? Emptos ..... habet, ... suos.

a) *Setzen Sie* illa *und* haec *so in die Lücken, dass die Pointe deutlich wird.*

b) *Welche kulturgeschichtliche Information lässt sich aus diesem Text gewinnen?*

8.2 John Owen (ca. 1560–1622)

Der Engländer John Owen, der die beiden folgenden Epigramme geschrieben hat, sah in Martial sein Vorbild.

a) Prophetae et poetae
Illi de rebus praedicare vera futuris,
hi de praeteritis dicere falsa solent.

Wer ist mit illi, *wer mit* hi *gemeint?*

b) Dīvĕs
Non est, crede mihi, multos qui possidet agros,
dives; sed dives , cui satis unus ager.

Bestimmen Sie die syntaktische Funktion der Relativsätze.

9. Ein Gäste-ABC aus dem 18. Jahrhundert

Qui hospites convivii sunt, hoc modo quasi litterae alphabeti sunt: alii enim sunt vocales, qui verba faciunt, alii consonantes, qui sua addunt, alii mutae, qui tacent, alii liquidae, qui bibunt. *(nach Odilo Schreger, 1749)*

→ *Mutae* (sc. litterae) meint die sog. ›stummen‹ Konsonanten b, d, g bzw. p, t, c; *liquidae* die sog. ›fließenden‹ l und r.

a) Welche syntaktische Funktion haben die Relativsätze?
b) Worauf verweist hoc?

10. Ein starker Mann

Der Athlet Polydamus und seine Freunde werden beim Training von einem Unwetter überrascht. In einer nahe gelegenen Höhle finden sie zunächst Schutz.

Sed spelunca **subito** labat. Dum amici **celeriter** e spelunca currunt, Polydamus **solus** restat; putat enim se **solum** molem montis sustinere posse. Saxa autem **ingentia statim** eum opprimunt interficiuntque. Amici **attoniti** procul ruinam montis observant.

Erklären Sie die grammatische Funktion der hervorgehobenen Wörter.

11. Eine berühmte Einleitung

Der folgende Text bildet das erste Kapitel, das Caesar zur Einleitung in seine ›Commentarii‹ geschrieben hat. Mit dem zweiten Kapitel beginnt er sofort die Schilderung seines ersten Feldzuges, des Krieges gegen die Helvetier.

1. Gallia est omnis divisa in partes tres, ... unam incolunt Belgae, aliam Aquitani, tertiam, ... eorum lingua Celtas, nostra Gallos appellamus. **2.** ..... omnes lingua, institutis, legibus inter se differunt. Gallos ab Aquitanis Garunna flumen, a Belgis Matrona et Sequana dividit. **3.** ..... omnium fortissimi sunt Belgae, propterea ..... a cultu atque humanitate provinciae longissime absunt raroque ad eos mercatores perveniunt atque ea, ... animos effeminant, important proximique sunt Germanis, ... trans Rhenum incolunt, ... semper bellum gerunt. **4.** ..... Helvetii quoque reliquos Gallos virtute praecedunt, ... fere cotidianis proeliis cum Germanis contendunt, ... aut suis finibus eos prohibent aut in eorum finibus bellum gerunt.

cum – hi – horum – qua de causa – quae – quarum – qui – quibuscum – quod – quod – quos

a) Lesen Sie den Text langsam durch und versuchen Sie möglichst, die Textverknüpfer aus dem Kästchen an ihren grammatisch und inhaltlich richtigen Platz zu setzen.

b) Wiederholen Sie die Übersetzungsregeln ÜR 1, 2, 3, 5 und übersetzen Sie den Text. Ergänzen Sie bei jedem Satz die ggf. noch fehlenden Konnektoren.

c) Finden Sie für jeden der ›Paragrafen‹ 1–4 eine Überschrift und formulieren Sie zusammenfassend den gedanklichen Aufbau des Textes.

12. Indianer

Sowohl der Genuese Christoph Kolumbus, der Entdecker Amerikas, als auch der Florentiner Amerigo Vespucci, der zum Namensgeber des neuen Kontinents wurde, berichteten in einem Brief über ihre Beobachtungen in der ›Neuen Welt‹, und zwar sowohl von der großartigen Natur als auch den fremdartigen Menschen. Beide Briefe wurden sehr schnell ins Lateinische übersetzt und erlangten so eine große Verbreitung in Europa. Die folgenden Auszüge vermitteln einige Eindrücke, die die Lebensweise der Bewohner, der sog. Indianer, betreffen.

Diese Übung ist für eine Gruppenarbeit geeignet.

a) Übersetzen Sie die Texte.

b) Erklären Sie die Funktion der Genitive in beiden Texten.

c) Vergleichen Sie die Texte: Worin erkennen Sie Gemeinsamkeiten, worin Unterschiede?

12.1 Kolumbus 1493

Nachdem Kolumbus von den Inseln gesprochen hat, die er entdeckt hat, fährt er fort:

Omnium insularum incolae utriusque sexus nudi semper incedunt. Quisque uni tantum coniugi acquiescit praeter principes aut reges, quibus viginti habere licet.

Carent hi omnes omni genere ferri. Carent etiam armis nec ad ea sunt apti; non propter corporis deformitatem – sunt enim formosi – sed quod sunt timidi et pleni formidinis. Ceterum ubi se ducunt tutos, omnem metum repellunt et admodum simplices sunt ac bonae fidei et in omnibus, quae habent, valde liberales.

Maximum erga omnes amorem prae se ferunt. Dant magna pro parvis, minimā re nihilove contenti.

Nullam hi noscunt idolatriam. Immo vero firme credunt omnem vim, omnem potentiam, omnia bona esse in caelo. Quae res perutilis est ad id, quod Rex noster praecipue exoptat, scilicet eorum ad sanctam Christi fidem conversionem. Cui quidem faciles sunt et proni.

12.2 Amerigo Vespucci 1503

Der Brief mit dem Titel ›Mundus novus‹, den Americus Vespuccius – so die latinisierte Form seines Namens – gleich nach seiner Rückkehr aus der ›Neuen Welt‹ geschrieben hat, erzielte in Europa eine gewaltige Wirkung, wurde hier doch von der Entdeckung einer neuen Welt und nicht, wie Kolumbus glaubte, von der Auffindung eines Seeweges nach dem bekannten Indien berichtet. Die Folge war, dass das neu entdeckte Land bereits 1507 den Namen Amerika erhielt.

Tanta in illis regionibus gentis multitudo est, quantam nemo dinumerare potest – gentem, dico, mitem atque tractabilem. Omnes utriusque sexus incedunt nudi, nullam corporis partem operiunt; et uti ex ventre matris prodeunt, sic usque ad mortem vadunt. Nec habent bona propria, sed omnia communia sunt. Vivunt sine rege, sine imperio. Tot uxores ducunt, quot volunt. Et filius coit cum matre et frater cum sorore; et primus cum prima; et obvius cum sibi obvia. Quotiens volunt, totiens matrimonia dirimunt. Praeterea nullum habent templum et nullam tenent legem, neque sunt idolatrae. Vivunt secundum naturam more Epicuri potius quam Stoicorum.

Non sunt inter eos mercatores neque commercia rerum. Populi inter se bella gerunt, in quibus crudeliter se mutuo interficiunt. Et quos ex bello captivos ducunt, non eorum vitae, sed sui victus causa servant; quos postea interficiunt; nam victores victos comedunt.

13. Lingua Latina Europaea

Italienisch	Spanisch	Portugiesisch	Französisch	Englisch	Lateinisch
privato	privado	privado	privé	private	
pubblico	publico	público	public	public	
uomo	hombre	homem	homme		
onore	honor	honra	honneur	honour	
arte	arte	arte	art	art	
religione	religion	religião	religion	religion	
credere	creer	acreditar	croire	(credible)	

14. Übersetzungsschritte (Lectio 8)

a) Der erste Satz des Textes benennt das Thema. Wie heißt es?

b) Überlegen Sie, was Sie zu diesem Thema bereits wissen.

c) Die Absätze des Textes behandeln jeweils ein Unterthema. Lesen Sie sich daher zunächst jeden Absatz langsam durch und versuchen Sie, anhand von Schlüsselwörtern das Unterthema zu erfassen.

d) Übersetzen Sie jetzt den Text, ggf. auch in Gruppenarbeit.

e) Worin besteht nach Caesars Darstellung der wesentliche Unterschied zwischen Galliern (Lectio 7) und Germanen?

LECTIO 8: DIE GERMANEN

Germani multum a consuetudine vitae Gallorum differunt. Nam neque druides habent neque sacrificiis student. Deorum numero eos solos ducunt, quos cernunt et qui eos aperte iuvant: Solem et Vulcanum et Lunam. Reliqui eis ne fama quidem noti sunt.

Vita omnis in venationibus atque in studiis rei militaris consistit; a parvulis labori ac duritiae student.

Agri culturae non student, maiorque pars eorum victus in lacte, caseo, carne consistit. Neque quisquam agri modum certum aut fines habet proprios, sed magistratus ac principes in annos singulos hominibus agros adtribuunt atque anno post alio transire cogunt.

Civitatibus maxima laus est longe lateque circum se vastas solitudines habere. Hoc proprium virtutis esse existimant et incursionem repentinam prohibere. Civitas, cum bellum auf defendit aut infert, magistratus idoneos deligit ; qui duces ei bello praesunt et vitae necisque habent potestatem. In pace nullus est communis magistratus, sed principes regionum atque pagorum inter suos ius dicunt controversiasque minuunt.

Hospitem violare fas non putant, sed hospites ab iniuria prohibent sanctosque habent hisque omnium domus patent.

LEGENDA · LEGENDA · LEGENDA · LEGENDA

CAESAR: STAATSMANN, FELDHERR, SCHRIFTSTELLER

Gaius Iulius Caesar (100–44 v. Chr.) gilt als einer der größten römischen Staatsmänner und Staatsmänner überhaupt. Äußeres Zeichen dafür ist einerseits, dass alle nachfolgenden Herrscher seinen Namen Caesar übernahmen und damit den kennzeichnenden Begriff für die neue Staatsform bildeten – der auch als Lehnwort in die deutsche Sprache einging: Caesar ≈ Kaiser. Andererseits trägt der Monat Juli seit 44 v. Chr. den Gentilnamen Caesars, geht doch auf ihn eine historische Kalenderreform zurück: die Einführung des Sonnenjahres mit 365 ¼ Tagen.

Seine Lebenszeit fällt in das sog. Jahrhundert der Revolutionen, das ca. 133 v. Chr. mit dem Volkstribunen Tiberius Gracchus begann und im Jahre 31 v. Chr. mit der Schlacht von Actium (→ Caput I, Lectio 2) endete. In dieser Zeit wurde die alte römische Republik, mit der Rom zur Weltmacht aufgestiegen war, unter oft grausamen, blutigen Kämpfen, vielen Aufständen und Kriegen, die sowohl in Rom als auch im Reich stattfanden, zu Grabe getragen. Caesar, ein ausgeprägter Machtmensch, hatte sich in diesen Auseinandersetzungen auf die Seite der reformerischen Kräfte, der Popularen, gestellt, um entgegen den beharrenden Kräften der Optimaten die Staatsordnung den politischen und sozialen Herausforderungen der Zeit anzupassen. So hat er in der kurzen Zeit seiner Alleinherrschaft eine weitgehend erfolgreiche Kolonisationspolitik betrieben und ca. 80000 Bürger in verschiedenen Provinzen angesiedelt; die Einwohner der Provinz nördlich des Pos bekamen das römische Bürgerrecht, manche Gemeinden in Gallien und Sizilien das nahezu gleichwertige latinische Recht. Größere Bauvorhaben dienten u. a. zur Schaffung von Arbeits-plätzen, zur Gewinnung von Ackerböden sollten Sümpfe und Seen trockengelegt werden. Letzteres kam jedoch ebenso wie die geplante Kodifizierung des Rechts nicht mehr zur Durchführung, da Caesar an den Iden (15.) des März 44 v. Chr. von seinen konservativen und reaktionären Gegnern ermordet wurde. Gleichwohl hat er sicher durch sein Wirken die Voraussetzungen dafür geschaffen, dass sein Adoptivsohn Octavianus die neue Staatsform des Prinzipats errichten und als erster römischer Kaiser in die Geschichte einging.

Aeneas trägt seinen Vater Anchises aus dem brennenden Troja: Mit dieser Münze propagiert C. Iulius Caesar seine Herkunft aus dem Geschlecht des mythischen Helden, des Vaters des Iulus.

Caesar war auch literarisch begabt. Von seinen öffentlichen Reden und seinen Gedichten sind allerdings nur wenige Fragmente erhalten, dagegen wurden seine politisch geprägten Werke über den Bürgerkrieg (3 Bücher) und über die Eroberung Galliens (7 Bücher) überliefert. Letzteres fand vor allem in der Neuzeit große Verbreitung; besonders in preußischen Kadettenanstalten und Schulen war die Lektüre des *bellum Gallicum* zentraler Unterrichtsgegenstand.

Wenn Caesars Darstellung der Eroberung Galliens auch rhetorisch gestaltet ist, damit sie in der Auseinandersetzung um die Macht in Rom wirksam sein kann, zeigt sich doch sowohl sein sprachliches Gestaltungsvermögen, das ihn zu einem klassischen Autor des Lateinischen werden ließ, als auch seine Fähigkeit als Feldherr. Mit seinem kulturgeschichtlichen Exkurs hat er zudem eine historisch bedeutsame Unterscheidung getroffen: Galten Kelten und Germanen bisher als Angehörige desselben Volkes, so versucht Caesar nachzuweisen, dass es sich um zwei verschiedene Völker handelt, zwischen denen der Rhein die Grenze bildet.

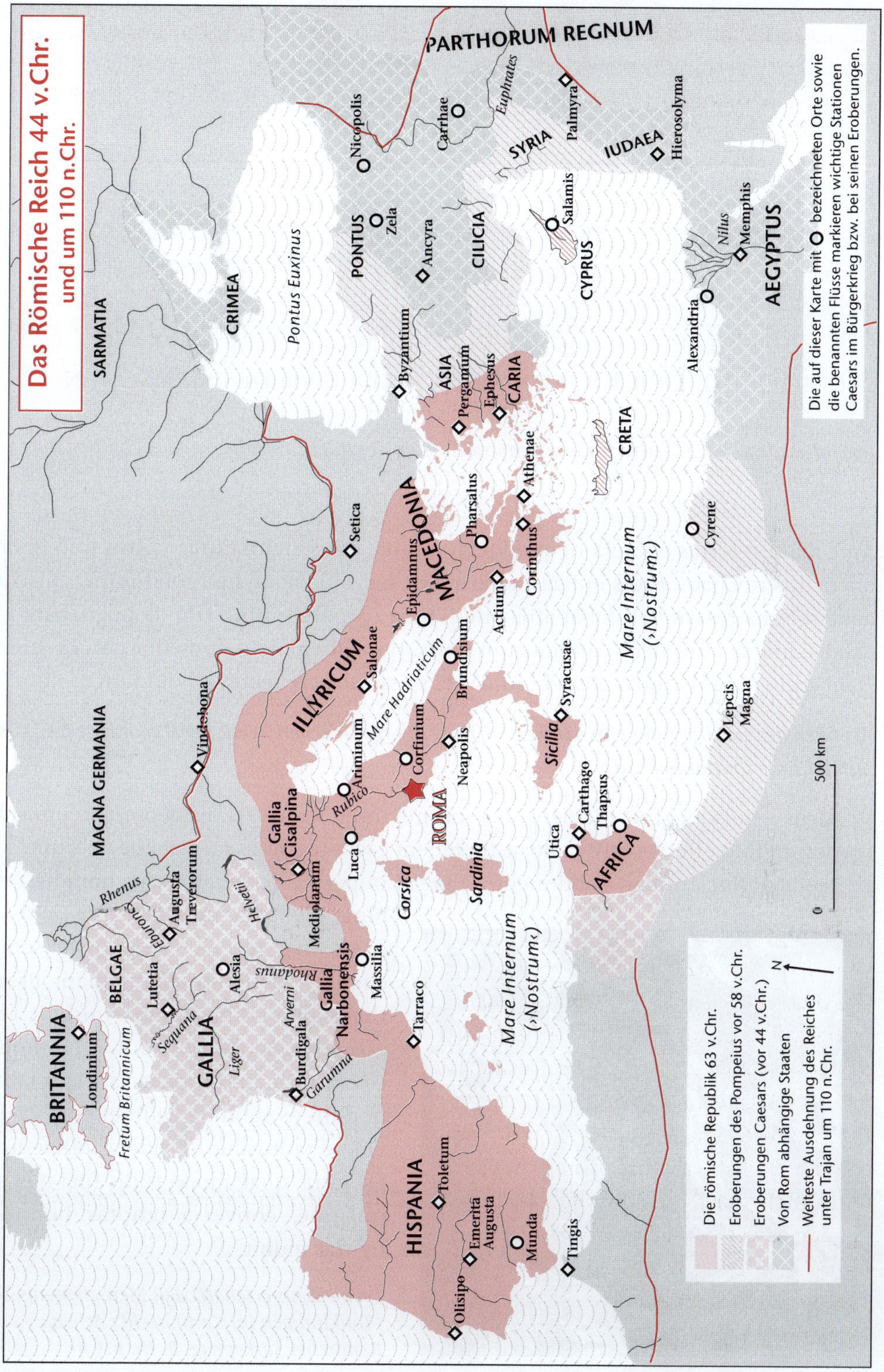
Das Römische Reich 44 v.Chr.
und um 110 n.Chr.
BRITANNIA
Londinium
Fretum Britannicum
BELGAE
Lutetia
Sequana
GALLIA
Liger
Alesia
Arverni
Rhodanus
Burdigala
Garumna
Gallia Narbonensis
Massilia
Eburones
Augusta Treverorum
Rhenus
Helvetii
Mediolanum
Gallia Cisalpina
MAGNA GERMANIA
Vindobona
SARMATIA
CRIMEA
Pontus Euxinus
PONTUS
Zela
Nicopolis
Ancyra
CILICIA
Carrhae
Euphrates
PARTHORUM REGNUM
SYRIA
Palmyra
IUDAEA
Hierosolyma
Salamis
CYPRUS
Nilus
Memphis
Alexandria
AEGYPTUS
Byzantium
ASIA
Pergamum
Ephesus
CARIA
Athenae
CRETA
Pharsalus
Corinthus
Actium
MACEDONIA
Epidamnus
Setica
ILLYRICUM
Salonae
Mare Hadriaticum
Brundisium
Ariminum
Rubico
Corfinium
ROMA
Neapolis
Luca
Corsica
Sardinia
Sicilia
Syracusae
Mare Internum (›Nostrum‹)
Cyrene
Lepcis Magna
Utica
Carthago
Thapsus
AFRICA
Tarraco
HISPANIA
Toletum
Emerita Augusta
Munda
Olisipo
Tingis
500 km
0
N
Die römische Republik 63 v.Chr.
Eroberungen des Pompeius vor 58 v.Chr.
Eroberungen Caesars (vor 44 v.Chr.)
Von Rom abhängige Staaten
Weiteste Ausdehnung des Reiches unter Trajan um 110 n.Chr.
Die auf dieser Karte mit O bezeichneten Orte sowie die benannten Flüsse markieren wichtige Stationen Caesars im Bürgerkrieg bzw. bei seinen Eroberungen.

· CAPUT V ·

GESCHICHTEN VOM ANFANG

LECTIO 9: DIE ERSCHAFFUNG DER WELT UND DES MENSCHEN

Die folgenden Textauszüge finden sich am Anfang der ›Metamorphosen‹ des Ovid (siehe Caput III, Legenda).

Ante mare et terras et caelum, quod tegit omnia, unus erat naturae vultus toto in orbe, quem dixēre Chaos: rudis indigestaque moles, nec quicquam nisi pondus iners discordiaque semina rerum. Obstabat aliis aliud, quia corpore in uno frigida pugnabant cum calidis, umida cum siccis, mollia cum duris. Hanc litem deus et melior natura diremit. Nam caelo terras et terris abscidit undas et spisso ab aere secrevit liquidum caelum.

Als nächstes erzählt Ovid von der Erschaffung der natürlichen Welt, wohl geordnet im Wasser, auf der Erde und in der Luft.

Vix deus – quisquis fuit ille deorum – omnia limitibus certis dissaepserat, cum sidera coeperunt toto effervescere caelo: astra tenent caeleste solum formaeque deorum.

Deerat adhuc animal, quod mentis altae et imperii capax erat: natus homo est, sive hunc divino semine fecit ille opifex rerum, sive recens terra, quae semina cognati caeli retinebat; quam Prometheus pluvialibus undis miscuit et in effigiem deorum finxit. Quamquam cetera animalia prona terram spectabant, homini os sublime dedit et eum caelum videre vultusque ad sidera tollere iussit. Sic terra, quae modo rudis fuerat et sine imagine, conversa ignotas hominum figuras induit.

Prometheus erschafft den Menschen aus Ton, (Tonklumpen im Korb), rechts Athena. Römischer Sarkophag, 2. Jh. n. Chr.

GRAMMATICA

1. Texterschließung

TE 8: Gattungsmerkmale der erzählenden Texte

In erzählenden Texten wird entweder von persönlichen Erlebnissen oder von historischen, auch fiktiven Ereignissen berichtet. Gemeinsam ist allen, dass die ›Geschichten‹ bereits stattgefunden haben, also in der Vergangenheit spielen. Der Erzähler benötigt deshalb besondere Vergangenheitstempora; im Lateinischen sind dies *Imperfekt*, *Perfekt* und *Plusquamperfekt* (siehe unten).

Die Beachtung der unterschiedlichen Funktionen dieser Tempora kann helfen, den Handlungskern einer Erzählung zügig zu erfassen. Da das *Perfekt* im Lateinischen dazu dient, die einzelnen Schritte im Fortgang einer Handlung zu erzählen, das *Imperfekt* dagegen den Hintergrund oder die Begleitumstände der Handlung beschreibt, ermöglichen vor allem die Hauptsatzprädikate, schnell den Handlungsablauf (Perfekt) und seine Umstände (Imperfekt) zu erkennen. Auf diese Weise wird mit der sog. Tempusstruktur eine grobe Gliederung des erzählten Vorgangs ersichtlich. Temporale Konnektoren verdeutlichen meistens zusätzlich diesen Handlungsablauf. Die Hinweise zur Texterschließung, besonders TE 1, 2, 4, 5 und 7, sollten dabei berücksichtigt werden.

ÜR 9 In Erzählungen führt die Beachtung der Tempusstruktur sowie weiterer Möglichkeiten der Texterschließung zu einem schnellen Erfassen des Handlungskerns. Dies ermöglicht entweder die Prüfung, ob ein vorliegender Text zur weiteren Verwendung geeignet erscheint, oder eine erleichterte Übersetzung des ganzen Textes.

2. Imperfekt – Perfekt – Plusquamperfekt

2.1 Die aktiven Formen der Vergangenheitstempora

2.1.1 Imperfekt

Das Imperfekt wird gebildet, indem zwischen den Präsensstamm und die Personalendung ein Tempuszeichen eingeschoben wird, und zwar bei der a- und e-Konjugation ein -ba-, bei der i- und der konsonantischen / kurzvokalischen Konjugation -ēba-.

Die Personalendung für die 1. Person Sg. ist ein -m (vgl. *sum*), alle anderen Personen werden durch die gleichen Endungen wie im Präsens bezeichnet. Es heißt also:

	Singular	Plural
1. P.	saluta-**bă**-m	saluta-**bā**-mus
2. P.	saluta-**bā**-s	saluta-**bā**-tis
3. P.	saluta-**bă**-t	saluta-**ba**-nt

Entsprechend werden konjugiert:
docē-**ba**-m – audi-**ēba**-m – reg-**ēba**-m – cap-**i**-**ēba**-m.

Sonderformen:

esse	er-a-m (< es-a-m)
posse	pot-eram
velle	vol-ēba-m

ire	ī-ba-m
ferre	fer-ēba-m

2.1.2 Perfekt

Die Bildung lateinischer Perfektformen erfordert zwei Elemente, eigene, nur für das Perfekt geltende *Personalendungen* und einen besonderen *Perfektstamm*.

a) Die Personalendungen

	Singular	Plural
1. P.	-ī	-imus
2. P.	-istī	-istis
3. P.	-it	-ērunt / ēre

→ Die Endung -ēre ist eine – nicht seltene – Nebenform zu -ērunt.

Mit dem Perfektstamm wird auch der **Infinitiv der Vorzeitigkeit Aktiv**, auch Infinitiv Perfekt genannt, gebildet. Sein Kennzeichen lautet -isse.

b) Die Bildung des Perfektstammes

Es gibt sieben verschiedene Bildungen des Perfektstammes:

❶ v-Perfekt:	salutā-re	>	salutā-**v**-i
❷ u-Perfekt:	docē-re	>	doc**u**-i
❸ s-Perfekt:	reg-e-re	>	rex-i
	dic-e-re	>	dix-i
	trah-e-re	>	trax-i
	scrib-e-re	>	scrips-i
	lud-e-re	>	lus-i

→ Beachten Sie die Veränderungen, die durch das -s- im Schriftbild oder in der Lautbildung bewirkt werden:

g + s, c + s, h + s → x
b + s → ps
d und t vor s fallen fort.

❹ Reduplikationsperfekt

curr-e-re	>	**cu**curr-i	Der Anfangskonsonant eines Stammverbs wird mihilfe eines Vokals entgegen der Schreibrichtung gewissermaßen ›rückverdoppelt‹.
dă-re	>	**dĕ**d-i	

❺ Dehnungsperfekt ohne / mit Ablaut

vidē-re	>	vīd-i	Die Perfektbildung erfolgt durch Dehnung des kurzen Stammvokals.
ag-e-re	>	ēg-i	

❻ Stammperfekt

ascend-e-re	>	**ascend**-i	Bei einigen Verben sind Präsensstamm und Perfektstamm gleich.

❼ Stammwechsel

In einigen Fällen haben Verben einen eigenen, vom Präsensstamm verschiedenen Perfektstamm:

esse > fu-i **ferre** > tul-i **incipere** > coep-i

→ Die meisten Verben der a- und i-Konjugation bilden ein v-Perfekt, die der e-Konjugation ein u-Perfekt. Deshalb wird bei Verben dieser Konjugationen die Perfektstammform im Vokabular nur dann gegeben, wenn sie von dieser Norm abweicht. Bei allen anderen Verben aller Konjugationsklassen findet sich die Form des Perfektstammes im Vokabular.

→ Es ist wichtig, die Arten der Perfektbildung zu beherrschen, um ein Tempus sicher erkennen zu können. Besonders bei sehr unregelmäßiger Perfektbildung, wenn der Infinitiv der Gleichzeitigkeit nicht oder nur sehr schwer erschlossen werden kann, muss die Perfektstammform gelernt werden.

c) Konjugationsbeispiel

	Singular	Plural
1. P.	salutav-ī	salutav-imus
2. P.	salutav-isti	salutav-istis
3. P.	salutav-it	salutav-ērunt

Infinitiv der Vorzeitigkeit: salutav-isse

→ Beachten Sie die Zusammenziehung zweier Vokale in einigen Perfektformen von īre:

iī	īstī	iit	iimus	īstis	iērunt

2.1.3 Plusquamperfekt

Die Formen des Plusquamperfekts werden mit dem Perfektstamm gebildet. Dazu werden die Imperfektformen von *esse* an den Perfektstamm angehängt:

salutav-i	>	salutav-eram	cucurr-i	>	cucurr-eram
docu-i	>	docu-eram	eg-i	>	eg-eram
dix-i	>	dix-eram	ascend-i	>	ascend-eram
			fu-i	>	fu-eram

Konjugationsbeispiel

	Singular	Plural
1. P.	salutav-eram	salutav-eramus
2. P.	salutav-eras	salutav-eratis
3. P.	salutav-erat	salutav-erant

Alle Plusquamperfektformen werden in gleicher Weise gebildet.

2.2 Die Funktionen der Vergangenheitstempora

2.2.1 Konstatierendes Perfekt

Unus erat naturae vultus, quem dixēre Chaos.	Es gab nur eine Gestalt der Natur, die man Chaos genannt hat.

→ dixēre: Da die 3. P. Pl. hier inhaltlich unbestimmt ist, entspricht sie dem deutschen ›man‹.

Wenn Ereignisse oder Ergebnisse früherer Handlungen in die Gegenwart des Sprechers hineinwirken, dient das Perfekt dazu, dies festzustellen bzw. zu konstatieren. Wir sprechen deshalb vom *konstatierenden Perfekt*, manchmal auch, wenn ein Ergebnis betont wird, vom *resultativen* (< Resultat ≈ Ergebnis) *Perfekt*. So verweist Ovid in dem kurzen Relativsatz darauf, dass der ursprüngliche Naturzustand irgendwann einmal mit dem zu seiner Lebenszeit geläufigen Begriff ›Chaos‹ benannt worden ist.

Dieser Verwendung des Perfekts entspricht im Deutschen eine Übersetzung als Perfekt. Damit verbunden ist auch die Vorliebe des Deutschen, in wörtlicher Rede das Perfekt dem Präteritum vorzuziehen.

2.2.2 Narratives Perfekt

Prometheus:	**Prometheus:**
1. tellurem undis miscuit ...	mischte Erde mit Wasser ...
2. in effigiem deorum finxit ...	formte sie nach dem Bild der Götter ...
3. homini os sublime dedit ...	gab dem Menschen ein hoch erhobenes Gesicht ...
4. eum caelum videre iussit.	trug ihm auf, den Himmel zu betrachten.

Die Erschaffung des Menschen durch Prometheus vollzieht sich gewissermaßen in vier Handlungsschritten. Sie sind durch das Tempus Perfekt eindeutig bestimmt. Das Perfekt dient also dazu, in erzählenden Texten die einzelnen aufeinander folgenden Teilhandlungen eines Geschehens zu benennen. Diesem narrativen (< narrare ≈ erzählen) Perfekt entspricht im Deutschen als Erzähltempus das Präteritum (das ›Vorübergegangene‹).

2.2.3 Das Imperfekt

Unus erat naturae vultus. ...	Es gab nur eine Gestalt der Natur. ...
Obstabat aliis aliud ...	Eins stand dem anderen entgegen ...
Frigida pugnabant cum calidis.	Kaltes lag im Streit mit Warmem.

Das Imperfekt (< *imperfectum* ≈ unvollendet) beschreibt in erzählenden Texten den Hintergrund oder die Begleitumstände einer Handlung. So schildert Ovid zunächst den ursprünglichen Zustand der Natur, das Chaos, das den Hintergrund bildet für die entscheidende Handlung, das Eingreifen eines Gottes und der Natur. Das Imperfekt schildert also Vorgänge von unbestimmter Dauer.

Die Wiedergabe des lateinischen Imperfekts erfolgt mit dem deutschen Präteritum.

→ Imperfectum **de conatu**: Bisweilen bezeichnet das Imperfekt lediglich den **Versuch** einer Handlung. So wird von den Anhängern sowohl des Romulus als auch des Remus gesagt: regnum trahebant (→ Lectio 10). Da nicht beide König werden konnten, folgt aus dem Kontext die Übersetzung: Sie versuchten, die Königsherrschaft an sich zu ziehen.

2.2.4 Das Plusquamperfekt

Vix deus omnia dissaepserat, cum subito sidera coeperunt effervescere.	Kaum hatte der Gott alles getrennt, als plötzlich die Gestirne begannen aufzuleuchten.

Das Plusquamperfekt (< *plus quam perfectum* ≈ »mehr als vollendet«) ist das Tempus der in der Vergangenheit *vor* einer *weiteren* Handlung abgeschlossenen Handlung, die sog. Vorvergangenheit. Es informiert den Leser über die Vorgeschichte, d.h. über die Handlungen und Ereignisse, die zeitlich vor dem erzählten Hauptgeschehen und seiner Umstände stattgefunden haben und zu deren Verständnis sie eine wesentliche Voraussetzung bilden. In dem obigen Beispiel ist das entscheidende Ereignis das erstmalige Aufleuchten der Sterne, es steht mit dem Perfekt im *cum-Satz* (→ Caput VIII, Grammatica 2.2.3.1, c: *cum inversum*: das ›umgedrehte‹ cum). Der Hauptsatz erinnert dagegen gewissermaßen in einem Rückgriff – deshalb Plusquamperfekt – an die schon geschilderte Ordnung des Chaos, eine notwendige Voraussetzung für die Erschaffung des Sternenhimmels.

3. Zeitverhältnisse im AcI

	Multi homines credunt	Viele Menschen glauben,
VZ:	deos numquam fuisse	dass es niemals Götter gegeben hat/habe
GZ:	neque esse	und auch nicht gibt/gäbe.

Infinitive bezeichnen in einem AcI nie ein bestimmtes Tempus, sondern immer ein Zeitverhältnis:

- Der **Infinitiv der Gleichzeitigkeit** (GZ) bezieht sich immer auf das Prädikat des Satzes, in dem der AcI als Satzglied steht, und signalisiert, dass das ›Geschehen‹ des AcI zur gleichen Zeit ›abläuft‹ wie das ›Geschehen‹ dieses Satzes.
- Der **Infinitiv der Vorzeitigkeit** (VZ) bezieht sich ebenfalls auf das Prädikat des Satzes, zu dem der AcI als Satzglied gehört, und signalisiert, dass das ›Geschehen‹ des AcI schon vor dem ›Geschehen‹ dieses Satzes stattgefunden hat.

4. Verallgemeinernde Relativpronomina

4.1 *Quicumque, quaecumque, quodcumque*

Romulus ruft (→ Lectio 10):

»Sic deinde, quicumque alius	»So (fortan) wird es jedem anderen ergehen,
transiliet moenia mea!«	der über meine Mauer springt!«

Dieses Pronomen wird gebildet, indem die Nachsilbe (Suffix) *-cumque* an das deklinierte Relativpronomen (→ Caput IV, Grammatica 3.1) angehängt wird.

Deutsche Bedeutung: *wer auch immer; jeder, der*; im Neutrum: *alles, was.*

4.2 *Quisquis, quidquid*

Quisquis fuit ille deorum.	Wer nur immer von den Göttern es war / welcher Gott auch immer es war.

Deutsche Bedeutung: *wer (was) nur immer; jeder, der*; im Neutrum: *alles, was.*

Dieses Pronomen ist außer in den beiden genannten Formen nur noch im Ablativ Singular gebräuchlich, und zwar in der Wendung: *quoquo modo* ≈ auf welche Weise auch immer; auf jede Art und Weise.

EXERCITANDA

LECTIO 9

1. Übersetzen und verstehen

a) Lesen Sie den Text langsam durch und bestimmen Sie alle Tempora. In welchen Sätzen wird eine Handlung erzählt, welche beschreiben Umstände und Voraussetzungen der Handlung?
b) Finden Sie Schlüsselwörter und Eigennamen.
c) Bestimmen Sie den thematischen Schwerpunkt in jedem Absatz.
d) Übersetzen Sie den Text, ggf. in Gruppenarbeit.
e) Erläutern Sie abschließend die Funktion aller Tempora in ihrem Kontext.
f) Vergleichen Sie die Darstellung Ovids mit der Ihnen sicher bekannten Schöpfungsgeschichte der Bibel. Welche Gemeinsamkeiten und Unterschiede stellen Sie fest?

2. Fragen zum Text

a) Quid est Chaos? b) Quis caelo terras et terris undas abscidit? c) Quid tenent astra formaeque deorum? d) Quibus rebus hominem fecit Prometheus? e) Quomodo cetera animalia et homines inter se differunt?

3. Abstammungen

Von welchem Verb ist die folgende Form gebildet?

ceperant – coluerunt – conveneratis – credidisse – duxistis – erravisti – eunt – fecere – fui – habuisse – petivistis – ponebat – poteramus – refers – rexit – senseram – tacuit – tulimus – viderat – volunt.

4. Formentraining

a) Bestimmen Sie alle Formen.

b) Bilden Sie nach folgendem Beispiel die jeweils fehlenden Formen im Präsens, Imperfekt, Perfekt oder Pusquamperfekt, ohne Person und Numerus zu verändern.

Beispiel: salutabas*: 2. P. Sg. Imperfekt:* → salutas, salutavisti, salutaveras.

abisti – ascendit – dederam – dixerunt – egimus – faciebas – fert – fingunt – fuerat – inierunt – iubebamus – ludebam – miscuerat – pugnavi – retinui – spectavit – sum – tenuistis – tuli – vidi.

5. Solisten

isti	vidi	putabas	duxere	fueram	esse
rei	viri	inferebas	habuere	terram	isse
dei	veni	ibas	studere	transieram	coepisse
vi	vici	fabulas	cucurrere	tuleram	iussisse

6. Stammesordnung

Bilden Sie nach den Merkmalen der Perfektstammbildung sieben Gruppen und ordnen Sie alle Perfektstämme aus den Übungen 3, 4 und 5 einer dieser Gruppen zu.

7. Martial und die Ärzte

Martial (→ Caput IV, Exercitanda 8.1) hielt offenbar von einigen Ärzten seiner Zeit nicht viel:

a) Oplomachus nunc es, fueras ophthalmicus ante;
fecisti medicus, quod facis oplomachus.

Welche indirekten Konnektoren unterstützen jeweils die Tempora, welche dienen zur Herausarbeitung der Pointe? (→ Caput IV, Grammatica 1.b)

Welches Wort müssen Sie im zweiten Vers bei der Übersetzung zweimal ergänzen?

b) Nuper ..... medicus, nunc ..... vispillo Diaulus;
quod vispillo ..... , ... et medicus.

est – facit – erat – fecerat

Vervollständigen Sie das Epigramm mithilfe der Prädikate aus dem Kästchen.

8. Das Ende des Romulus

Romulus contionem in Campo Martio habebat et exercitum recensebat, cum subito tempestas cum magno fragore tonitribusque regem densa nube operuit. Tum totus exercitus regem non iam conspexit nec deinde Romulus in terris fuit.

Wenig später berichtete ein gewisser Proculus Iulius, Romulus sei zu ihm vom Himmel herabgestiegen und habe ihm eine göttliche Botschaft für die Römer aufgetragen. (nach Livius, ab urbe condita I,16)

Erklären Sie den Tempuswechsel vom ersten Hauptsatz zum cum-Satz.

9. Ein fragwürdiges Alter

Fabia Dolabella Ciceroni consuli in colloquio dixit se triginta annos habere. Tum Cicero id verum esse respondit, nam se hoc iam ante viginti annos audivisse.

Erläutern Sie die grammatische Funktion der Infinitive.

10. Kain und Abel

Die Geschichte der Brüder Kain und Abel findet sich am Beginn der Bibel im 4. Kapitel des 1. Buches Mose. Der folgende Text ist der ›Vulgata‹ entnommen, d.h. der ›allgemein verbreiteten‹ lateinischen Fassung der Bibel. Sie geht auf den Kirchenvater Hieronymus (347–420 n. Chr.) zurück und war der maßgebliche Bibeltext im ›lateinischen‹ Europa in Mittelalter und Neuzeit.

Nach der Vertreibung aus dem Paradies gebar Eva Kain und Abel.

Fuit autem Abel pastor ovium et Cain agricola. Post multos dies Cain de fructibus terrae munera Domino obtulit; Abel quoque obtulit de primogenitis gregis sui et de adipibus eorum. Et respexit Dominus ad Abel et ad munera eius, ad Cain vero et ad munera illius non respexit. Iratusque erat Cain vehementer dixitque ad Abel fratrem suum: «Veni mecum foras!» In agro autem consurrexit Cain adversus Abel fratrem suum et interfecit eum. Et dixit Dominus ad Cain: »Ubi est Abel frater tuus?« Qui respondit: »Nescio. Num custos fratris mei sum?«

Welche sprachlichen Mittel prägen den Erzählstil dieses Textes?

11. Lingua Latina Europaea

Italienisch	Spanisch	Portugiesisch	Französisch	Englisch	Lateinisch
animale	animal	animal	animal	animal	
mare	mar	mar	mer		
corpo	cuerpo	corpo	corps	corpse	
celeste	celestial	celestial	céleste	celestial	
vedere	ver	ver	voir		
sentire	sentir	sentir	sentir		

12. Übersetzungsschritte (Lectio 10)

a) Lesen Sie den Text langsam durch und stellen Sie fest, welche Sätze die Handlungsschritte enthalten, welche die Umstände beschreiben und wo ein zeitlicher Rückgriff vorliegen muss.

b) Informieren Sie sich über die Ihnen unbekannten Namen.

c) Übersetzen Sie den Text.

d) Sowohl am Beginn der Geschichte Roms wie des jüdischen Volkes bzw. der Menschheit – nach der Erzählung – steht ein Brudermord. Diskutieren Sie mögliche Deutungen dieses Phänomens.

LECTIO 10: ROMULUS UND REMUS

Die Sage von der Entstehung Roms ist mit der Sage von Troia und Aeneas verbunden (→ Caput III, Legenda). Ascanius, später auch Iulus genannt, der Sohn des Aeneas, gründete Alba Longa, die Hauptstadt Latiums. Einige Generationen später kam es zum Streit zwischen seinen Nachkommen, den Königssöhnen Numitor, dem rechtmäßigen König, und Amulius. Letzterer verjagte seinen Bruder, tötete dessen Söhne und zwang seine Tochter Rhea Silvia/Ilia als Vestalin zur Keuschheit. Sie wurde aber von dem Gott Mars schwanger und gebar Romulus und Remus. Amulius ließ die Zwillinge auf dem Tiber aussetzen, sie wurden jedoch an Land getrieben. Zunächst fand sie eine Wölfin, die sie nährte, dann wurden sie von dem Hirten Faustulus und seiner Frau Acca Larentia aufgezogen. Als sie erwachsen waren, erfuhren sie ihre wahre Herkunft, töteten Amulius und setzten Numitor wieder als König von Alba Longa ein. Bald darauf fassten sie den Entschluss, eine eigene Stadt zu gründen.

Über diesen Gründungsvorgang hat uns der römische Schriftsteller Titus Livius (59 v. Chr. bis 17 n. Chr.) berichtet, der in seinem monumentalen Geschichtswerk ›Ab urbe condita libri‹ in 142 Büchern die Geschichte der Stadt von ihrer sagenhaften Gründung 753 v. Chr. bis in die Zeit des Kaisers Augustus erzählt hat.

Die ›Wölfin vom Kapitol‹, vermutlich die älteste römische Bronzeplastik. Die Zwillinge sind allerdings ein Zusatz aus der Renaissance.

Romulus Remusque, postquam rem publicam Albanam Numitori permiserunt, in iis locis, ubi adoleverant, urbem condere cupiebant. Et supererat multitudo Albanorum Latinorumque; ad id pastores quoque accesserant. Intervenit autem avitum malum, regni cupido, et quoniam gemini erant nec aetatis verecundia discrimen facere poterat, certamen erat de novae urbis nomine. Itaque auspiciis rem dirimere constituerunt et Palatium Romulus, Remus Aventinum ceperunt.

Primo Remo augurium venisse fama est: sex vultures. Iam augurium bene sibi evenisse gaudebat, cum subito duplex numerus vulturum Romulo se ostendit. Iamque utrumque sua multitudo regem appellavit et salutavit. Illi tempore praecepto, at hi numero avium regnum trahebant. Postremo caedem atrocem fecerunt. Ibi in turba Remus cecidit. Sed illa fama bene nota est Remum ludibrio fratris novos muros transiluisse; inde Romulum iratum clamavisse: »Sic deinde, quicumque alius transiliet moenia mea!« et fratrem interfecisse. Ita novam urbem nomine Romuli appellaverunt.

LEGENDA · LEGENDA · LEGENDA · LEGENDA

ROMA

Rom, die Stadt auf den sieben Hügeln, auf Palatin, Kapitol, Aventin, Quirinal, Viminal, Esquilin und Caelius, soll 753 v. Chr. gegründet worden sein. Wer kennt sie nicht, diese Jahreszahl der sagenhaften Anfänge Roms! Wenn auch die Erzählungen von Aeneas, Romulus und Remus als Mythen zu betrachten sind, kommt dem sagenhaften Gründungsjahr doch eine gewisse historische Bedeutung zu, denn archäologische Untersuchungen lassen ab der Mitte des 8. Jahrhunderts v. Chr. städtebauliche Aktivitäten erkennen. So wurde z. B. am Fuße des Palatin eine erste Lehmziegelmauer mit Toren und vorgelagertem Graben errichtet. Ein dynamischer Prozess ließ in der Folgezeit eine Stadt mit einer entscheidungsfähigen Zentralgewalt entstehen.

Aus diesen bescheidenen Anfängen entstand ein gewaltiges Weltreich. Die Geschichte Roms wurde schon früh zur Geschichte Latiums, dann weitete sich die Herrschaft über Italien und schließlich den gesamten Mittelmeerraum aus und erreichte zur Zeit seiner größten Ausdehnung im Osten Gebiete an Euphrat und Tigris und im Norden Britannien und Germanien. Rom blieb bis zur Gründung Konstantinopels als Residenzstadt (330 n. Chr.) der dominierende politische und soziale Mittelpunkt des Reiches und behielt weiterhin bis zum Ende des weströmischen Reiches (476 n. Chr.) erhebliche politische Bedeutung. Im Osten bestand das römische Reich weiter, und zwar bis zur Eroberung Konstantinopels durch die Türken 1453 n. Chr. Die Kaiser dieses sog. byzantinischen

Reiches begriffen sich als römische Kaiser; Justinian (527–565) stellte sich z. B. in einen Traditionszusammenhang mit Aeneas, Romulus, Caesar und Augustus.

Zu jener Zeit zeichnete sich allerdings der Niedergang Roms ab: Im Mittelalter wurde das Forum zur Viehweide. Aus der *urbs Romana*, einer Millionenstadt zur Zeit des Augustus, wurde bis 1400 eine Art *oppidum Romanum* mit ca. 25.000 Einwohnern, eine Kleinstadt, von der Boccaccio (1313–1375) in seinem ›Decamerone‹ sagt, Rom sei »jetzt Schwanz, einst Haupt der Welt.« Doch mit Renaissance und Barock erlebte die Stadt einen prächtigen Aufschwung. Es entstanden Bau- und Kunstwerke, die wesentlicher Bestandteil der ungebrochenen Attraktivität Roms sind.

Dass Rom den Niedergang im Mittelalter überlebte, hat es vor allem der Kirche zu verdanken, denn der Anspruch der Päpste, als Nachfolger Christi auf dem Stuhle Petri die Christenheit zu führen, machte Rom zum Mittelpunkt der christlichen Welt. Wichtig war sicher auch die ideelle Übernahme der antiken Kaiserwürde eines Augustus durch die Kaiser des ›Heiligen Römischen Reiches Deutscher Nation‹.

Heute übt die Hauptstadt Italiens auf die meisten Menschen eine ungeheure Faszination aus. Ein Palindrom, ein vorwärts wie rückwärts zu lesender Vers, der schon aus dem 5. Jahrhundert n. Chr. stammt, kann dies vielleicht auch für die Gegenwart verdeutlichen und zu einem Rombesuch ermutigen:

Rọma tibị subitọ mọtibus ịbit Amọr.

Dieser Vers lässt sich, je nach Deutung, verschieden übersetzen:

a) »Rom, zu dir tritt plötzlich, bewegt man sich, die Liebe hinzu.«

Eine zunächst vordergründige Deutung: eine kleine Bewegung des Kopfes, eine Umkehrung der Leserichtung und ROMA wird zu AMOR. Beweglichkeit braucht man zudem in Rom selbst, man muss sich diese Stadt erlaufen, um sie zu erleben, und so mag dann die Liebe zu ihr erwachen.

b) »Rom, plötzlich erwächst aus Leidenschaft die Liebe zu dir.«

In der Tat, wer sich von dieser Stadt faszinieren lässt, von diesem irgendwie funktionierenden Chaos gefangen nehmen lässt, der kommt von ihr nicht mehr frei, entwickelt vielleicht eine geradezu liebevolle Beziehung zu ihr.

Blick über das Forum Romanum:
Links die mächtigen Säulen des Saturn-Tempels, im Vordergrund rechts die Reste der Basilica Iulia, dahinter drei aufrecht stehende Säulen des Castor-Tempels. In der Mitte im Hintergrund das Colosseum; rechts der Hang des Palatins, auf dem die Kaiserpaläste lagen.

· CAPUT VI ·

TEMPELRAUB IM NAMEN ROMS

Der Aufstieg zur Weltmacht stürzte Rom in die Krise der Jahre 133–31 v. Chr. (siehe Caput IV, Legenda). Symptomatisch für diese Phase erscheint u. a. die rücksichtslose Ausbeutung Siziliens, der ältesten römischen Provinz, durch den Statthalter Verres in den Jahren 73–70 v. Chr. Gaius Verres hat dabei als geradezu besessener Kunstsammler selbst vor Heiligtümern nicht haltgemacht, wie die Plünderung des Ceres-Heiligtums in Henna belegt. Im Jahre 70 v. Chr. – nach dem Ende seiner Amtszeit – wurde Verres in Rom vor Gericht gestellt. Die Anklage vertrat M. Tullius Cicero als Patronus der Sizilier.

LECTIO 11: DER KULT DER CERES

Um den Richtern die Schwere der Tat des Verres bewusst zu machen, spricht Cicero zunächst über die Bedeutung des Ceres-Kultes in Sizilien.

Vetus est haec opinio, iudices, quae constat ex antiquis Graecorum litteris ac monumentis, insulam Siciliam Cereri et Proserpinae totam esse consecratam. Hoc cum ceteri gentes tum ipsi Siculi credunt. Narrant enim natas esse has deas in his locis et fruges in ea terra primum repertas esse et raptam esse Proserpinam ex Hennensium nemore. Qui locus, quod in media insula situs est, umbilicus Siciliae nominatur. Ceres, quod Proserpinam virginem investigare volebat, dicitur inflammavisse taedas iis ignibus, qui ex Aetnae vertice erumpunt, et omnem orbem terrarum peragravisse.

Henna autem, ubi ea, quae dico, gesta sunt, in perexcelso loco sita est, quo in

Gian Lorenzo Bernini: Der Raub der Proserpina (1621–1622). Rom, Galleria Borghese

summo est planities et aquae perennes. Prope est spelunca quaedam infinita altitudine. Ibi Dis Pater traditur repente cum curru exstitisse virginemque ex eo loco abripuisse atque secum asportavisse et subito non longe a Syracusis penetravisse sub terras. Propter huius opinionis vetustatem, quod horum deorum vestigia ac prope incunabula in his locis reperiuntur, tota in Sicilia privatim ac publice mira quaedam religio est Cereris Hennensis.

Etenim multa prodigia vim numenque eius declarant: itaque, quod multis hominibus saepe in difficilibus rebus dea auxilium tulit, haec insula ab ea non solum diligi, sed etiam incoli custodirique videtur.

GRAMMATICA

1. Texterschließung und Übersetzung

TE 9 Perspektivenwechsel

Grammatischer Schwerpunkt dieses Kapitels ist das Passiv (siehe 2.). Da ein Sprecher mit der Wahl eines Passivs seine Perspektive auf ein Geschehen wechselt, ist es hilfreich, bei der ersten Lektüre eines Textes festzustellen, wo ein Aktiv oder Passiv vorliegt, weil es auf diese Weise oftmals schnell gelingt, den Handlungs- oder Gedankenfortschritt innerhalb eines Textes einerseits und dessen Folgen und Wirkungen andererseits zu erfassen. Das folgende Beispiel mag dies verdeutlichen: Sie erinnern sich sicher an die Fabel von Storch und Fuchs (Caput III, Exercitanda 5):

Ciconia lagonam longam cibi plenam affert.	Der Storch bringt eine lange Flasche voller Futter.
Dum rostrum longum in lagonam inducit, vulpes fame **torquetur**.	Während er seinen langen Schnabel in die Flasche steckt, **wird** der Fuchs vom Hunger **gequält**.

Der anhaltend quälende Hunger des Fuchses ist die – beabsichtigte – Folge der Handlung des Storches.

Dieses Beispiel verdeutlicht eine weitere Übersetzungshilfe. Wenn Sie einen passiven Satz nach ÜR 2 (siehe Fundamentum II. 2.4.3) übersetzen, brauchen Sie im Deutschen – wie bei allen zusammengesetzten Tempora – an der zweiten Stelle des Hauptsatzes zunächst nur ein Hilfsverb; in unserem Beispielsatz ist es ›werden‹. Die Bedeutung des Prädikats wird sich im Deutschen meistens am Satzende leicht erschließen lassen. Beachten Sie dabei bitte, dass jede Satzgliedposition unterschiedlich besetzt sein kann. In diesem Beispiel besteht die erste Satzgliedposition aus einem Adverbialsatz.

ÜR 10 Stellen Sie beim Übersetzen von Hauptsätzen das deutsche Hilfsverb zusammengesetzter Tempora an die zweite Stelle hinter dem vollständigen ersten Satzglied.

2. Passiv

2.1 Formen des Passivs

2.1.1 Tempora und Infinitiv des Präsensstammes

Im Präsens und Imperfekt ist das Passiv – im Unterschied zum Deutschen – eine Ein-Wort-Form. Es wird gebildet, indem die vom Aktiv bekannten Personalendungen durch die das Passiv kennzeichnende ersetzt werden. Die Personalendungen des Passivs lauten:

	Singular	Plural
1. P.	-or / r	-mur
2. P.	-ris	-mini
3. P.	-tur	-ntur

Konjugationsbeispiele

Präsens:

	Singular	Plural
1. P.	salut-or	salutā-mur
2. P.	salutā-ris	salutā-mini
3. P.	salutā-tur	saluta-ntur

Entsprechend werden konjugiert: doce-or – audi-or – reg-or – cap-i-or.

→ Beachten Sie: Bei den Verben der 3. Konjugation wird der Bindevokal -ĭ- in der 2. P. Sg. Passiv zu einem kurzen -ĕ-. Es heißt also: reg- ĕ -ris bzw. cap- ĕ -ris.

Imperfekt:

	Singular	Plural
1. P.	salutā-**ba**-r	salutā-**bā**-mur
2. P.	salutā-**bā**-ris	salutā-**bā**-mini
3. P.	salutā-**bā**-tur	salutā-**ba**-ntur

Entsprechend werden konjugiert: doce-**ba**-r – audi-**eba**-r – reg-**eba**-r – cap-**i**-**eba**-r.

→ Beachten Sie, dass in der 1. P. Sg. die Passivendung im Unterschied zum Präsens nur -r- lautet.

Infinitiv der Gleichzeitigkeit Passiv

Der Infinitiv Präsens Passiv, zutreffender Infinitiv der Gleichzeitigkeit Passiv genannt, wird unterschiedlich gebildet:

a) Bei den vokalischen Konjugationen lautet die Endung -ri:

saluta-re	→	saluta-ri
doce-re	→	doce-ri
audi-re	→	audi-ri

b) Bei der 3. Konjugation wird die Endung -i direkt an den Stamm gehängt:

reg-e-re	→	reg-i
cap-e-re	→	cap-i

ire und *ferre*

Von *ire* gibt es im Passiv nur den Infinitiv *iri* und die 3. P. Sg. *itur*.
Bei *ferre* ist im Passiv in der 2. und 3. P. Sg. Präsens der Bindevokal entfallen:

	Sg.	Pl.
1. P.	fer-or	fer-i-mur
2. P.	fer-ris	fer-i-mini
3. P.	fer-tur	fer-**u**-ntur

2.1.2 Tempora und Infinitiv des Perfektstammes

Perfekt und Plusquamperfekt Passiv werden im Lateinischen aus zwei Wörtern gebildet: einem Partizip der Vorzeitigkeit Passiv, auch Partizip Perfekt Passiv genannt, und einer Form von *esse*.

Das Partizip der Vorzeitigkeit Passiv (PVP)

Ein Partizip ist gewissermaßen ein ›Verbaladjektiv‹, d. h., es ist einerseits eine Verbform und kann andererseits wie ein Adjektiv attributiv oder prädikativ verwendet werden. Deshalb unterliegt es den Regeln der Kongruenz. (Dieser Zwischenstellung entspricht die deutsche grammatische Bezeichnung ›Mittelwort‹.)

Gebildet wird ein PVP, indem an den – allerdings oft veränderten – Präsensstamm das Kennzeichen -t- und die Endung -us, -a, -um gehängt wird; statt des -t- findet sich auch ein -s.

Die Verben der vokalischen Konjugationen unterliegen zum größeren Teil einer regelmäßigen Bildung des PVP. Es heißt also:

salutā-re	→	salutā-tus, a, um	
habē-re	→	habĭ-tus, a, um	*(Beachten Sie den Ablaut -e zu kurzem -i.)*
audī-re	→	audī-tus, a, um	

Bei den Verben der 3. Konjugation und der vokalischen Konjugationen, deren PVP-Bildung nicht regelmäßig erfolgt, wird dieses Partizip im Vokabular als weitere Stammform mitgeteilt. Hier hilft nur lernen! Um Ihnen aber die weitere Arbeit in diesem Lehrgang zu erleichtern, enthält dieses Buch ein Stammformenverzeichnis, mit dessen Hilfe Sie gegebenenfalls schnell das Verb zu einer Stammform des Lernvokabulars finden können.

Perfekt und Plusquamperfekt

Die Bildung des Passivs dieser Tempora erfolgt dadurch, dass ein PVP im Perfekt durch die Präsensformen, im Plusquamperfekt durch die Imperfektformen von *esse* ergänzt wird. Das folgende Konjugationsbeispiel gilt also für alle Verben aller Konjugationen:

			Perfekt	Plusquamperfekt
Sg.	1. P.	salutatus, a, um	sum	eram
	2. P.		es	eras
	3. P.		est	erat
Pl.	1. P.	salutati, ae, a	sumus	eramus
	2. P.		estis	eratis
	3. P.		sunt	erant

Infinitiv der Vorzeitigkeit Passiv

Dieser Infinitiv (auch Infinitiv Perfekt Passiv genannt) besteht wie die Tempora Perfekt und Plusquamperfekt aus zwei Wörtern: dem PVP und dem Infinitiv der Gleichzeitigkeit von *esse*. Es heißt also beispielhaft:

Sg.: salutatum, am, um esse,
Pl.: salutatos, as, a esse.

2.2 Funktion und Übersetzung des Passivs

Mit der Kenntnis des Passivs können Sie jetzt eine konjugierte Verbform vollständig bestimmen, und zwar

a) die **Person** (1., 2. oder 3. P.),
b) den **Numerus** (Sg. oder Pl.),
c) das **Tempus** (Präsens, Imperfekt, Perfekt oder Plusquamperfekt),
d) den **Modus**, d.h. die Aussageweise (Indikativ oder Imperativ),

e) das **Genus Verbi**, auch **Diathese** genannt, d. h. die Art der Handlung (Aktiv oder Passiv).

Während im Aktiv das Subjekt, der Urheber oder die Ursache einer Handlung betont wird, möchte ein Sprecher, wenn er das Passiv für seine Aussage wählt, den Vorgang bzw. den / das Betroffene / n hervorheben; vielleicht möchte oder muss er auch nur den ›Täter‹ verschweigen. Vergleichen Sie:

Incolae Hennam umbilicum Siciliae nominant.	Die Einwohner nennen Henna den Nabel Siziliens.
Henna umbilicus Siciliae nominatur.	Henna wird der Nabel Siziliens genannt.

Während der aktive Satz die Einwohner als (vielleicht einzige) ›Namensgeber‹ ihrer Stadt hervorhebt, enthält der passive Satz eine in Sizilien sicher allgemein gültige Aussage über Henna.

Wird jedoch der **Verursacher** bzw. die **Ursache** genannt, so ist eine grammatische Unterscheidung zu beachten:

› **Personen** werden im sog. Ablativus auctoris (des Urhebers) mit der Präposition *a/ab* benannt:

Romulus a fratre offensus est.	Romulus wurde von seinem Bruder beleidigt.

› **Ursachen** erscheinen im Ablativus instrumentalis *ohne Präposition*:

Romulus ludibrio fratris offensus est.	Romulus wurde von dem / durch den Spott seines Bruders beleidigt.

Übersetzungsmöglichkeiten des Passivs

Entsprechend seiner Funktion ergeben sich verschiedene Übersetzungsmöglichkeiten des Passivs:

a) Passiv wie im Deutschen

Sicilia a Cerere dea diligitur.	Sizilien wird von der Göttin Ceres geliebt.

b) Unpersönlich mit ›man‹

Wenn ein Subjekt nicht genannt ist, kann durch ein Passiv, meist in der 3. P. Sg., eine verallgemeinernde oder unbestimmte Aussage getroffen werden.

In Sicilia creditur Cererem deam insulam custodire.	In Sizilien glaubt man, dass die Göttin Ceres die Insel behütet.

Dieses Passiv kann auch von intransitiven Verben, d. h. von Verben, die durch kein Akkusativobjekt ergänzt werden können, gebildet werden:

Abĭtur. Man geht weg.

c) Medio-Passiv

Häufig beschreiben Passivformen eine Handlung, die das Subjekt des Satzes betrifft. Ein solches Passiv heißt mediales oder Medio-Passiv, weil es ›in der Mitte‹ (*medius*) zwischen Aktiv und Passiv zu liegen scheint. Es wird meistens reflexiv übersetzt, manchmal auch mit einem intransitiven Verb. Die Wahl der Übersetzung ist vom jeweiligen Kontext abhängig:

Terra movetur:

Dieses Passiv kann nicht wörtlich übersetzt werden, denn es gibt keinen erkennbaren ›Beweger‹. In diesem Fall ist deshalb entweder eine reflexive Übersetzung angebracht (»Die Erde bewegt sich.«) oder die Wahl eines intransitiven Verbs (»Die Erde bebt.«)

Puer lavatur:

Bei diesem Satz sind je nach Kontext drei Übersetzungen möglich.

Annahme 1: Der Junge ist noch nicht ein Jahr alt.
→ Der Junge wird gewaschen (z. B. von seiner Mutter).

Annahme 2: Der Junge ist 15 Jahre alt.
→ Der Junge wäscht sich (natürlich selbst).

Annahme 3: Der Junge ist in einem Fluss.
→ Der Junge badet.

3. NcI

Wie Sie in 2.2 gesehen haben, kann eine Aussage je nach der Redeabsicht des Sprechers aktivisch oder passivisch formuliert werden. Entsprechendes gilt auch für eine Aussage mit einem AcI:

Hennam umbilicum insulae esse dicunt (*d. h. die* incolae).
↓ ↓
Henna umbilicus insulae esse dicitur.

Aus einem AcI ist ein NcI, d. h. ein Nominativus cum Infinitivo, geworden. Dabei ist das AcI-Auslöseverb *dicunt* als Prädikat zu *Henna* zur 3. P. Sg. Passiv geworden; der Subjektsakkusativ *Hennam* wurde zum Subjekt und *umbilicum* als Prädikatsnomen zu *esse* ist aus Gründen der KNG-Kongruenz gleichfalls zum Nominativ geworden. Vereinfacht gesagt, kann der NcI also als Umkehrung eines AcI verstanden werden.

Es gibt verschiedene Möglichkeiten, einen NcI zu übersetzen:

a) Man sagt, dass Henna der Nabel der Insel ist / sei.
b) Von Henna wird gesagt, dass es der Nabel der Insel ist / sei.
c) Henna soll der Nabel der Insel sein.

Ein NcI kann nur nach bestimmten **Auslöseverben** im Passiv auftreten. Dies sind Verben des Sagens, Wahrnehmens und Veranlassens wie zum Beispiel *dicere, putare, ferre, tradere, audire, videre, iubere, vetare.*

→ Beachten Sie: *videri* heißt entweder ›gesehen werden‹
oder – mit einem NcI – ›scheinen‹:

Sicilia iam procul a mari **videtur**.	Sizilien kann man schon aus der Ferne vom Meer aus **sehen**.
Sicilia a Cerere deā diligi **videtur**.	Sizilien **scheint** von der Göttin Ceres geliebt zu werden.

4. Pronomina

4.1 iste, ista, istud

Die Formen dieses Demonstrativpronomens entsprechen denen von *ille* (siehe Caput IV, Grammatica 7.4.1). Es dient als Textverweiser und bezeichnet das nähere Umfeld, besonders den oder das Gegenüber eines Sprechers: dieser, diese, dieses, da; der da (bei dir). Cicero z. B. benutzt dieses Pronomen, um gewissermaßen mit dem Finger auf den angeklagten Verres ihm gegenüber zu zeigen (siehe Lectio 12):

Qui tandem **istius** animus nunc est?	Wie ist **dem da** jetzt eigentlich zumute?

4.2 ipse, ipsa, ipsum

Auch dieses Demonstrativpronomen wird wie *ille* dekliniert, allerdings mit der Ausnahme des Nominativ und Akkusativ Singular Neutrum: *ipsum*. Es dient dazu, eine Person oder Sache besonders hervorzuheben:

Hoc ipsi Siculi credunt.	Dies glauben die Sizilier selbst.
Sacerdotes ipsam Cererem petere videbantur.	Die Priester schienen Ceres selbst / persönlich aufzusuchen.
Haec ipsa Ceres antiqua ...	Gerade diese altehrwürdige Ceres ...

4.3 *quidam, quaedam, quoddam*

Dieses Pronomen gehört zur Gruppe der Indefinitpronomina, d. h. der unbestimmten Fürwörter. Es kann sowohl adjektivisch als auch substantivisch verwendet werden. Seine Formen werden gebildet, indem das Suffix *-dam* an das deklinierte Relativpronomen (siehe Caput IV, Grammatica 3.1) angehängt wird.

Ausnahmen

a) Bei substantivischer Verwendung heißen Nominativ und Akkusativ Singular Neutrum *quiddam*.
b) Vor einem -d ist der Konsonant -m- zu einem -n- geworden. Es heißt also:
Akk. Sg. m und f: quendam und quandam;
G. Pl. m / n und f: quorundam und quarundam.

Dieses Pronomen hat die Funktion, jemanden oder etwas zu bezeichnen, über den bzw. das man nichts Genaueres sagen kann oder will. Übersetzt wird es mit ›*ein gewisser/gewisses*‹, ›*ein*‹ (quasi wie ein unbestimmter Artikel), im Plural auch als ›*einige*‹:

Prope est spelunca **quaedam**.	In der Nähe ist **eine** (**gewisse**) Höhle.
Mira **quaedam** religio est Cereris.	Es gibt eine **ganz** erstaunliche religiöse Verehrung der Ceres.

In einem mittelalterlichen Gasthof

Quidam ludunt, **quidam** bibunt,
quidam indiscrete vivunt
(Carmina Burana).

Einige spielen, **einige** trinken,
einige leben liederlich.

EXERCITANDA

LECTIO 11

1. Übersetzen und verstehen

a) Entnehmen Sie dem Text alle Eigennamen und informieren Sie sich über deren Bedeutung. Welche Szene hat Bernini mit seiner Skulptur dargestellt?

b) Informieren Sie sich unter Grammatica 3 über den NcI.

c) Übersetzen Sie den Text Satz für Satz, wobei Sie zunächst die jeweiligen Infinitive feststellen und AcI- von NcI-Konstruktionen unterscheiden.

2. Fragen zum Text

a) Quibus deis Sicilia consecrata est? b) Ubi fruges primum in terra repertae sunt? c) Quis deus Proserpinam rapuit? d) Quo filia Cereris ab illo deo terribili asportata est? e) Quid vim numenque Cereris declarat?

3. Abstammungen

Nennen Sie den Infinitiv der Gleichzeitigkeit Aktiv.

ageris – asportari – constabat – crediderunt – custodivistis – declarata erat – dicuntur – diligor – erumpis – fuerat – geri – inculta sunt – latum est – nominati sumus – permittebantur – rapiebamini – reperta erant – traditum esse – videmur – volui.

4. Formentraining

a) Bestimmen Sie alle Formen.

b) Bilden Sie die jeweils fehlenden Formen des Präsens- und Perfektstammes ohne Person, Numerus und Genus Verbi zu ändern (vgl. Caput V, Exercitanda 4).

appellaveratis – credebat – cuperis – dicebantur – dilecta erat – est – gestum est – interfecisti – salutatae estis – traditur – tulerunt – visus sum.

5. Solisten

fueras	duxi	vexor	factum est
dixeras	duci	victor	iussum est
erras	dici	vincor	conspectum est
egeras	dari	videor	altum est

6. Segesta

Bestimmen Sie die Infinitivkonstruktionen.

Cicero will einen weiteren Anklagepunkt gegen Verres vortragen:

Nimium diu mihi videor de uno genere criminum dixisse. Quamobrem aliud facinus istius hominis proferre volo: Segestam oppidum antiquum vobis notam esse scio. Illud oppidum ab Aenea conditum esse traditur. Itaque Segestani se cognatione cum populo Romano coniunctos esse credunt.

7. Tempelraub in Segesta

In seiner Anklagerede berichtet Cicero von einer weiteren Untat des Verres, dem Raub des Standbildes der Göttin Diana. Diese hochverehrte Götterstatue, einst von den Karthagern aus Segesta geraubt, hatte Publius Scipio Africanus nach dem dritten Punischen Krieg (149–146 v. Chr.) den Einwohnern dieser Stadt zurückgebracht.

Haec ipsa Diana, de qua (dicimus / dicimur), a Publio Africano Segestanis (reddita sunt / est) et in suis antiquis sedibus summa cum laetitia civium (reponuntur / reposita est). (Posita erat / Posuerant) excelsa in basi, in qua grandibus litteris Publii Africani nomen (scriptum erat / scripta erant). (Colebant / colebatur) a civibus, ab omnibus advenis (videbant / videbatur). Hanc postquam iste sacrorum omnium et religionum hostis praedoque (vidit / videt), flagrare cupiditate atque amentia coepit. Iussit eam (demolire / demoliri) et sibi (dare / dari). Quod Segestani (negaverunt / negatum est). Iste autem illis tum spem, tum metum (iniecit / iniecerunt). Tandem multis malis magnoque metu (victi sunt / victi sumus): res (acta est / acta sunt) in Segestanorum senatu; decreverunt imperio praetoris oboediri oportere.

a) Wählen Sie die passenden Prädikate und übersetzen Sie.
b) Erläutern Sie die Verweisfunktion der Pronomina.

8. Vercingetorix

Im siebten Buch seines ›Bellum Gallicum‹ hat Caesar den Aufstieg seines größten Gegners, des Vercingetorix, beschrieben. Nachdem dieser die Nachricht von einem Aufstand im nördlichen Gallien erhalten hatte, wollte auch er losschlagen:

Vercingetorix, summae potentiae adulescens, suos clientes facile incendit. Postquam consilium eius cognitum est, ad arma concurritur. Prohibetur a Gobannitione patruo suo reliquisque principibus. Expellitur ex oppido Gergovia. Non desistit tamen atque in agris habet dilectum perditorum. Hac manu, quoscumque adit ex civitate, ad suam sententiam perducit. Dicit illos communis libertatis causa arma capere oportere. Paulo post adversarios suos expellit ex civitate. Rex ab suis appellatur. Dimittit quoque versus legationes. Celeriter sibi permultas Galliae civitates adiungit. Omnium consensu ad eum defertur imperium.

a) *Schreiben Sie – unter Beachtung der Satzfolge – den Text zweipaltig in Ihr Heft, indem Sie in der linken Spalte alle aktiven, in der rechten alle passiven Sätze notieren.*
b) *Übersetzen Sie.*
c) *Erläutern Sie den Unterschied in der Verwendung des Aktivs und Passivs durch Caesar.*

9. ›Passive‹ Sprüche

Prüfen Sie die verschiedenen Übersetzungsmöglichkeiten des Passivs.

a) Amicus certus in re incerta cernitur *(Ennius).*
b) Fortuna vitrea est: Tum, cum splendet, frangitur *(Publilius Syrus).*
c) Nam tua res agitur, paries cum proximus ardet *(Horaz).*
d) Principiis obsta! Sero medicina paratur, cum mala per longas convaluere moras *(Ovid).*
e) Barbarus hic ego sum, quia non intellegor *(Feststellung Ovids in der Verbannung).*
f) Tempora mutantur, nos et mutamur in illis *(Kaiser Lothar I., 795–855 n. Chr.).*

10. ipse, ipsa, ipsum

a) *Ein Schüler berichtet von seinem Lehrer:*
Ipse dixit.
b) *Caesar beschreibt Gallien:*
Tertiam Galliae partem incolunt, qui ipsorum lingua Celtae, nostra Galli appellantur.
c) *Ein Storch rächt sich (vgl. Caput III, Exercitanda 5):*
Ipsa rostrum in lagonam inducit et convivam fame torquet.
d) *Eine weise Erkenntnis:*
Pecunia ipsa homines beatos non facit.
e) *König Antiochus ist nach Sizilien gekommen, als Verres dort Statthalter war:*
Verres ipsum regem ad cenam invitat. Deinde Antiochus ipse ad cenam invitat praetorem.

11. per und prae

Die Vokabel per*multi (›sehr viele‹) zeigt Ihnen, dass die Vorsilbe* per- *die Bedeutung eines Wortes verstärken kann. Dies gilt auch für die Vorsilbe* prae-*;* prae*clarus heißt also ›sehr, hoch berühmt‹. Nennen Sie entsprechend die deutsche Bedeutung folgender Adjektive:*

a) perantiquus, perbonus, perbrevis, perceler, perdifficilis, perfacilis, perlucidus, permagnus, pernotus, perparvus, perpauper.
b) praealtus, praecalidus, praecupidus, praedurus, praelongus, praeparvus.

12. Lingua Latina Europaea

Italienisch	Spanisch	Portugiesisch	Französisch	Englisch	Lateinisch
isola	isla	ilha	île	isle	
acqua	agua	água	eau	aqua	
opinione	opinion	opinião	opinion	opinion	
tutto	todo	todo	tout	›total‹	
molto	mucho	muito	›multiple‹	›multiple‹	
nominare	nombrar	nomear	nommer	nominate	

13. Übersetzungsschritte (Lectio 12)

a) Informieren Sie sich über die im Text vorkommenden Eigennamen.

b) Übersetzen Sie den Text, indem Sie nach ÜR 10 verfahren.

c) Finden Sie für die drei Absätze des Textes je eine Überschrift.

d) Erläutern Sie die Funktion des ersten Absatzes für den zweiten. Durch welche sprachlichen Mittel verdeutlicht Cicero diesen Zusammenhang?

e) Wie versucht Cicero, eine emotionale Wirkung bei den Richtern zu erreichen?

LECTIO 12: DER RAUB DES VERRES

Postquam Tiberius Gracchus occisus est, res publica in magnam calamitatem incidit magnaque pericula ex portentis praedicta sunt. Itaque patres nostri libros Sibyllinos adierunt. Ex quibus inventum est Cererem antiquissimam placari oportere. Tum ex nobili decemvirorum collegio sacerdotes populi Romani iter in Siciliam fecerunt, quamquam in urbe nostra pulchrum et permagnum templum Cereris erat. Proinde sacerdotes nostri non aedem Cereris, sed ipsam Cererem petere videbantur.

Haec ipsa Ceres antiqua et religiosa a Gaio Verre ex suis templis ac sedibus sublata est. Vos, qui illic fuistis, vidistis simulacrum Cereris e marmore et – in altero templo – Proserpinae. Sunt ea perampla atque praeclara, sed non ita antiqua. Tertium fuit simulacrum ex aere modica amplitudine ac singulari opere cum facibus perantiquum. Id sustulit Verres; ac tamen eo contentus non fuit. Ante aedem Cereris in aperto loco signa duo sunt, Cereris unum, alterum Triptolemi, pulchra ac perampla. His pulchritudo periculo, amplitudo saluti fuit, quod eorum demolitio atque asportatio perdifficilis videbatur. Insistebat in manu Cereris dextra grande simulacrum Victoriae pulchrum: hoc Verres e signo Cereris avelli asportarique iussit.

Qui tandem istius animus est nunc in recordatione scelerum suorum? Equidem in commemoratione eorum non solum animo commoveor, sed etiam corpore perhorresco. Cives Hennenses permultas querellas habebant. Imprimis autem numen Cereris, vetu-

statem sacrorum, religionem fani supplicio istius scelerati viri expiari volebant; omnia cetera se ferre dicebant. Nolite, iudices, neglegere has querimonias! Aguntur sociorum iniuriae, agitur vis legum, agitur existimatio veritasque iudicorum. Mementote: Haec religio Cereris neque externa neque aliena est. Proinde servate religionem sociorum, iudices, conservate vestram!

Porträtbüste Ciceros, Marmor, antik (Zuschreibung an Cicero ungewiss)

LEGENDA · LEGENDA · LEGENDA · LEGENDA

CICERO

Marcus Tullius Cicero wurde 103 v. Chr. in Arpinum, einer kleinen Stadt etwa 100 km südöstlich von Rom, geboren. Da seine Familie vielfältige Beziehungen zur stadtrömischen Aristokratie unterhielt, wurde ihm in Rom eine sorgfältige Ausbildung zum Anwalt ermöglicht. Seine rhetorischen und philosophischen Kenntnisse und Fertigkeiten konnte er während einer Reise nach Athen und Rhodos (79–77 v. Chr.) vertiefen.

Cicero war ein homo novus, d. h. ein Römer, der als erster aus seiner Familie bis ins Konsulat und in den Senat aufsteigen konnte. Grundlage seines Erfolgs waren neben seiner Intelligenz, seinem großen Wissen und seiner breiten Bildung nicht zuletzt seine rhetorischen Fähigkeiten; seine Macht und sein Einfluss beruhten auf dem Wort, nicht auf Waffen.

Seine politische Leistung wird zwiespältig beurteilt und war nicht frei von Rückschlägen. Als sein größtes Verdienst wertete er selbst die Aufdeckung der Catilinarischen Verschwörung als Konsul des Jahres 63 v. Chr. Doch dieser Erfolg begründete zugleich einen Karrierebruch, denn wegen der Hinrichtung der Verschwörer wurde er 58 v. Chr. in eine 15 Monate dauernde Verbannung gezwungen. Auch in die Auseinandersetzungen zwischen Caesar und Pomponius konnte er nicht entscheidend eingreifen. Nach der Ermordung Caesars geriet er schließlich auf die Seite der Gegner des Antonius und wurde 43 v. Chr. – mit Billigung Oktavians – erschlagen.

Die bleibende Bedeutung Ciceros liegt in seinem literarischen Schaffen: er verfasste Reden, Briefe, rhetorische und philosophische Schriften sowie Dichtungen. Von keinem nichtchristlichen lateinischen Autor der Antike ist mehr Text erhalten. Seine Nachwirkung beruht einerseits auf dem Inhalt seiner rhetorischen und philosophischen Schriften, andererseits auf dem Vorbildcharakter seines Lateins. Als Former der lateinischen Sprache und als Meister des Stils wurde er schon in der Antike zu dem ›Klassiker‹ des Lateins. Ein Traum des heiligen Hieronymus, der die Bibel ins Lateinische übersetzte, mag dies verdeutlichen. Er hörte die anklagende Stimme Gottes: »Ciceronianus es, non Christianus.« Im Mittelalter trat dann die sprachliche Nachahmung Ciceros zurück, in der Renaissance aber wurde seine Sprache teilweise geradezu zu dem einzigen Orientierungsmodell. Diese Wertschätzung hängt sicher auch damit zusammen, dass Cicero durch die Übersetzung und Bearbeitung bedeutender Texte der griechischen Philosophie die lateinische Sprache für die Aufnahme der griechischen Fachsprache wortschöpferisch gestaltet hat und damit ganz wesentlich die Terminologie der europäischen Wissenschaftssprache Latein geprägt hat.

· CAPUT VII ·

DER VESUVAUSBRUCH IM JAHRE 79 N. CHR.

»Es ist viel Unheil in der Welt geschehen, aber wenig, das den Nachkommen so viel Freude gemacht hätte.« Mit diesen Worten wertete Goethe die furchtbare Katastrophe des Jahres 79 n. Chr., als der Vesuv in einem gewaltigen Ausbruch Städte und Landhäuser am Golf von Neapel zerstörte. Pompeji, Herculaneum und Stabiae, weitgehend verschüttet, verschwanden bald ganz von der Erdoberfläche. Erst im 16. Jahrhundert (Pompeji) bzw. im 18. Jahrhundert (Herculaneum und Stabiae) wurden sie wieder entdeckt. Seit dem 18. Jahrhundert begannen auch die Ausgrabungen. Dabei kamen bis heute nicht nur zahlreiche Kunstwerke und andere Schätze der Antike zum Vorschein, sondern zugleich wurde das alltägliche Leben der Menschen im Augenblick der Katastrophe, das unter meterhohen Ablagerungen gleichsam bewahrt worden war, wieder sichtbar. Über diese Möglichkeit unmittelbarer Anschauung hinaus vermitteln uns zwei Briefe eines Zeitzeugen einen lebendigen Eindruck vom Ablauf des Geschehens. Plinius der Jüngere (ca. 61–112 n. Chr.) hat sie an seinen Freund, den Historiker Tacitus (ca. 56–120 n. Chr.), geschrieben; Sie werden sie in diesem Kapitel kennenlernen.

LECTIO 13: DER TOD DES C. PLINIUS SECUNDUS

Plinius der Ältere (23–79 n. Chr.), mit vollem Namen C. Plinius Secundus, war der Onkel des jüngeren Plinius. Er war nicht nur ein äußerst gelehrter Mann, der viele Bücher veröffentlichte, u. a. eine enzyklopädische Naturkunde in 37 Büchern, sondern er zeichnete sich auch durch seine erfolgreichen politischen und militärischen Aktivitäten aus. Beim Ausbruch des Vesuvs war er Kommandant der römischen Flotte am Kap Misenum an der nordwestlichen Zufahrt in den Golf von Neapel. Sein Neffe schreibt:

C. Plinius Tacito suo salutem dicit.

... Miseni erat avunculus et praesens classem imperio regebat. Ante diem nonum Kalendas Septembres hora fere septima mater mea ei indicat nubem inusitata magnitudine et specie apparere. Usus erat ille sole, mox aqua frigida; deinde gustaverat studebatque. Poscit soleas, ascendit locum, ex quo miraculum illud optime conspici poterat. Oriebatur nubes, quae velut pinus trunco longo in altum elata erat et quibusdam ramis diffundebatur. Quod avunculo, viro erudito, magnum visum est. Itaque iubet navem liburnicam aptari, nam illam nubem propius cognoscere voluit.

Egrediebatur domo; accipit nuntium Rectinae Tasci, cuius villa sub monte Vesuvio iacebat: auxilium petebat ab avunculo. Qui mutat consilium et id, quod studioso animo coeperat, nunc maximo animo aggreditur. Deducit quadriremes, ascendit ipse, nam multis auxilium ferre vult.

Properat illuc, unde alii fugiunt, rectumque cursum in periculum tenet. Iam navibus incidebat cinis, iam pumices etiam incidebant nigrique lapides, iam erat vadum subitum et litora ruina montis obstabant. Cunctatus est avunculus paulum, mox gubernatori »Fortes, inquit, »Fortuna iuvat! Pomponianum pete!« Is erat Stabiis.

Dionysos am Vesuv. Wandmalerei aus Pompeji. Die Spitze des Berges wurde beim Ausbruch weggesprengt. Weinreben, Schlange, Vögel und Bewuchs symbolisieren die üppige Fruchtbarkeit der Berghänge.

Postquam avunculus Stabias invectus est, Pomponianum complectitur, consolatur, hortatur. In balineum se deferri iubet, deinde accubat et cenat, mox se quieti dat et quiescit. Postquam excitatus est, ad Pomponianum ceterosque, qui pervigilaverant, redit. Iam dies alibi, illic nox nigra densaque. Tamen faces multae variaque lumina noctem solvebant.

Placuit egredi in litus. Ibi avunculus super linteum recubavit, semel atque iterum frigidam aquam poposcit hausitque. Deinde flammae odorque sulpuris alios in fugam vertunt, excitant illum. Servis duobus innixus est et adsurrexit, sed statim concidit, quod, ut ego colligo, spiritus crassa caligine erat obstructus claususque stomachus, qui illi natura invalidus et angustus et frequenter aestuans erat.
Interim Miseni ego et mater ... Vale!

GRAMMATICA

1. Texterschließung und Übersetzung

TE 10 Gattungsmerkmale: Briefe

Die Texte der Lesestücke dieses Kapitels gehören zur Gattung der sog. literarischen Briefe. Im Unterschied zu rein privaten Briefen sind diese von vornherein auf eine spätere Veröffentlichung hin abgefasst. Die vorliegende Auswahl dokumentiert durch die thematische Geschlossenheit jedes Briefes, ihre sprachliche Gestaltung und stilistische Durchformung den literarischen Anspruch ihres Autors.

Ein Brief ist stets durch eine sprachliche Rahmung gekennzeichnet. Am Beginn steht eine Grußformel, die die Namen des Absenders und des Adressaten enthält und die meistens abgekürzte bzw. verkürzte Formel *s(alutem) d(icit)*, und am Ende ein kurzes Abschiedswort: *vale!*; gelegentlich wird auch das Datum genannt. Da Briefe gewissermaßen Teile eines Dialogs zwischen dem Schreiber und dem Empfänger sind, findet sich in ihnen immer die 1. bzw. 2. Person. Natürlich kann der Briefschreiber auch über andere Personen oder Ereignisse berichten, sodass dann – wie in unserer Textauswahl – die 3. Person vorherrscht.

Die sprachliche Gestaltungskraft des Plinius zeigt sich besonders an zwei Aspekten:

a) Tempuswahl: Praesens historicum

Da ein Schreiber seinem Adressaten meistens von Dingen berichtet, die schon stattgefunden haben, bestimmen die Vergangenheitstempora die sprachliche Gestaltung. Allerdings verwendet Plinius in diesen beiden Briefen wiederholt das Präsens. Dieses sog. historische Präsens dient in der Erzählung vergangener Ereignisse nicht selten zu deren lebhafter Vergegenwärtigung. Es findet sich besonders bei Historikern und Dichtern.

Miseni erat avunculus.	Mein Onkel war in Misenum.
Tum mater mea ei indicat nubem permagnam apparere.	Da meldet ihm meine Mutter, dass sich eine sehr große Wolke zeige.

b) Stilistik

Schon eine erste Lektüre der Briefe wird Ihnen zeigen, dass beide stilistisch durchformt sind. Neben den Stilmitteln, die Sie bereits kennengelernt haben (siehe Caput III, Grammatica 1), verwendet Plinius vor allem die Folgenden:

- **Parallelismus:** Parallele, d. h. in gleicher Reihenfolge angeordnete Stellung sich entsprechender Satzglieder:

Avunculus id, quod studioso animo coeperat,

nunc maximo animo aggreditur.

› **Chiasmus**: Kreuzweise vorgenommene Anordnung sich entsprechender Satzglieder:

... Properat illuc,

unde alii fugiunt.

Das durch diese Anordnung entstehende Zeichen X entspricht dem griechischen Buchstaben Chi, der so zum Namensgeber für diese Stilfigur wurde.

› **Antithese**: Die asyndetische Gegenüberstellung von Gegensätzen, oftmals in der Form des Chiasmus:

Iam **dies** alibi, illic **nox**.

› **Oxymoron**: Geistreiche Zusammenstellung von Widersprüchen:

Metu mortis mortem precabantur.

› **Pars pro toto**: Benennung eines Teils statt des gemeinten Ganzen:

Tecta egressi sumus *(Dächer für Häuser)*.

› **Vergleich**: Ein Sachverhalt wird mit einem anderen Sachverhalt verglichen und dadurch verdeutlicht:

Densa caligo nos torrentis modō sequebatur.

ÜR 11 Beachten Sie stets die stilistische Gestaltung des Textes, da Sie dadurch nicht nur Hinweise auf den Bau der Sätze, sondern auch zu deren Verständnis erhalten.

2. Deponentien

2.1 ›Ganze‹ Deponentien

Viele lateinische Verben haben weitgehend nur passive Formen, aber aktive Bedeutung. Sie heißen *verba deponentia*, weil es so scheint, als ob sie die aktiven Formen abgelegt (*deponere*) hätten. Weil sie aber aktive Bedeutung haben, können sie auch – wie Verben mit aktiven Formen – durch Objekte ergänzt werden:

Avunculus **amicum** complectitur.	Der Onkel umarmt **den Freund**.
Usus erat **sole** *(uti mit Abl.)*.	Er hatte **ein Sonnenbad** genommen.
Densa caligo **nos** sequebatur *(sequi mit Akk.)*.	Dichter Rauch folgte **uns**.

Deponentien gibt es in allen Konjugationsklassen, sie werden wie alle Verben im Passiv konjugiert (siehe Caput VI, Grammatica 2):

a-Konj.	cunctari, cunctor, cunctatus sum	zögern
e-Konj.	miserēri, misereor, miserĭtus sum	sich erbarmen, bedauern
kons. Konj.	sequi, sequor, secutus sum	folgen
kurzvok. Konj.	aggredi, aggredior, aggressus sum	herangehen, angreifen
i-Konj.	partīri, partior, partītus sum	teilen

→ Deponentien können auch einen Imperativ bilden, und zwar im Singular mit der Endung -re und im Plural mit der Endung -mini:

Sg	Pl
cunctā-re	cunctā-mini
miserē-re	miserē-mini
sequĕ-re	sequĭ-mini

Sg	Pl
aggredĕ-re	aggredĭ-mini
partī-re	partī-mini

2.2 Semideponentien

Wie der Name schon sagt, gibt es sog. ›Halbdeponentien‹, einige wenige Verben, die vom Präsensstamm aktive, aber vom Perfektstamm passive Formen mit aktiver Bedeutung bilden oder umgekehrt:

audēre, audeo, ausus sum	wagen
gaudēre, gaudeo, gavisus sum	sich freuen
solēre, soleo, solitus sum	pflegen, gewohnt sein
fīdere, fīdo, fīsus sum	trauen
revertī, revertor, revertī	zurückkehren.

3. Ziel-, Orts- und Herkunftsangaben bei Städten

Ziel-, Orts- und Herkunftsangaben erfolgen, wie Sie schon gesehen haben (Caput I, Grammatica 2.2.2.a; Caput III, Grammatica 3.2.1, 3.2.3–4), im Lateinischen prinzipiell mit einer Präposition. Abweichend von dieser Regel werden Städte (auch kleine Inseln) als Adverbiale ohne Präposition gesetzt.

3.1 Adverbiale zur Angabe eines Ziels

Auf die Frage ›Wohin?‹ stehen Städte im bloßen Akkusativ:

Quo iter facis?	Wohin reist du?
Romam, Misenum, Neapolim, Pompeios, Stabias, Panormum iter facio.	Ich reise nach Rom, Misenum, Neapel, Pompeji, Stabiae und Panormus (Palermo).

3.2 Adverbiale zur Angabe eines Ortes

Auf die Frage ›Wo?‹ stehen Städte im bloßen Ablativ, dem Ablativus locativus:

Ubi feriis fuisti?	Wo bist du in den Ferien gewesen?
Neapoli, Pompeis, Stabiis fui.	Ich war in Neapel, Pompeji und Stabiae.

Ausnahme: Singularia der a- und o-Deklination
Der Ablativus locativus steht nicht bei Städtenamen der a- und o-Deklination im Singular. Bei diesen wird die Endung -i verwendet, die als Überbleibsel eines alten, Lokativ genannten, Kasus gilt. Es heißt also:

Panorm-i:	in Panormus
Misen-i:	in Misenum
Roma-e (< Roma-i):	in Rom

3.3 Adverbiale zur Angabe der Herkunft

Auf die Frage ›Woher?‹ stehen Städte im bloßen Ablativ, dem Ablativus separativus:

Unde vĕnīs?	Woher kommst du?
Panormo, Stabiis, Pompeiis, Neapoli, Miseno, Rọmā venio.	Ich komme aus Panormus, Stabiae, Pompeji, Neapel, Misenum und Rom.

→ Beachten Sie das entsprechende Adverbiale zu *domus*:

domum: *nach* Hause	domi: *zu* Hause	domo: *von* zu Hause

4. Römische Zahlen

Zahlzeichen		Cardinalia Grundzahlen	Ordinalia Ordnungszahlen
1	I	ūnus, a, um	primus, a, um
2	II	duŏ, duae, duŏ	secundus, a, um
3	III	trēs, trēs, tria	tertius
4	IV / IIII	quattuor	quartus
5	V	quīnque	quintus
6	VI	sex	sextus
7	VII	septem	septimus
8	VIII	octō	octavus
9	IX	nŏvem	nonus
10	X	dĕcem	decimus
11	XI	ūndecim	undecimus
12	XII	duŏdecim	duodecimus
13	XIII	tredecim	tertius decimus
14	XIV	quattuordecim	quartus decimus
15	XV	quīndecim	quintus decimus
16	XVI	sēdecim	sextus decimus
17	XVII	septendecim	septimus decimus
18	XVIII	**duode**viginti	**duode**vicesimus
19	XIX	**unde**viginti	**unde**vicesimus
20	XX	vīgintī	vicesimus
30	XXX	trīgintā	tricesimus
40	XL	quadrāgintā	quadragesimus
50	L	quīnquāgintā	quinquagesimus
60	LX	sexāgintā	sexagesimus
70	LXX	septuāgintā	septuagesimus
80	LXXX	octōgintā	octogesimus
90	XC	nōnāgintā	nonagesimus
100	C	centum	centesimus
200	CC	ducenti, ae, a	ducentesimus
300	CCC	trecenti, ae, a	trecentesimus
400	CCCC	quadringenti, ae, a	quadringentesimus
500	D	quingenti, ae, a	quingentesimus
600	DC	sescenti, ae, a	sescentesimus
700	DCC	septingenti, ae, a	septingentesimus
800	DCCC	octingenti, ae, a	octingentesimus
900	CM	nōngenti, ae, a	nongentesimus
1000	M	mīlle, ae, a	millesimus
2000	MM	duo mīlia	bis millesimus

→ Dekliniert werden:
- die Zahlen 1–3,
- die Hunderter von *ducenti* an,
- der Plural von *mīlle*,
- alle Ordnungszahlen.

Deklination von *unus, duo* und *tres*

	m	f	n
N	unus	una	unum
G	unīus	unīus	unīus
D	uni	uni	uni
Akk	unum	unam	unum
Abl	uno	una	uno

	m	f	n	m	f	n
N	duo	duae	duo	tres	tres	tria
G	duorum	duarum	duorum	trium	trium	trium
D	duobus	duabus	duobus	tribus	tribus	tribus
Akk	duo(-os)	duas	duo	tres	tres	tria
Abl	duobus	duabus	duobus	tribus	tribus	tribus

5. Der römische Kalender

Seit der Kalenderreform Caesars umfasste das Jahr 365 Tage; außerdem gab es die Schaltjahre.

5.1 Die Namen der Monate

Die zwölf Monate hatten jeweils die gleiche Anzahl Tage wie heute. Da das Jahr in älterer Zeit mit dem März begann, ergab sich folgende Reihenfolge:

Martius (< Mars)	September (< septem)
Aprilis (wohl < apricus: sonnig)	October (< octo)
Maius (Maia, eine Göttin)	November (< novem)
Iunius (Iuno)	December (< decem)
Quintilis > Iulius (seit Caesars Tod)	Ianuarius (< Ianus, ein Gott)
Sextilis > Augustus (seit 8 v. Chr.)	Februarius (wohl < februa, ein altes Reinigungsfest am Ende des Jahres)

Die Monatsnamen sind Adjektive, mitzuverstehen ist also ›*mensis*‹ (Monat).

5.2 Die Wochentage

Die sieben Tage der Woche wurden nach römischen Göttern benannt:

Solis dies:	Sonntag	Iovis dies:	Donnerstag
Lunae dies:	Montag	Veneris dies:	Freitag
Martis dies:	Dienstag	Saturni dies:	Sonnabend
Mercurii dies:	Mittwoch		

5.3 Die Datumsangabe

Jeder Monat hatte drei feste Tage:

Kalendae (Kal.):	der 1. Tag des Monats,
Nonae (Non.):	der 5. Tag des Monats (der 9. Tag vor den Iden),
Idūs (Id.):	der 13.Tag des Monats.

→ In den Monaten **M**artius, **I**ulius, **M**aius und **O**ctober fielen die Nonen auf den 7. und die Iden auf den 15. Tag (Merkwort: MILMO). Die bekannte Tatsache, dass Caesar an einem 15. März ermordet wurde, heißt also lateinisch:

Caesar Idibus Martiis interfectus est.	Caesar wurde an den Iden des März ermordet.

Die einzelnen Tage wurden bestimmt, indem man von dem nächsten fest bezeichneten Tag aus rückwärts rechnete und dabei die beiden Grenztage, also den Anfangs- und Endtermin, mitzählte. Die Angabe erfolgt in einer formelhaften Wendung:

Nach Plinius erfolgte der Vesuvausbruch:

ante diem nonum Kalendas Septembres	am 9. Tag vor den Kalenden des September ≈ 24. August

Da der 1. September mitgezählt wird und der August 31 Tage hat, ergibt sich, wenn man vom 1. September aus rückwärts zählt, der 24. August als Tag des Vulkanausbruchs.

5.4 Die Tageseinteilung

Tag und Nacht wurden durch Sonnenaufgang und Sonnenuntergang festgelegt. Die Tageszeit wurde in 12 Stunden unterteilt, die Nacht in vier Nachtwachen. Da Sonnenaufgang und Sonnenuntergang sich im Laufe eines Jahres zeitlich verschieben, folgt daraus, dass eine römische Stunde im Sommer länger dauerte als im Winter, die einzelnen Nachtwachen dagegen im Winter länger waren als im Sommer. Als Faustregel gilt, um römische Zeitangaben auf unseren 24-Stunden-Tag umzurechnen, die Tageszeit von 6.00 bis 18.00 Uhr anzusetzen.

EXERCITANDA

LECTIO 13

1. Übersetzen und Verstehen

a) Lesen Sie die deutsche Einleitung in Kapitel und Lektion und informieren Sie sich in einem Atlas über die geografische Lage der genannten Orte.

b) Beschreiben Sie die antike Darstellung des Vesuvs mit dem Gott Bacchus und stellen Sie den wesentlichen Unterschied zu seinem heutigen Aussehen fest (siehe das Bild unter Legenda).

c) Lesen Sie den Text langsam durch und stellen Sie alle Orts- und Zeitangaben fest. Beachten Sie besonders den ersten Satz eines jeden Absatzes. Sie erhalten so eine Vorstellung von dem räumlichen und auch zeitlichen Rahmen des Berichtes.

d) Wiederholen Sie die rhetorischen Stilmittel aus Caput III, Grammatica 1, TE 6 und informieren Sie sich über die Stilfiguren, die in diesem Kapitel unter 1. erläutert werden.

e) Übersetzen Sie den Text unter Beachtung seiner stilistischen Gestaltung und erläutern Sie jeweils die rhetorischen Stilmittel in ihrem Kontext.

2. Fragen zum Text

a) Quando illa nubes permagna Miseni videtur? b) Quid illo tempore avunculus huius epistulae scriptoris fecerat? c) Quo C. Plinius primo cursum navis tenet? d) Quo Plinius postea invectus est? e) Quem Stabiis salutavit? f) Cur C. Plinius fugere non potuit, sed in litore mortuus est? g) Ubi illo die horrendo scriptor epistulae materque fuerunt?

3. Formentraining

a) Welche Formen haben aktive, welche passivische Bedeutung?

b) Ergänzen Sie die jeweils fehlenden Formen im Präsens, Imperfekt, Perfekt oder Plusquamperfekt (vgl. Caput V, Exercitanda 4).

actum est – aggressi eratis – cunctabantur – dicta erant – egrediebatur – feror – hortaris – oriebatur – utitur – videmini

4. Solisten

innixus est	mori	regimini	cur	caperis
complexus est	mari	audimini	oritur	duceris
clausus est	morti	petimini	consolatur	ferris
invectus est	matri	utimini	aggreditur	patris

5. Schein oder Sein?

Plinius Secundus ascendit locum, ex quo miraculum illud bene videri poterat: Nubes inusitatā magnitudine videbatur. Quod illi viro erudito magnum visum est.

Ersetzen Sie, soweit möglich, videre *durch* conspicere.

6. Ansichtssachen

1. Quem di (≈ dei) diligunt, adulescens (interficiunt / moritur).
2. Qui tacet, consentire (videtur / videt).

a) *Wählen Sie das richtige Prädikat.*
b) *Erläutern Sie die syntaktische Funktion der Relativsätze.*

7. Vox populi

a) *Die Hauswände in Pompeji waren von vielen Inschriften ›verziert‹, jemand scheint allerdings ›Mitleid‹ mit einer solchen Wand gehabt zu haben:*

Admiror, paries, te non cecidisse ruinis,
nam tot scriptorum taedia pati debes.

b) *In Herbergen fehlte es oft am Nötigsten, wie diese Wandinschrift aus Pompeji zeigt:*

Minximus in lecto, fateor, peccavimus, hospes;
si dicis quare: nulla matella fuit.

c) Cacator, abi!
Wer nach Pompeji wollte, musste, bevor er die Stadt betreten konnte, immer durch eine Gräberstraße gehen. Dieser Ort wurde, da die Menschen oft schon lange unterwegs waren, gelegentlich missbraucht, wie die folgende Inschrift drastisch belegt:

Hospes, huius tumuli ossa precantur: non caca!
Urticae monumenta vides, discede, cacator!
Non est hic tutum culum aperire tibi.

8. Ein Giftmischerpaar?

Funera post septem nupsit tibi Galla virorum,
Picentine. Sequi vult, puto, Galla viros *(Martial IX,78)*.
(*Lies*: Galla post septem funera virorum tibi nupsit ...; Galla *und* Picentinus: *Eigennamen*)

9. Kreuzfahrt im Mittelmeer

Sie buchen eine Kreuzfahrt, die wie folgt angeboten wird:

Sie fliegen **nach Marseille (Massilia); in Marseille** wartet Ihr Schiff, die STELLA MARIS. Es bringt Sie **von Marseille nach Rom.** Wenn Sie **in Ostia, dem Hafen von Rom,** angelegt haben, wartet ein Bus auf Sie, der Sie **in die Hauptstadt Italiens** fährt. **In Rom** besichtigen Sie die klassischen Sehenswürdigkeiten. In der Nacht bringt Sie Ihr Schiff **von Rom nach Neapel. In Neapel** erwartet Sie bereits ein Fremdenführer, mit dem Sie eine Exkursion **nach Pompeji und Herkulaneum** machen. **Von Neapel** fährt die STELLA MARIS **nach Sizilien**, wo Sie **in Syrakus (Syracusae)** an Land gehen. Genießen Sie den folgenden Tag auf See, es geht **nach Ägypten. In Alexandria** wird Sie wiederum ein Fremdenführer empfangen, um Ihnen die Schätze der Pharaonen zu zeigen. **Von Alexandria** führt die letzte Route **nach Griechenland**, und zwar **nach Athen (Athenae). In Athen** besichtigen Sie die Akropolis, am Abend fliegen Sie dann **von Athen** zurück **nach Deutschland**.

Übersetzen Sie alle hervorgehobenen Ortsbestimmungen ins Lateinische.

10. Sprache mit Stil

10.1 Das Holstentor in Lübeck

Auf der Feld- oder Außenseite des berühmten Lübecker Stadttores befindet sich seit dem Jahre 1863 die folgende Inschrift:

CONCORDIA DOMI FORIS PAX

Diese prägnante Inschrift geht auf eine Vorgängerversion aus dem Jahre 1585 zurück; sie lautete ursprünglich:

PULCHRA RES EST PAX FORIS ET DOMI CONCORDIA.

a) Beschreiben Sie die sprachlichen Veränderungen zwischen beiden Fassungen.
b) Welche Stilfigur liegt der Fassung des 19. Jahrhunderts zugrunde?
c) Erläutern Sie den Unterschied zwischen concordia und pax.(→ Concordia ist gebildet aus cum und cor (Herz), pax enthält denselben Wortstamm wie pactum (Vertrag).

10.2 Beschreiben Sie die stilistische Gestaltung der folgenden Sprichwörter.

a) *Wohl aus dem 4. Jahrhundert n. Chr stammt diese Empfehlung:*

Si vis pacem, para bellum.

b) *Das folgende Sprichwort findet sich bereits sinngemäß bei Hippokrates, dem griechischen Ahnherrn aller Ärzte:*

Ars longa, vita brevis.

c) *Eine Empfehlung des Kaisers Augustus:*

Festina lente!

d) *In der folgenden Kurzform meldete Caesar einen schnell errungenen Sieg nach Rom:*

Veni, vidi, vici.

11. Chronogramme

Unter einem Chronogramm versteht man Inschriften, Verse und dergleichen, die auf ein bestimmtes Jahr bezogen sind. Um dieses Jahr zu erfassen, ist es notwendig, alle Großbuchstaben, die zugleich Zahlzeichen sind, zu addieren; dabei gilt U ≈ V.

a) *Am Ende eines Buches steht:*

In noMIne patrIs et fIlII
et spIrItVs sanCtI
hoC DesInIt opVs

Wann ist das Buch erschienen?

b) *In der Bartholomäusnacht wurde in Paris (Lutetia) unter den Hugenotten ein Blutbad angerichtet. In welchem Jahr fand dieses Verbrechen statt?*

LVtetIa Mater natos sVos DeVoraVIt.

c) *Es war ein Unglücksjahr, in dem in Deutschland drei Kaiser auf dem Thron saßen (→ quum ≈ cum):*

Non feLIX annVs, CeCIDIt qVVM Caesar VterqVe.

12. Zahlenrätsel

a) *Die Hälfte von zwölf ist sieben!*
b) *Vier weniger eins ist fünf!*
c) *Neunzehn weniger eins ist zwanzig!*
d) *Es gibt eine deutsche Stadt, deren erster Buchstabe ein Zehntel des zweiten Buchstabens beträgt und deren dritter Buchstabe das Zwanzigfache des zweiten Buchstabens ausmacht. Wie heißt sie?*

13. Ein normaler Tag auf dem Landgut

Plinius der Jüngere, der Autor der Briefe dieses Kapitels, beschreibt in dem folgenden Brief an seinen Freund Fuscus, wie er seine Tage auf seinem Landgut in der Toscana zu verbringen pflegt. Es versteht sich von selbst, dass diese Schilderung weit entfernt von den Verhältnissen ist, unter denen die übergroße Mehrheit der Menschen zu jener Zeit auf dem Lande und auch in der Stadt leben musste. Gleichwohl gibt der Brief einen Einblick in die Gegebenheiten, unter denen die gebildeten und reichen Bürger der römischen Gesellschaft um 100 n. Chr. ihr Leben zu gestalten wussten.

C. Plinius Fusco suo s. d.

In Tuscis aestate diem hoc modo dispono: Evigilo, cum libuit, plerumque circa horam primam. Clausae fenestrae manent; mire enim silentio et tenebris ab iis, quae avocant, abductus sum. Itaque liber non oculos animo, sed animum oculis sequor. Cogito, si quid in manibus (est), cogito ad verbum, ut facio, cum scribo et emendo. Notarium voco et, quae formaveram, dicto. Abit rursusque revocatur rursusque dimittitur.

Ubi hora quarta vel quinta – neque enim certum dimensumque tempus mihi est – in xystum me vel cryptoporticum confero, reliqua meditor et dicto. Vehiculum ascendo. Ibi quoque idem facio et meditor. Paulum redormio, deinde ambulo, mox orationem Graecam Latinamve clare et intente non tam vocis quam stomachi causa lego; pariter tamen illa firmatur. Iterum ambulo, ungor, exerceor, lavor.

Inter cenam, si cum uxore vel paucis, liber legitur; post cenam comoedia aut lyristes; mox cum meis ambulo, quorum in numero sunt eruditi. Ita variis sermonibus vesper extenditur et dies bene conditur.

Nonnumquam ex hōc ordine aliqua mutantur. Nam si diu iacui vel ambulavi, post somnum demum lectionemque non vehiculo utor, sed equo vehor. Venor aliquando, sed non sine pugillaribus, nam semper quandam praedam referre volo. Datur et colonis, ut videtur ipsis, non satis temporis; quorum agrestes querellae mihi litteras nostras et haec urbana opera commendant.

Vale!

a) Lesen Sie den Text langsam durch und versuchen Sie dann anhand der zeitlichen Angaben eine Gliederung des Tagesablaufs des Plinius zu erstellen.

b) Übersetzen Sie den Text, ggf. in Gruppenarbeit auf der Grundlage der zeitlichen Gliederung.

c) Welche stilistischen Besonderheiten lassen den Brief spontan und privat erscheinen?

14. Eigenschaften

Manche Substantive sind dadurch entstanden, dass ein Adjektiv mit dem Suffix -tas oder -tudo ergänzt wurde; im Deutschen entsprechen dem oft die Endungen -heit, -keit oder -schaft. Diese Substantive bezeichnen eine Eigenschaft; sie haben alle im Lateinischen das Genus femininum.

a) aeternitas, antiquitas, atrocitas, bonitas, brevitas, celeritas, civilitas, claritas, communitas, crudelitas, difficultas, divinitas, humanitas, liberalitas, libertas, novitas, nuditas, paupertas, pietas, sanctitas, severitas, utilitas, veritas

b) altitudo, amplitudo, claritudo, fortitudo, latitudo, longitudo, magnitudo, multitudo, plenitudo, pulchritudo, solitudo, turpitudo

15. Lingua Latina Europaea

Italienisch	Spanisch	Portugiesisch	Französisch	Lateinisch
anno	ano	ano	an / année	
mese	mes	mês	mois	
ora	hora	hora	heure	
lunedi	lunes		lundi	
martedi	martes		mardi	
mercoledi	miercoles		mercredi	
giovedi	jueves		jeudi	
venerdi	viernes		vendredi	

16. Übersetzungsschritte (Lectio 14)

a) Lesen Sie den Text langsam, stellen Sie dabei die einzelnen Ortsangaben fest und versuchen Sie so, eine quasi räumliche Gliederung des Textes zu erkennen.

b) Übersetzen Sie den Text unter besonderer Beachtung der ÜR 10 und ÜR 11.

c) Finden Sie für jeden Absatz des Textes eine Überschrift.

d) Der dritte Absatz ist stilistisch besonders eindrucksvoll gestaltet. Erläutern Sie die Funktion der einzelnen Stilmittel im Zusammenhang dieses Textes.

e) Der Text bietet einen auffälligen häufigen Wechsel der Tempora. Finden Sie hierfür eine Erklärung.

LECTIO 14: DIE FLUCHT AUS MISENUM

»Interim Miseni ego et mater …« Plinius der Jüngere, der in Misenum geblieben war, berichtet in einem zweiten Brief von den dortigen Ereignissen: Erdstöße, die schon seit Tagen aufgetreten waren, hatten sich in der Nacht nach der Abfahrt des Onkels außerordentlich verstärkt.

C. Plinius Tacito suo s.d.

... Iam erat hora diei prima et adhuc dubius et quasi languidus dies; iam crebris vastisque tremoribus tecta nutabant; iam magnus et certus ruinae metus erat: tum demum oppido excedere placuit. Sequitur vulgus attonitum et ingenti agmine nos impellit.

Postquam tecta egressi sumus, consistimus. Respicio: mare tremore terrae quasi repelli videbam, litus multa maris animalia siccis harenis detinebat. Ab altero latere nubes atra et horrenda descendit in terras, operit maria. Cinxerat Capreas et absconderat, Miseni quod procurrit, abstulerat. Haec densa caligo nos torrentis modo sequebatur. Quamobrem iuxta viam locum apertum petivimus.

Vix consederamus, et nox adest non qualis inlunis aut nubila, sed qualis in locis clausis, postquam lumen exstinctum est. Audiebantur ululatus feminarum, infantium quiritatus, clamores virorum; alii parentes, alii liberos, alii coniuges vocibus requirebant, vocibus noscitabant; hi suum, illi suorum casum miserebantur; nonnulli metu mortis mortem precabantur; multi ad deos manus tollebant, plures nusquam iam deos ullos esse aeternamque illam et novissimam noctem mundo esse interpretabantur.

Tandem illa caligo quasi in fumum vel nebulam tenuata est et discessit. Mox dies verus: sol etiam effulsit, luridus quidem, qualis esse solet, cum deficit. Ante oculos omnia mutata erant altoque cinere tamquam nive obducta. Regressi sumus Misenum et dubiam noctem spe ac metu exegimus. Metus praevalebat, nam tremor terrae perseverabat et de avunculo nuntius non erat. ...

Vale!

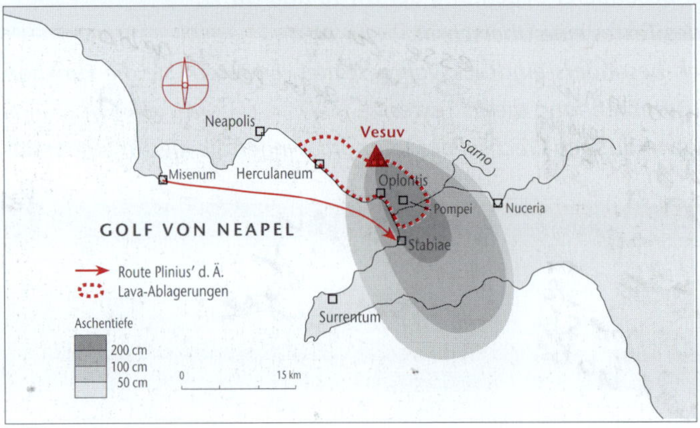

Rechts: Herculaneum: direkt am Strand lagen u. a. die ›Villa dei Cervi‹ (links) sowie die Vorstadtthermen (rechts). Hier kamen hunderte Menschen beim Versuch, mit Booten zu fliehen, um.

Links: Der Golf von Neapel und die Situation des Vesuvausbruchs sowie die Aktion Plinius' d. Ä.

LEGENDA · LEGENDA · LEGENDA · LEGENDA

POMPEJI, HERCULANEUM UND DER VESUV

Campania felix, glückliches Kampanien: Schon in der frühen Kaiserzeit wurde das Gebiet am Golf von Neapel hoch geschätzt. Eine Kette von Orten umrahmte den Golf, vor allem Misenum, der Flottenstützpunkt, das mondäne Baiae, Puteoli, der wichtigste Hafen Roms, der das benachbarte Neapolis übertraf, Herculaneum, eine Kleinstadt von ca. 5000 Einwohnern, der Villenort Oplontis, die Hafen und Handelsstadt Pompeji mit etwa 20000 Einwohnern und im Süden Stabiae und Surrentum. Die Lage am Meer und der fruchtbare Boden ließen Kampanien zu einem der wirtschaftlichen und kulturellen Zentren des römischen Reiches werden. Der vulkanische Boden ermöglichte mehrere Ernten im Jahr, besonders Getreide, Obst und Gemüse; zudem kamen Spitzenweine aus dieser Gegend, allen voran der Falerner. Neben der Landwirtschaft brachten Metallverarbeitung und Glaserzeugung Reichtum nach Kampanien.

Die vulkanische Natur dieser Gegend bedeutet gleichzeitig, wie wir heute nach zahlreichen Ausbrüchen des Vesuvs, zuletzt 1944, wissen, eine ständige Bedrohung, die durch den weithin sichtbaren Vulkan stets gegenwärtig ist. In der Antike war man sich dieser Gefahr nicht bewusst, war der Vesuv doch vor dem Ausbruch des Jahres 79 n. Chr. viele Jahrhunderte völlig inaktiv gewesen. Ein Erdbeben, das 62 n. Chr. zu schweren Zerstörungen geführt hatte, die 79 n. Chr. erst teilweise behoben waren, wurde nicht mit dem Vulkan in Verbindung gebracht. So traf der Ausbruch am 24. August 79 n. Chr. die Menschen völlig unerwartet, während sie ihren alltäglichen Tätigkeiten und Gepflogenheiten nachgingen. Der Ausbruch war so heftig, dass die Kegelspitze des Vesuvs wie ein Pfropfen herausgesprengt wurde, sodass der Berg seitdem gewissermaßen zwei Gipfel hat. Die Folge war, dass Pompeji, Herculaneum, Oplontis und Stabiae vollständig zerstört und verschüttet wurden und viele Menschen den Tod fanden.

Heute, am Beginn des 3. Jahrtausends, gehört vor allem Pompeji mit mehr als zwei

Das Forum von Pompeji im heutigen Zustand: Im Hintergrund ragt der Vesuv auf (vgl. dazu Abb. S. 126). Auf der Rückseite des Forums erkennt man zwei kaiserliche Triumphbögen, in der Mitte den Tempel der Trias Jupiter, Juno, Minerva. Links ein Rest des Säulenganges, der um das Forum lief.

Millionen Besuchern pro Jahr zu den Hochburgen des internationalen Bildungstourismus, wohl auch deshalb, weil der einmalige Erhaltungszustand der Überreste und der scheinbar direkte Einblick in das tägliche Leben der einstigen Bewohner alle Besucher emotional berührt. Dazu tragen auch die Gipsabgüsse von Menschen und Tieren bei, die den Augenblick ihrer Todesstunde für uns sichtbar werden lassen. Tiefes Entsetzen kann den Besucher zudem in Herculaneum ergreifen, wenn er von den ca. 300 Skeletten hört, die man bisher gefunden hat, denn dort war eine Glutwolke in rasender Geschwindigkeit über die Stadt hergefallen und hatte alles Leben durch ihre gewaltige Hitze in Sekundenschnelle getötet. Besonders Pompeji bietet heute alles, was zu einem städtischen Leben der frühen Kaiserzeit gehörte: gepflasterte Straßen, ein Forum mit Tempeln und einer Basilika (Gerichtshalle), zwei Theater, ein Amphitheater, ein Sportplatz (Palästra), Thermen und ein öffentliches Wassernetz. Außerdem können hier wie in den anderen betroffenen Orten verschiedene Hausformen bis zu luxuriösen Villen besichtigt werden, z. T. ist noch die Malerei an den Wänden zu bewundern und in den Museen sind die vielfältigen Gebrauchsgegenstände, Schmuckstücke und Kunstwerke zu sehen.

In der Gegenwart führen die bisherigen Ausgrabungen, die ja ganze Orte, ihre Mauern, Wände und Böden jedem Wetter ungeschützt aussetzen, und die Besucherströme zu großen Problemen, sodass der Schwerpunkt der archäologischen Arbeit heute eher auf der Konservierung des Vorhandenen als auf umfangreichen neuen Ausgrabungen liegt.

· CAPUT VIII ·

WAS IST DER MENSCH?

»Nosce te ipsum! – Erkenne dich selbst!« Diese Aufforderung am Apollontempel in Delphi, von Cicero ins Lateinische übersetzt, wird für jeden Leser zu einer Art Doppelfrage und lautet »Wer bin ich?«, wenn ich mich persönlich angesprochen fühle, bzw. »Was ist der Mensch?«, wenn ich mich als Teil der Gattung Mensch betrachte. Sie werden in diesem Kapitel einige Texte kennenlernen, die Sie einerseits zu persönlichen Reflexionen anregen und andererseits ggf. Anlass für eine Diskussion in Ihrer Arbeitsgruppe sein möchten.

Auguste Rodin (1840–1917): Der Denker (1880–81; Replik)

LECTIO 15:
DIE WÜRDE DES MENSCHEN

»Die Würde des Menschen ist unantastbar.« Dieser erste Satz des Grundrechtekatalogs im deutschen Grundgesetz ist gewissermaßen eine Frucht vom Baume der langen europäischen Philosophie- und Religionsgeschichte:

■ Cicero

Die erste Erwähnung des Begriffs ›Menschenwürde‹ findet sich, so scheint es, bei Cicero (siehe Caput VI, Legenda) in seinem Werk De officiis *(Über die Pflichten):*

Sed pertinet ad omnem officii quaestionem
semper in promptu habere,
        quantum natura hominis pecudibus reliquisque beluis antecedat.
Illae nihil sentiunt nisi voluptatem
ad eamque feruntur omni impetu,
hominis autem mens discendo et cogitando alitur,

semper aliquid aut anquirit aut agit
videndique et audiendi delectatione ducitur;
quin etiam,
si quis est ad voluptates propensus,
nisi sit ex pecudum genere,
(sunt enim quidam homines non re, sed nomine)
sed si quis est satis erectus,
quamvis voluptate capiatur,
occultat et dissimulat appetitum voluptatis propter verecundiam.
Ex quo intellegitur
corporis voluptatem non satis esse dignam hominis praestantia
eamque contemni et reici oportere.
Itaque victus cultusque corporis ad valetudinem et ad vires, non ad voluptatem
referatur.
Atque etiam,
si considerare velīmus,
quae sit in natura excellentia et dignitas,
intellegamus,
quam sit turpe
diffluere luxuria et delicate ac molliter vivere
quamque honestum
parce, continenter, severe, sobrie.

■ Die Bibel

Die christliche Auffassung von der Würde des Menschen beruht auf dem Schöpfungsbericht der Bibel, Genesis 1,26–28. Der folgende Text ist der Vulgata entnommen (siehe Caput V, Exercitanda 10).

Gott sprach:
»Faciamus hominem ad imaginem et similitudinem nostram et
praesit piscibus maris et volatilibus caeli et bestiis universaeque terrae omnique reptili,
quod movetur in terra!«
Et creavit Deus hominem ad imaginem suam,
ad imaginem Dei creavit illum,
masculum et feminam creavit eos,
benedixitque illis Deus et ait:
»Crescite et multiplicamini et replete terram et subicite eam et
dominamini piscibus maris et volatilibus caeli et universis animantibus,
quae moventur super terram.«

■ Pico della Mirandola

In der Epoche der Renaissance (ca. 1300–1600) löste sich der Mensch besonders dank der Begegnung mit wieder aufgefundenen Texten der Antike aus den engen Bindungen des Mittelalters. Christliches Erbe und antikes Geistesgut führten zu einem neuen Denken über den Menschen. Kennzeichnend dafür ist, dass eine größere Zahl von Schriften das Thema der Würde des Menschen behandelte, so z. B. Bartolomeo Fazio (1447/1448) unter dem Titel De excellentia ac praestantia hominis *und – als Antwort – Gianozzo Manetti (1452) mit seinem Werk* De dignitate et excellentia hominis. *Als Schlüsselwerk dieser Zeit gilt die – nicht gehaltene – Rede des Grafen Pico della Mirandola* De hominis dignitate *aus dem Jahre 1496:*

Gott erschafft den Menschen und spricht zu ihm:

»Nec certam sedem nec propriam faciem nec munus ullum peculiare
tibi dedimus, o Adam,
    ut tuam sedem, tuam faciem, tua munera
    pro voto, pro tua sententia habeas et possideas.
Natura ceterorum animalium
    cum illis eam definiverimus,
intra leges,
    quae a nobis praescriptae sunt,
coercetur.
Tu,
    cum nullis angustiis coercitus sis,
pro tuo arbitrio libero,
    in cuius manu te posui,
tibi illam praefinias.«

GRAMMATICA

1. Texterschließung und Übersetzung

TE 11: Das kolometrische Einrückverfahren

In vielen lateinischen Texten werden Sie umfangreiche Satzgefüge, sog. Perioden, entdecken, deren Struktur nicht immer leicht zu durchschauen ist, obwohl sie nach dem Thema-Rhema-Prinzip (siehe Fundamentum II. 2.4.4) folgerichtig aufgebaut sind. Um diese Satzgefüge zu übersetzen, kann es hilfreich sein, sich ihre Struktur zu veranschaulichen. Eine Methode, dies zu erreichen, ist das kolometrische Einrückverfahren. Die Texte der Lektion 15 sind nach dieser Methode gesetzt.

a) Die Texte sind durchgängig kolometrisch angeordnet, d.h., Hauptsätze (HS), Gliedsätze (GS) sowie – umfangreichere – satzwertige Konstruktionen (AcI, NcI, erweiterte Infinitive) und Sinneinheiten, sog. Kola, stehen jeweils in einer eigenen Zeile. Beachten Sie dabei, dass der Sinneinschnitt in einigen Fällen aus technischen Gründen über das Zeilenende hinausgeht.
b) Die Texte sind zusätzlich nach dem Einrückverfahren gestaltet, d.h., Gliedsätze werden nach dem Grad ihrer Abhängigkeit eingerückt, werden also zu Gliedsätzen 1., 2., ... Grades; die Kola eines Satzes stehen immer in einer senkrechten Linie unter dem Anfang des Satzes, zu dem sie gehören. Daraus folgt, dass alles, was am linken Anfang jeder Zeile steht, Hauptsatz oder Teil eines Hauptsatzes sein muss.

Zwei Beispiele aus dem Text Ciceros (S. 143/144):

Sed pertinet ad omnem officii quaestionem	HS
semper in promptu habere,	erw. Inf. im HS
quantum natura hominis ... antecedat.	GS 1. Grades
quin etiam,	HS-Anfang
si quis est ... propensus,	GS 1. Grades
nisi sit ... genere,	GS 2. Grades
occultat ... propter verecundiam.	HS-Schluss

Diese Veranschaulichung der Struktur eines Satzgefüges setzt eine sorgfältige Analyse des Textes voraus. Dazu bedarf es einer sicheren Kenntnis der Einleitewörter, an denen Gliedsätze meistens sofort zu erkennen sind: unterordnende Konjunktionen, Relativ- und Interrogativpronomina und andere Fragewörter. Außerdem müssen Sie bei jedem Infinitiv die vorliegende satzwertige Konstruktion feststellen. Aus dem Gesagten folgt eine weitere Übersetzungsregel:

ÜR 12 Umfangreiche Satzgefüge können vor dem Übersetzen soweit analysiert werden, dass ihre Struktur mithilfe des kolometrischen Einrückverfahrens einsichtig dargestellt werden kann, um so eine folgerichtige und sinngeleitete Übersetzung – unter Beachtung der ÜR 1–11 – ›von Anfang an‹ zu erleichtern.

2. Der Konjunktiv

Es gibt drei Modi, d.h. Aussageweisen eines Verbums: Indikativ, Imperativ und Konjunktiv. In diesem Kapitel lernen Sie die lateinischen Formen und Funktionen des Konjunktivs I der Gleichzeitigkeit (GZ) und der Vorzeitigkeit (VZ) kennen; sie werden nach ihrer formalen Ableitung vom Präsens- bzw. Perfektstamm auch Konjunktiv Präsens und Konjunktiv Perfekt genannt.

2.1 Die Formen des Konjunktivs I

2.1.1 Konjunktiv I GZ (Präsens)

Die Formen dieses Konjunktivs sind an einem besonderen Signal zu erkennen, dem Moduszeichen:

a-Konjugation	-e-, wobei der Stammauslaut -a wegfällt
e-, konsonantische / kurzvokalische, i-Konjugation	-a-
esse und *velle*	-i-

Die Personalendungen werden sowohl im Aktiv als auch im Passiv direkt an diese Moduszeichen angehängt. Es heißt also:

Konjunktiv I GZ Aktiv und Passiv

		a-Konjugation		e-Konjugation		*esse*	*velle*
		Aktiv	Passiv	Aktiv	Passiv		
Sg.	1. P.	salut-e-m	-r	doce-a-m	-r	s-i-m	vel-i-m
	2. P.	salut-ē-s	-ris	doce ā-s	-ris	s-ī-s	vel-ī-s
	3. P.	salut-e-t	-ē-tur	doce-a-t	-ā-tur	s-i-t	vel-i-t
Pl.	1. P.	salut-ē-mus	-mur	doce-ā-mus	-mur	s-ī-mus	vel-ī-mus
	2. P.	salut-ē-tis	-mini	doce-ā-tis	-mini	s-ī-tis	vel-ī-tis
	3. P.	salut-e-nt	-ntur	doce-a-nt	-ntur	s-i-nt	vel-i-nt

Entsprechend werden konjugiert: reg-a-m | -a-r
cap-ĭ-a-m | -a-r
audĭ-a-m | -a-r.

→ *ire* wechselt seinen Stammvokal in kurzes ĕ: e-a-m, e-ā-s, ... e-a-nt.

2.1.2 Konjunktiv I VZ (Perfekt)

2.1.2.1 Aktiv

Dieser Konjunktiv ist an dem Moduszeichen -eri- zu erkennen. Es wird in allen Konjugationsklassen an den jeweiligen Perfektstamm gehängt und um die Personalendungen ergänzt:

	Perfektstamm	Moduszeichen	Personalendung
salutare	salutav	-eri-	m
docere	docu		s
audire	audiv		t
regere	rex		mus
capere	cep		tis
esse	fu		nt

2.1.2.2 Passiv

Der Konjunktiv I VZ Passiv wird – wie das Passiv des Indikativs Perfekt – aus zwei Wörtern gebildet: dem PVP (Partizip der Vorzeitigkeit Passiv; siehe Caput VI, Grammatica 2.1.2) und der entsprechenden Form von *esse*. Das folgende Beispiel *salutare* gilt also entsprechend für alle Konjugationsklassen:

Sg.	1. P.	salutatus sim
	2. P.	salutata sīs
	3. P.	salutatum sit
Pl.	1. P.	salutatī sīmus
	2. P.	salutatae sītis
	3. P.	salutata sint

2.2 Die Funktionen des Konjunktivs

Der lateinische Konjunktiv hat prinzipiell zwei Funktionen:

a) Er kann in Haupt- und Gliedsätzen eine bestimmte Redeabsicht ausdrücken, sodass eine Aussage als möglich, gewünscht, gewollt, vorstellbar oder nicht wirklich verstanden werden kann.

b) Er kann in Gliedsätzen lediglich die grammatische Abhängigkeit von einem bzw. die Unterordnung einer Aussage unter einen übergeordneten Satz bezeichnen. In dieser bloß grammatischen Funktion, die also keine besondere Redeabsicht beinhaltet, wird der Konjunktiv auch Subjunktiv genannt.

→ Die jeweilige Sinnrichtung eines Konjunktivs im Lateinischen ist immer unter Beachtung des Kontextes zu erschließen.

2.2.1 Der Konjunktiv I im Hauptsatz

2.2.1.1 Der Optativus: Wünschen, Wollen oder Sollen

Der Konjunktiv bezeichnet als sog. Optativus (< optare ≈ wünschen) je nach Intensität der Redeabsicht einen Wunsch, der vom Sprecher als erfüllbar angesehen wird, oder ein Wollen oder ein Sollen. Er wird oft mit *utinam* oder *velim* eingeführt. Die Verneinung ist *ne*. Im Deutschen benutzen wir meistens Signalwörter wie ›hoffentlich‹ und ›bitte‹ oder Verben wie ›sollen, wollen, mögen‹, manchmal auch den Imperativ oder Konjunktiv:

Utinam amicus me visitet!	Hoffentlich besucht mich mein Freund!
Velim venias!	Ich möchte, dass du kommst! Komm, bitte!
Victus cultusque corporis ad valetudinem referatur.	Ernährung und Körperpflege sollen sich nach der Gesundheit richten.
Vivat!	Er, sie, es lebe hoch!
Quisque se ipsum noscat!	Jeder erkenne sich selbst!
Eamus!	Gehen wir! Lass(t) uns gehen!
Faciamus hominem!	Wir wollen einen Menschen erschaffen! Erschaffen wie einen Menschen!

→ Die traditionellen Bezeichnungen Hortativ (< hortari ≈ auffordern) und Jussiv (< iubere ≈ befehlen) bezeichnen die Fälle, in denen sich das Wollen an die 1. Person Plural richtet (Hortativ) oder an die 3. Person (Jussiv).

2.2.1.2 Der Dubitativus oder Deliberativus: Zweifeln und Überlegen

In Fragesätzen kann der Konjunktiv anzeigen, dass der Sprecher im Zweifel ist und überlegt, was geschehen soll. Für die Wiedergabe dieses *Coniunctivus dubitativus* (< dubitare ≈ zweifeln) bzw. deliberativus (< deliberare ≈ überlegen) setzen wir im Deutschen das Verb ›sollen‹.

Quid agamus?	Was sollen wir tun?
Cur omnia dicam?	Warum soll ich alles erwähnen?

2.2.1.3 Der Potentialis: Kann sein, kann auch nicht sein.

Der Konjunktiv kann anzeigen, dass ein Sprecher lediglich eine Möglichkeit anspricht, deren Verwirklichung aber ungewiss ist. Im Deutschen dienen Signalwörter wie ›vielleicht, vermutlich, möglicherweise, wohl, könnte, würde‹ dazu, diesen *Coniunctivus potentialis* (< posse) auszudrücken.

Tu tibi naturam praefinias.	Du kannst / hast die Möglichkeit dir deine Natur fest / zu / legen.

Formelhaft ist die folgende Wendung:

Dicat / dixerit aliquis ...	Es könnte jemand sagen ...

Dieses letzte Beispiel zeigt, dass beim Potentialis die Konjunktive I GZ und VZ gleichbedeutend sind, der Konjunktiv I VZ also seinen temporalen Charakter verloren hat.

2.2.2 Der Konjunktiv I im Gliedsatz

2.2.2.1 Finalsätze

Finalsätze sind Adverbialsätze, die Zweck, Ziel oder Absicht einer Handlung angeben. Sie werden eingeleitet durch die Konnektoren:

ut damit, dass *oder* um ... zu,

in verneinten Sätzen:

nē damit nicht, dass nicht *oder* um nicht zu ...

Non certam sedem tibi dedimus, o Adam, **ut** tuam sedem pro voto habeas.	Wir haben dir keinen bestimmten Platz gegeben, Adam, **damit** du deinen Platz nach deinem eigenen Wunsch hast.
Homines niti debent, **ne** vitam veluti pecora transeant.	Die Menschen müssen sich anstrengen, **damit / dass** sie nicht wie das Vieh durchs Leben gehen / **um nicht** wie das Vieh durchs Leben **zu** gehen.

→ Finalsätze werden in der Regel im Deutschen mit dem Indikativ wiedergegeben.

2.2.2.2 Konsekutivsätze

Konsekutivsätze bezeichnen eine tatsächliche oder mögliche Folge eines Geschehens. Sie werden mit *ut,* verneint mit *ut non*, eingeleitet; häufig wird im vorangehenden Satz durch ein Signalwort (*tam, sic, tantum, talis* etc.) auf den Folgesatz verwiesen.

Ein Weinstock trägt reiche Frucht:

Num quis tam stultus est, **ut** huic illam vitem praeferat, cui aureae uvae pendent?	Ist jemand etwa **so** dumm, **dass** er diesem Weinstock jenen vorzieht, an dem goldene Trauben hängen?

→ Konsekutivsätze stehen im Deutschen stets im Indikativ.

2.2.2.3 Abhängige Begehrssätze

In Gliedsätzen, die ein Begehren, d. h. ein Wünschen, Wollen oder Sollen ausdrücken, steht der Konjunktiv. Der einleitende Konnektor ist *ut* bzw. *ne*. Diese Sätze werden von Verben des Begehrens im Hauptsatz ausgelöst.

Num praecipere debemus, **ut** homo naufrago manum porrigat?	Sollen wir etwa vorschreiben, **dass** der Mensch einem Schiffbrüchigen die Hand reicht?
Optamus, ne homo homini noceat.	Wir wünschen, **dass** der Mensch dem Menschen **nicht** schadet.

→ Die abhängigen Begehrssätze stehen im Deutschen meistens im Indikativ.

2.2.2.4 Indirekte Fragesätze

Indirekte, d. h. abhängige, Wort- oder Satzfragen werden durch ein Fragepronomen, Frageadverb oder Fragepartikel eingeleitet.

Consideramus, **quae** sit dignitas hominis.	Wir überlegen, **was** die Würde des Menschen ist.
Semper in promptu habere debemus, **quantum** natura hominis beluis antecedat.	Wir müssen uns immer vor Augen halten, **wie sehr** die Natur des Menschen den Tieren überlegen ist.
Incertum est, **num** Deus hominem creaverit.	Es ist ungewiss, **ob** Gott den Menschen geschaffen hat.

→ Auch indirekte Fragesätze stehen im Deutschen meistens im Indikativ.

2.2.2.5 Relativsätze im Konjunktiv

Wie Sie schon in Caput IV, Grammatica 3 gesehen haben, stehen Relativsätze in der Regel im Indikativ. Manchmal findet sich jedoch auch ein Konjunktiv. Dieser signalisiert dann immer eine zusätzliche Sinnrichtung, die aus dem Kontext zu erschließen ist. Im letzten Absatz in Lectio 16 finden Sie dieses Beispiel:

Quantulum est ei non nocere, cui debeas prodesse.	Wie wenig ist es, dem nicht zu schaden, dem du ja doch nützen müsstest.

Die Übersetzung verdeutlicht durch den Konjunktiv und die Signalwörter ›ja doch‹, dass diesem Relativsatz eine kausale Bedeutung beigegeben ist: Weil es eigentlich menschliche Pflicht ist, einander zu helfen und nützlich zu sein, ist es kein Verdienst, lediglich darauf zu verzichten, einem anderen zu schaden.

2.2.3 Die multifunktionale Konjunktion *cum*

Der Konnektor *cum* ist eine multifunktionale Konjunktion, d. h., sie verleiht der Aussage des Gliedsatzes eine je nach Kontext unterschiedliche Bedeutung. Dabei wird sie entsprechend ihrer Funktion mit Indikativ oder Konjunktiv gesetzt.

2.2.3.1 *Cum* mit Indikativ: cum temporale

Dieses *cum* hat stets, wenn auch in unterschiedlichen Akzentuierungen, eine temporale Bedeutung:

a) Bezeichnung eines Zeitpunktes:

Fortuna vitrea est Tum, cum splendet, frangitur.	Das Glück ist aus Glas **Dann, wenn** es glänzt, bricht es. (Caput VI, Exercitanda 9b)
Cum Caesar in Galliam venit, duae factiones erant.	**Damals, als / Zu der Zeit, wo Caesar** nach Gallien kam, gab es zwei Parteien.

b) Bezeichnung wiederholter Vorgänge,

sog. cum iterativum (< iterare ≈ *wiederholen*)

Equites, cum aliquod bellum incidit, arma capiunt.	Die Ritter greifen **immer dann** zu den Waffen, **wenn** sich irgendein Krieg ereignet. (Caput IV, Lectio 7)

c) Einführung der plötzlich / unerwartet eintretenden Haupthandlung,

sog. cum inversum (< invertere ≈ *umkehren*): der Name ›umgekehrtes cum‹ verdeutlicht, dass entgegen dem sonstigen Gebrauch die entscheidende Handlung in dem cum-Satz erzählt wird, der deshalb meistens im Perfekt steht, während sich im Vordersatz Imperfekt oder Plusquamperfekt finden. Signalwörter verdeutlichen häufig diesen Sachverhalt: im Vordersatz z. B. *vix, modo* oder *nondum*, im cum-Satz *subito* oder *repente*.

Vix deus omnia dissaepserat, cum sidera coeperunt toto effervescere caelo.	**Kaum** hatte der Gott alles getrennt, **als** (**plötzlich**) die Gestirne begannen, am ganzen Himmel aufzuleuchten. (Caput V, Grammatica 2.2.4)

d) Gleichzeitig ablaufende Handlungen

Die Handlungen des übergeordneten Satzes und des cum-Satzes fallen zeitlich und sachlich zusammen: sog. identisches (< idem) cum.

Helvetii cotidianis proeliis cum Germanis contendunt, cum aut suis finibus eos prohibent aut in eorum finibus bellum gerunt.

Die Helvetier kämpfen in täglichen Gefechten mit den Germanen, **indem / dadurch dass** sie sie entweder von ihrem Gebiet abwehren oder in deren Gebiet bekriegen. (Caput IV, Exercitanda 11)

2.2.3.2 cum mit Konjunktiv

a) cum causale (< causa)

Mit diesem *cum* verdeutlicht ein Erzähler, dass die Aussage des Gliedsatzes eine Begründung für den Vordersatz enthält.

Natura animalium, cum illis eam definiverimus, intra leges coercetur.

Weil wir den Lebewesen ihre Natur festgelegt haben, ist sie in Gesetzen eingeschlossen.

b) cum concessivum (< concedere ≈ *zugestehen, einräumen*)

Ein konzessives *cum* kennzeichnet eine Einschränkung: Der Sprecher räumt ein oder gesteht zu, dass es einen Grund gibt, der seiner eigenen Aussage in gewisser Weise entgegensteht. Ein vorausgehendes *tamen* verweist oft auf diese Sinnrichtung.

Cur omnia dicam, cum possim breviter demonstrare?

Warum soll ich alles erwähnen, **obwohl** ich es kurz bezeichnen kann?

c) cum historicum: Siehe Caput X.

2.2.4 Konditionale Satzgefüge (Bedingungsgefüge)

Ein Bedingungsgefüge besteht aus mindestens zwei Sätzen, die der ›Wenn ... dann ... -Formel‹ unterliegen. Ein Gliedsatz, der mit *si*, verneint *nisi*, eingeleitet wird, enthält die Bedingung, aus der sich die Folgerung ergibt, die in einem Nachsatz, meistens ein Hauptsatz, gezogen wird. Konditionale Satzgefüge gibt es im Indikativ und Konjunktiv.

2.2.4.1 Der ›Realis‹ im Indikativ

Im realen Fall wird eine Annahme als Tatsache angesehen, um aus ihr eine Folgerung zu ziehen. Lateinischer und deutscher Sprachgebrauch entsprechen sich hierbei.

Si quis est satis erectus, dissimulat appetitum voluptatis.

Wenn jemand hinlänglich erhaben ist, verheimlicht er sein Verlangen nach sinnlichem Genuss.

2.2.4.2 Der ›Potentialis‹ im Konjunktiv I

Im potentialen Fall werden Annahme und Folgerung als bloße Möglichkeiten hingestellt. Diese Redeweise ›Möglichkeit‹ wird im Deutschen meistens mit dem Indikativ wiedergegeben und durch Signalwörter wie ›möglicherweise, wohl, vielleicht, vermutlich‹ verdeutlicht.

Si considerare velīmus, ..., intellegamus ...	Wenn wir vielleicht (einmal) erwägen wollen, ..., verstehen wir wohl, ...

→ Zum ›Irrealis‹ im Konjunktiv II siehe Caput X.

2.2.5 Konzessivsätze

Wie Sie schon gesehen haben, stehen Konzessivsätze im Lateinischen je nach einleitender Konjunktion im Indikativ oder Konjunktiv:

- Sätze, die mit *quamquam* eingeleitet werden, stehen im Indikativ: siehe Caput I, Lectio 1;
- Sätze, die mit *cum* eingeleitet werden, stehen im Konjunktiv: siehe oben 2.2.3.2b).
- Ein Konzessivsatz kann auch durch die Konjunktion *quamvis* in der Bedeutung ›wie sehr auch, wenn auch, obwohl, obgleich‹ eingeleitet werden. Er steht dann im Konjunktiv.

Si quis est satis erectus, quamvis voluptate capiatur, dissimulat appetitum voluptatis.	Wenn jemand hinlänglich erhaben ist, verheimlicht er sein Verlangen nach sinnlichem Genuss, **wie sehr** er **auch** von der Sinnenlust ergriffen ist.

3. Das Gerundium

Sie haben schon in Caput I, Grammatica 3 gesehen, dass ein Infinitiv die Satzgliedpositionen Subjekt oder Objekt bekleiden und dabei durch Adverbialien oder Objekte näher bestimmt bzw. ergänzt werden kann. Dieser substantivierte Infinitiv kann allerdings auch in anderen Kasus Satzgliedpositionen einnehmen, d. h., er kann dekliniert werden. Hierfür gibt es im Lateinischen eine eigene Form, das Gerundium. Es ist also ein Verbalsubstantiv, weil es wie ein Verbum ergänzt und wie ein Substantiv dekliniert werden kann. Infinitiv und Gerundium sind quasi ein Paar, das je nach seiner grammatischen Funktion eingesetzt wird:

	Infinitiv	Gerundium
N	salutā-re	
G		saluta-nd-i
D		saluta-nd-o (sehr selten)
Akk	salutā-re	ad saluta-nd-um
Abl		(in / de) saluta-nd-o

Ein Gerundium ist also an dem Signal -nd- zu erkennen. Dies wird bei Verben der 3. und 4. Konjugation um den Bindevokal -e- erweitert.
Es heißt:

vide-nd-i
reg-e-nd-i
cap-i-e-nd-i
audi-e-nd-i

→ Beachten Sie, dass *ire* auch beim Gerundium den Stammvokal wechselt: *eundi*.

→ Auch **Deponentien** können ein Gerundium bilden:

cunctari	cunctandi
misereri	miserendi
sequi	sequendi
aggredi	aggrediendi
oriri	oriendi

Es gibt beim Gerundium nur die genannten Formen, da es als Form eines substantivierten Infinitivs als Neutrum gilt und auch keinen Plural bilden kann.

→ Das Gerundium steht im Akkusativ fast nur nach der Präposition *ad*.
→ Im Ablativ findet sich das Gerundium als reiner Instrumentalis ohne Präposition oder mit den Präpositionen *in* und *de*, seltener auch *ex* und *ab*.

Ein Gerundium kann auf verschiedene Weise übersetzt werden, vor allem
- durch einen Infinitiv mit ›zu‹,
- durch einen substantivierten Infinitiv,
- durch einen Gliedsatz:

Mens hominis **discendo** et **cogitando** alitur **videndi**que et **audiendi** delectatione ducitur.	Der Geist des Menschen entwickelt sich **durch Lernen und Denken / dadurch dass er lernt und denkt** und lässt sich von dem Vergnügen **zu schauen und zu hören / des Schauens und Hörens** leiten.
Morbus me **in laborando** impedit.	Die Krankheit behindert mich **beim Arbeiten.**

→ Beachten Sie die grammatischen Veränderungen, die sich im Deutschen ergeben können, wenn ein um AO und AB ergänztes Gerundium übersetzt wird:

Librum diu legendo delector.	Ich erfreue mich, **indem ich lange ein Buch lese / durch langes Lesen eines Buches.**
AO AB Ger S + P	

4. Pronomina

4.1 īdem, eadem, idem

Dieses Demonstrativpronomen in der Bedeutung ›der-, die-, dasselbe‹ wird auch Identitätspronomen genannt. Es ist aus den Formen von *is, ea, id* und dem Partikel *-dem* gebildet, allerdings ist im Akkusativ Singular und im Genitiv Plural der Konsonant -m- zu -n- geworden: eundem, eandem; eorundem, earundem.

Natura nos ex īsdem et in eădem genuit.	Die Natur hat uns aus demselben (Stoff) und zu demselben (Zweck, Bestimmung, Aufgabe) erzeugt.

4.2 aliquis, aliqui, quis

Ähnlich dem Pronomen *quidam* (siehe Caput VI, Grammatica 4.3) gibt es auch dieses Indefinitpronomen in substantivischer und adjektivischer Verwendung. Es ist zusammengesetzt aus der Vorsilbe *ali-* und dem Pronomen *quis, quid* (substantivisch) bzw. *qui, qua*!, *quod* (adjektivisch) und wird wie diese Pronomina dekliniert. Zu beachten ist, dass dies Indefinitpronomen vor allem nach den Konnektoren *si, nisi, ne* und *num* seine Vorsilbe *ali-* verliert. Die deutsche Bedeutung lautet: irgendeiner, jemand, etwas.

Homines, qui aliquo sunt numero	Menschen, die von irgendeinem Einfluss sind / die etwas gelten *(Caput IV, Lectio 7)*
Si quis est satis erectus, ...	Wenn jemand hinlänglich erhaben ist, ...

→ *Aliquis, aliquid* wird in Lexika z. T. in abgekürzter Form verwandt, um die Konstruktionsmöglichkeiten mancher Verben zu zeigen:

- discere *alqd ab alqo* ≈ discere aliquid ab aliquo (etwas von jemandem lernen);
- docere *alqm alqd* ≈ docere aliquem aliquid (jemanden etwas lehren).

EXERCITANDA

LECTIO 15

1. Übersetzen und Verstehen

a) Machen Sie sich bewusst, was für Sie der Begriff ›Menschenwürde‹ bedeutet.

b) Informieren Sie sich anhand des Grammatikteils (TE 11) über das ›kolometrische‹ Einrückverfahren.

c) Bearbeiten Sie die drei Texte der Lektion nacheinander, indem Sie bei jedem Text zunächst die Haupt- und Gliedsätze feststellen und dann versuchen, auch die neu auftretenden Formen unter Beachtung des Kontextes zu übersetzen.

d) Überprüfen Sie Ihre Übersetzung der neuen Formen, indem Sie sie mithilfe des Grammatikteils formal und funktional bestimmen.

e) Cicero, Vulgata, Pico: Wie ist jeweils die Auffassung von der Sonderstellung des Menschen und seiner Würde begründet?

2. Fragen zum Text

a) Cur natura hominis omnibus beluis antecedit? b) Quo victus cultusque corporis referatur? c) Cui praesit homo? d) Cur natura beluarum intra leges coercetur?

3. Formentraining

a) Welche Formen sind Indikativ, welche Konjunktiv?

b) Bilden Sie jeweils die entsprechende Form im Indikativ oder Konjunktiv.

agamini – audiverim – capiatur – cogito – data sunt – discimus – duxerint – eamus – estis – facimus – ferantur – habent – intellexisti – moveat – mutent – petam – possis – posuimus – sentio – velimus – visa sit

4. Solisten

videant	interpretamur	rem	velim	declarat
cogitant	cunctamur	regam	vim	declarabat
capiant	misereamur	ducam	sim	declaraverit
sentiant	hortamur	dem	possim	declaraverat

5. Konjunktive aller Zeiten

Bestimmen Sie die Funktion der Konjunktive und übersetzen Sie.

a) Eine Festrede endet oftmals so:
Vivat, crescat, floreat!

b) Ein juristischer Grundsatz:
Audiatur et altera pars!

c) Glückliches Österreich!
Bella gerant alii! Tu, felix Austria, nube!

d) Geistliche Erkenntnisse aus dem 16. Jahrhundert

- Papst Julius II. zu einem jungen Mönch:
  Num nescis, mi fili, quantilla prudentia mundus regatur?
- Der spätere Papst Paul IV.:
  Mundus vult decipi, ergo decipiatur!

e) Aus dem Neuen Testament:
Mulier taceat in ecclesia!

f) Plinius d. J. lobt die Bücher:
Nullus est liber tam malus, ut non aliquā parte prosit.

g) Die Frösche des Ovid
Der folgende Vers, ein sog. Hexameter, besteht aus einer Abfolge betonter und unbetonter Silben. Wenn Sie ihn laut lesen und dabei die akzentuierten Silben betonen, werden Sie hören, dass er ein lautmalerisches Element enthält.

Quạmvis sịnt sub aquạ̄, sub aquạ̄ maledịcere tẹmptant.

6. Ein betrügerischer Wirt

Quidam in deversorio vinum bibit. Sed quod vinum forte sibi (videatur / videtur), a puellula aquam petit, qua vinum (commisceat / commiscet), cum vim eius reprimere (velit / vult). Dicit puella ignara: »Non est opus, cum pater hesterna nocte totam hydriam (infuderit / infudit).«

Wählen Sie das richtige Prädikat und übersetzen Sie.

7. De natura hominis

Der römische Historiker C. Sallustius Crispus (86–35 v. Chr.) hat am Beginn seiner Schrift ›De coniuratione Catilinae‹ *(Die Verschwörung des Catilina) versucht zu begründen, warum auch die Geschichtsschreibung eine Betätigung der* virtus *sei. Dazu stellt er zunächst seine Auffassung über die Natur des Menschen dar.*

Omnes homines, qui sese praestare ceteris animalibus student, summa ope niti decet, ne vitam silentio transeant veluti pecora, quae natura prona atque ventri oboedientia finxit. Sed nostra omnis vis in animo et corpore sita est: animi imperio, corporis servitio magis utimur; alterum nobis cum dis (deis), alterum cum beluis commune est. Tamen multi mortales ventri atque somno dediti sunt et indocti incultique vitam sicuti peregrinantes transiere; quibus profecto contra naturam corpus voluptati, anima oneri fuit. Eorum ego vitam mortemque iuxta aestimo, quoniam de utraque siletur. Nam divitiarum et formae gloria fluxa atque fragilis est, virtus clara aeternaque habetur.

a) *Schreiben Sie das erste Satzgefüge nach dem kolometrischen Einrückverfahren in Ihr Heft und bestimmen Sie die syntaktische Funktion der Gliedsätze.*
b) *Die Aussage des Textes beruht auf einer Antithese. Erläutern Sie diese und zeigen Sie, durch welches Stilmittel sie hervorgehoben wird.*
c) *Für die Römer war es eine Form des Weiterlebens, wenn sie nach ihrem Tod im Bewusstsein der Menschen blieben. Wo finden Sie diesen Gedanken im Text?*
d) *Welchem Menschenbild ist diese Auffassung Sallusts am ehesten zuzuordnen, Ciceros, Picos oder der biblischen?*

8. Leben ohne Arbeit?

In dem folgenden Text benennt Cicero verschiedene Wege, die Menschen, wenn sie ihre reguläre Tätigkeit nicht mehr ausüben können, möglicherweise beschreiten. Dazu gestaltet er in einer – hier verkürzten – Periode einen Vergleich zwischen zwei Gruppen.

Sed ut homines, cum tempestatis causa opere prohibentur, ad pilam se aut ad talos conferunt aut etiam novum aliquem ludum sibi in otio excogitant, sic illi, qui a negotiis publicis tamquam ab opere exclusi sunt, se alii ad poetas, alii ad geometras, alii ad musicos contulerunt, alii etiam novum sibi ipsi studium ludumque pepererunt atque in his artibus, quibus puerorum mentes ad humanitatem atque virtutem finguntur, omne tempus atque aetates suas consumpserunt.

a) *Schreiben Sie den Text nach dem kolometrischen Einrückverfahren in Ihr Heft.*
b) *Stellen Sie die unterschiedlichen Tätigkeiten beider Personengruppen zusammen und versuchen Sie, den Unterschied von opus und negotia publica zu deuten.*
c) *Informieren Sie sich (Lexika, Internet) über die Begriffe* humanitas *und* virtus *und erläutern Sie den Bildungsbegriff Ciceros.*

9. Ein hinterhältiges Gedicht

Versus reciproci *sind kunstvoll gestaltete Verse, die – bei Veränderung der Zeichensetzung – vorwärts und rückwärts gelesen werden können, wobei sich allerdings ihr Sinn oftmals ins Gegenteil verkehrt. Dies gilt auch für die folgende Huldigung, die nach der Wahl Papst Clemens IV. (1265–1268) erschien.*

1 Laus tua, non tua fraus, virtus, non copia rerum
2 scandere te fecit hoc decus eximium.
3 Pauperibus tua das, numquam stat ianua clausa,
4 fundere res quaeris nec tua multiplicas.
5 Conditio tua sit stabilis! Non tempore parvo
6 vivere te faciat hic Deus omnipotens!

6´ Omnipotens Deus hic faciat te vivere parvo
5´ tempore! Non stabilis sit tua conditio!
4´ Multiplicas tua nec quaeris res fundere; clausa
3´ ianua stat, numquam das tua pauperibus.
2´ Eximium decus hoc fecit te scandere rerum
1´ copia, non virtus, fraus tua, non tua laus.

10. Freiheit und Würde

Über dem Haupteingang des Hamburger Rathauses begrüßt den Besucher die folgende Inschrift:

LIBERTATEM QUAM PEPERĒRE MAIORES
DIGNE STUDEAT SERVARE POSTERITAS

Wie deuten Sie den Zusammenhang von Freiheit und Würde?

11. Gaudeamus igitur!

Mit diesen Worten beginnt eines der ältesten und bekanntesten Studentenlieder:

1. Gaudeamus igitur, iuvenes dum sumus! Post iucundam iuventutem, post molestam senectutem nos habebit *(Futur I)* humus.
2. Ubi sunt, qui ante nos in mundo fuere? Vadite ad superos, transite ad inferos, ubi iam fuere!
3. Vita nostra brevis est, brevi finiatur; venit mors velociter, rapit nos atrociter, nemini parcetur *(Futur I)*.
4. Vivat academia, vivant professores! Vivat membrum quodlibet, vivant membra quaelibet, semper sint in flore!
5. Vivant omnes virgines faciles, formosae! Vivant et mulieres tenerae, amabiles, bonae, laboriosae!
6. Vivat et res publica et, qui illam regit! Vivat nostra civitas, Maecenatum caritas, quae nos hic protegit!

12. Gerundia und mehr

a) *Was ist eine* ars vivendi *und ein* modus vivendi*?*
b) *Cato:* Nihil agendo homines male agere discunt.

c) *Nach Horaz:* Ridendo dicere verum quid vetat?
d) *Nach Vergil:* Fama crescit eundo.
e) *Ovid am Beginn seiner ›ars amatoria‹:* Si quis in hoc populo non novit artem amandi, hoc carmen legat.
f) *Nach Ovid:* Gutta cavat lapidem, non vi, sed saepe cadendo.
g) *Nach Seneca:* Docendo discimus.

13. Semper idem

a) *Ein Rechtsgrundsatz:*
Ne bis in ĭdem!
b) *Ein Sprichwort:*
Duo cum faciunt idem, non est idem.
c) *Cicero ist berühmt, denn:*
Cicero orator fuit idemque philosophus.
d) *Zweierlei Maß:*
Vobis in vestris causis severitas odio est,
eandem laudatis, cum de nobis iudicatis.

14. Gegensatzpaare

humanus – inhumanus *(menschlich – unmenschlich): Wie dieses Begriffspaar zeigt, kann die deutsche Vorsilbe un- in gleicher Weise wie das lateinische in- eine Negation bezeichnen. Ergänzen Sie das jeweils fehlende Adjektiv und nennen Sie die deutsche Bedeutung:*

incultus – indoctus – inusitatus – invalidus – certus – dignus – dubius – firmus

Beachten Sie bei den folgenden Beispielen die lautlichen Veränderungen:

ignobilis – ignotus – illiberalis – immodicus – improbus – inimicus – irreligiosus

15. Lingua Latina Europaea

Italienisch	Spanisch	Portugiesisch	Französisch	Englisch	Lateinisch
mondo	mundo	mundo	monde		
natura	naturaleza	natureza	nature	nature	
vita	vida	vida	vie		
mente	mente	mente		mind	
legge	ley	lei	loi	law	
dignità	dignidad	dignidade	dignité	dignity	
creare	crear	criar	créer	create	

16. Übersetzungsschritte (Lectio 16)

a) Lesen Sie den Text langsam durch, markieren Sie dabei alle Konnektoren, die einen Gliedsatz einleiten, und stellen Sie die jeweils zugehörigen Gliedsatzprädikate fest.

b) Verdeutlichen Sie sich ggf. Ihre Analyse, indem Sie einzelne Satzgefüge nach dem kolometrischen Einrückverfahren in Ihr Heft schreiben.

c) Wo finden Sie im Text Schlüsselwörter bzw. Schlüsselsätze, die den drei Schlüsselwörtern der Lektionsüberschrift entsprechen?

d) Erläutern Sie nach der Übersetzung die drei Schlüsselwörter der Überschrift nach Seneca.

LECTIO 16: GOTT, MENSCH UND NATUR BEI SENECA

Lucius Annaeus Seneca Philosophus, geboren um Christi Geburt, hatte ein wechselvolles politisches Leben, das ihn zeitweilig zwar in die Verbannung zwang, unter dem Kaiser Nero aber – als dessen ehemaliger Lehrer – zum vorübergehend einflussreichsten Mann Roms machte und ihn schließlich unter demselben Kaiser im Jahre 65 den Freitod wählen ließ, um einer Verhaftung und Ermordung zuvorzukommen. Seneca gilt als der bedeutendste Vertreter der stoischen Philosophie in Rom. Mit seinen Werken wollte er ein größeres Publikum erreichen, galt sein Bemühen doch dem richtigen Verhalten der Menschen. Zu diesem Zweck wählte er u. a. die literarische Form des Briefes (vgl. Caput VII, Grammatica 1). Die folgenden Texte sind den 124 philosophischen Briefen entnommen, die er an seinen jüngeren Freund Lucilius schrieb.

Seneca Lucilio suo salutem.
Facis rem tibi salutarem, si, ut scribis, perseveras ire ad bonam mentem; stultum enim est eam optare, cum possis a te impetrare.

Doch um diese bona mens, die sittliche Vervollkommnung erreichen zu können, bedarf es der Erkenntnis, dass der Geist jedes Menschen göttlichen Ursprungs ist:

Ita dico, Lucili: sacer intra nos spiritus sedet. Haec vis divina maiore sui parte illic est, unde descendit. Quemadmodum radii solis contingunt quidem terram, sed ibi sunt, unde mittuntur, sic animus magnus ac sacer huc demissus est.

Quis est ergo hic animus? Qui nullo bono nisi suo nitet. Nonne stultitiae est in homine aliena laudare? Nonne dementiae est ea mirari, quae ad alium transferri protinus possunt? Non faciunt meliorem equum aurei freni.

Nemo gloriari nisi suo debet. Vitem laudamus, si fructu palmites onerat. Num quis tam stultus est, ut huic illam praeferat vitem, cui aureae uvae, aurea folia dependent? Propria virtus est in vite fertilitas: in homine quoque id laudare debemus, quod ipsius est. Quaeris, quid sit? Animus et ratio! Rationale enim animal est homo. Consummatur itaque bonum eius, si id implevit, cui nascitur. Quid est autem, quod ab illo ratio haec exigat? Rem facilem: secundum naturam suam vivere. Sed hanc difficilem facit communis insania: in vitia alter alterum trudimus.

Ecce altera quaestio, quomodo hominibus utamur. Quid agamus? Quae demus praecepta? Ut parcamus sanguini humano? Quantulum est ei non nocere, cui debeas prodesse! Magna scilicet laus est, si homo mansuetus homini est. Praecipiamus ergo, ut naufrago manum porrigat, erranti viam monstret, cum esuriente panem suum dividat? Cur omnia dicam, cum possim breviter illi hanc formulam humani officii tradere? Omne hoc, quod vides, quo divina atque humana conclusa sunt, unum est: membra sumus corporis magni. Natura nos cognatos edidit, quod ex isdem et in eadem nos genuit. Haec nobis amorem indidit mutuum et sociabiles fecit. Itaque ille versus et in pectore et in ore sit:

Homo sum, humani nihil a me alienum puto.
Cohaereamus!: In commune nati sumus. ...
Vale!

Sog. Pseudo-Seneca. Römisches Porträtbildnis eines Philosophen: Der typische Philosoph trägt einen (hier ausnahmsweise modisch kurzen) Bart und blickt außerordentlich ›vergeistigt‹.

LEGENDA · LEGENDA · LEGENDA · LEGENDA

ROM UND DIE STOA

Die Stoa war eine der großen philosophischen Schulen der hellenistischen Zeit. Sie wurde 301 / 300 v. Chr. von Zenon von Kition (Zypern) in Athen gegründet und nach dem dortigen Unterrichtsort, der *Stoá poikíle* (›bemalte Säulenhalle‹), benannt. Für die Ausgestaltung des philosophischen Systems waren nach Zenon seine beiden Nachfolger in der Leitung der Schule bedeutsam: Kleanthes ab 262 v. Chr. und Chrysipp ab ca. 232 v. Chr. Etwa hundert Jahre später wurde die Stoa die führende Philosophenschule ihrer Zeit, vor allem durch Panaitios und dessen Schüler Poseidonios. Beide waren oft in Rom und verkehrten dort mit den führenden Männern ihrer Zeit, Panaitios u.a. mit Scipio und Poseidonios mit Marius und Cicero. Besonders durch Ciceros philosophische Schriften verbreitete sich die Wirkung der stoischen Philosophie in der römischen Welt, sodass die Stoa in der Kaiserzeit einen erneuten Höhepunkt erreichte. Neben Seneca waren besonders Musonius Rufus (ca. 30–100 n. Chr.), sein Schüler Epiktet (ca. 60–140 n. Chr.), ein ehemaliger Sklave, und der Kaiser Marcus Aurelius (121–180 n. Chr.) bedeutende Stoiker.

Die Philosophie der Stoa umfasst drei Bereiche: Logik, Physik und Ethik. Zur Veranschaulichung des Zusammenhangs wählten die Stoiker gern das Bild eines Fruchtgartens. Die Logik entspricht der Mauer um den Garten: sie soll die Lehre vor philosophischen Angriffen schützen und ihren Anhängern Sicherheit für ihre Lebensführung gewährleisten. Der aufstrebende Baum steht für die Physik und, als ihr Bestandteil, die Theologie; ohne diese beiden kann es keine Früchte geben. Diese Früchte, die es zu pflücken gilt, liegen in der Ethik, sie wurde als eine *ars vivendi* verstanden, die dem Menschen den Weg zum Glück weisen könne.

Voraussetzung stoischen Denkens ist die Annahme, dass Natur und Vernunft gewissermaßen eine Einheit bilden. Der ganze Kosmos galt als ein lebendiges Wesen, das von einem wohltätigen, vernünftigen Gott geschaffen war und gelenkt wurde. Dieser göttliche Lenker ist aber nicht außerhalb, sondern in der Welt: Weltschöpfer und Weltseele fallen sozusagen zusammen. Da diese Weltseele Vernunft ist, müssen auch alle ihre Teile, die Natur und der Mensch, vernunftbegabt sein. Daraus folgt die ethische Grundregel der Stoiker: *secundum naturam suam vivere.*

In der Spätantike kam zwar der Schulbetrieb zum Erliegen, die Lehre der Stoa übte jedoch weiterhin ihren Einfluss auf die Philosophie und die Religion aus. Im Mittelalter fast versunken, wurde das Denken der Stoa im Humanismus wiederentdeckt und gelangte zu weitreichender Bedeutung für die neuzeitliche Philosophie.

· CAPUT IX ·

DE RE PUBLICA

LECTIO 17: DIE BEDEUTSAMKEIT DES THEMAS ›STAAT‹

Cicero erzählt am Beginn seines Werkes ›Der Staat‹, dass sich führende Männer Roms auf dem Landgut des Senators P. Cornelius Scipio Africanus Minor (185–129 v. Chr.), des Eroberers von Karthago, getroffen haben. Zu diesem sog. Scipionenkreis gehörte auch Laelius, genannt Sapiens, Konsul des Jahres 140, ein Freund Scipios.

Als die Teilnehmer diskutieren, ob sie die Erscheinung eines neuartigen Naturphänomens erörtern wollen – es sollen sich zwei Sonnen am Himmel gezeigt haben –, ergreift Laelius das Wort:

Quid amicus noster non quaerit,
    cur in una re publicā duo senatūs et duo paene populi sint?
Nam,
    ut videtis,
populus Romanus
morte Tiberii Gracchi in duas partes divisus
non iam est unus;
obtrectatores Scipionis tenent senatūs alteram partem
dissidentem a vobis.
Quam ob rem,
    si me audiatis, adulescentes,
solem alterum ne metueritis!
Aut enim nullus esse potest
aut sit sane,
    ut visus est,
    modo ne sit molestus.
    Senatum vero et populum Romanum ut unum habeamus,
et fieri potest
et permolestum est,
    nisi fit.

Quam ob rem rogemus Scipionem,
ut explicet,
quem statum civitatis optimum existimet.

Definition und Entstehung des Staates

Scipio erklärt, der Bitte gern nachkommen zu wollen; zuerst müsse er aber darlegen, was der Begriff ›Staat‹ bedeute, um Missverständnisse zu vermeiden:

Est igitur res publica res populi,
populus autem non est omnis hominum coetus
quoquo modo congregatus,
sed coetus multitudinis
iuris consensu et utilitatis communione sociatus.
Eius autem prima causa coeundi est non tam imbecillitas
quam naturalis quaedam hominum quasi congregatio;
non est enim singulare nec solivăgum genus hoc. ...
Hi coetus igitur
hac causā,
de qua exposui,
instituti
sedem primum certo loco domiciliorum causā constituerunt;
hanc sedem
locis manuque saeptam
oppidum vel urbem appellaverunt
delubris distinctam spatiisque omnibus.
Omnis ergo populus,
qui est talis coetus multitudinis,
qualem exposui,
omnis civitas,
quae est constitutio populi,
omnis res publica,
quae,
ut dixi,
populi res est,
consilio quodam regi debet,
ut diuturna sit.
Id autem consilium primum semper ad eam causam referatur,
quae genuit civitatem.

GRAMMATICA

1. Partizipialkonstruktionen I: Participium coniunctum

1.1 Formen des Partizips

In Caput VI, Grammatica 2.1.2 haben Sie bereits das Partizip der Vorzeitigkeit Passiv (PVP) kennengelernt. In diesem Kapitel hat ein weiteres Partizip ›seinen Auftritt‹, das **Partizip der Gleichzeitigkeit Aktiv** (PGA), auch Partizip Präsens Aktiv genannt, z. B.: *scribens* (schreibend).

→ Beachten Sie, dass alle lateinischen Partizipien

a) keine Zeit benennen, sondern das *Zeitverhältnis* bezeichnen, das zum Prädikat eines Satzes besteht, und

b) eine aktive oder passive Bedeutung haben.

Bildung eines PGA

Das PGA wird mit dem Kennzeichen -**nt**-, im N Sg. -**ns**, gebildet; dieses wird bei der 1. und 2. Konjugation direkt an den Präsensstamm gehängt, bei der 3. und 4. Konjugation wird zusätzlich ein -e- als Bindevokal eingeschoben. Es heißt also:

salutā-re	saluta-**ns**, saluta-**nt**-is
docē-re	doce-**ns**, doce-**nt**-is
reg-e-re	reg-e-**ns**, reg-e-**nt**-is
cap-e-re	cap-i-e-**ns**, cap-i-e-**nt**-is
audī-re	audi-e-**ns**, audi-e-**nt**-is

Deklinationsbeispiel

	Singular		PLural	
	m + f	n	m + f	n
N	saluta-**ns**	saluta-**ns**	saluta-**nt**-es	saluta-**nt**-ia
G	saluta-**nt**-is	saluta-**nt**-is	saluta-**nt**-ium	saluta-**nt**-ium
D	saluta-**nt**-i	saluta-**nt**-i	saluta-**nt**-ibus	saluta-**nt**-ibus
Akk	saluta-**nt**-em	saluta-**ns**	saluta-**nt**-es	saluta-**nt**-ia
Abl	saluta-**nt**-e / -i	saluta-**nt**-e / -i	saluta-**nt**-ibus	saluta-**nt**-ibus

Die Deklination des PGA entspricht der Deklination der Adjektive der 3. Deklination (siehe Caput IV, Grammatica 2.1.2).

→ Die Endung -i im Abl. Sg. tritt nur auf, wenn das PGA wie ein Adjektiv verwendet wird: in oppido florenti (in der blühenden Stadt).

Besonderheiten:

velle: vŏlens, vŏlentis **īre**: ĭens, ĕuntis
nōlle: nōlens, nōlentis **ferre**: ferens, ferentis
Von **esse** bilden nur zwei Komposita ein PGA:
abesse: absēns, absentis
praeesse: praesēns. praesentis

Deponentien:

Auch Deponentien können in der Regel ein PGA bilden:
cunctari: cunctans, -ntis misereri: miserens, -ntis
sequi: sequens, -ntis aggredi: aggrediens, -ntis
oriri: oriens, -ntis

1.2 Das Participium coniunctum als satzwertige Konstruktion

1.2.1 Partizipialkonstruktionen im Deutschen

Der folgende Satz ist Ihnen vielleicht bekannt:

Hüpfend von Ast zu Ast sah ich das Eichhörnchen springen.

Das Beispiel zeigt:

a) Es gibt im Deutschen die Möglichkeit, aus zwei Sätzen einen zu bilden:
- Ich / Es(?) hüpfte von Ast zu Ast.
- Ich sah das Eichhörnchen springen.

Die Zusammenfügung erfolgt durch die Bildung einer **Partizipialkonstruktion** mit einem PGA. Diese Partizipialkonstruktion entspricht also einem Satz, sie ist **satzwertig** (siehe Caput I, Grammatica 4.1).

b) Der Satz wirft die Frage auf, wer denn eigentlich »von Ast zu Ast hüpfte«. Um eine eindeutige Aussage zu erreichen, könnte der Satz – zwar nicht sehr schön – z. B. so lauten:

Ich sah das von Ast zu Ast hüpfende Eichhörnchen springen.

Das gewollte Missverständnis und der Vergleich beider Sätze weisen auf die Bedeutung der Satzstellung, der Thema-Rhema-Folge und der formalen Bezüge für ein angemessenes Verständnis einer partizipialen Aussage.

Diese Beobachtungen an dem deutschen Beispiel gelten in besonderem Maße fürs Lateinische, denn während die Partizipialkonstruktionen im Deutschen selten sind und meistens als unschön gelten, bilden sie ein wesentliches Element der lateinischen Sprache.

1.2.2 Das Participium coniunctum (PC)

Drei Beispiele:

a) ① Populus Romanus morte T. Gracchi divisus est.
② Populus Romanus non iam unus est.
①+② Populus Romanus ↳ morte T. Gracchi divisus ↵ non iam unus est.
PC

b) ① Romani solem alterum viderunt.
② Romani metuerunt.
①+② Romani ↳ solem alterum videntes ↵ metuerunt.
PC

c) ① Obtrectatores Scipionis tenent senatūs alteram partem.
② Senatūs altera pars dissidet a vobis.

①+② Obtrectatores Scipionis tenent senatūs alteram partem ↳ dissidentem a vobis ↵.
PC

Satzwertigkeit

Die Beispiele verdeutlichen, dass zwei Sätze zu einem zusammengefügt werden können, indem jeweils ein Satz als Partizipialkonstruktion in den zweiten Satz eingegliedert bzw. diesem untergeordnet wird. Damit erweist sich diese Konstruktion als satzwertig.

Participium coniunctum

Die Partizipialkonstruktionen besetzen jeweils die Satzgliedposition Attribut, d. h., dass sie durch ihr Partizip auf ein Satzglied des übergeordneten Satzes, in dem sie sich befinden, bezogen sind. So bezieht sich das PVP *divisus* auf das Subjekt *populus Romanus* und das PGA *videntes* auf das Subjekt *Romani*, das PGA *dissidentem* dagegen auf das Akkusativobjekt *senatus alteram partem*; es besteht also eine KNG-Kongruenz (vgl. Fundamentum I.3.3). Diese Konstruktion, in der ein Partizip mit einem Satzglied des übergeordneten Satzes verbunden ist, heißt *Participium coniunctum* (< *coniungere* = verbinden), abgekürzt PC.

Tempusstruktur und Genus Verbi

Das erste Beispiel enthält ein PVP, das PC beinhaltet also eine vorzeitige und passive Handlung: Das römische Volk ist von dem Tod des Gracchus betroffen worden, er ist das vorangegangene Ereignis, das den Verlust der Einheit des Volkes bewirkt hat.

Im zweiten Beispiel signalisiert das PGA ein aktives Verhältnis der Gleichzeitigkeit: Wir können uns die Römer vorstellen, wie sie ängstlich das Phänomen der zwei Sonnen am Himmel betrachten.

Entsprechendes gilt für das dritte Beispiel: Der abweichende Teil des Senats ist – gleichzeitig – der Teil, den Scipios Gegner beherrschen.

→ Beachten Sie, dass ein Partizip der Vorzeitigkeit, wenn es von einem Deponens gebildet wird, aktive Bedeutung hat:

Plinius berichtet:

Avunculus domo egressus nuntium accepit.	Als mein Onkel das Haus verlassen hatte, erhielt er eine Nachricht.

Verkürzungen

Die Zusammenfügung zweier Sätze zu einem führt zum Wegfall von Wörtern. In allen drei Beispielen kann das – rot gekennzeichnete – Subjekt eines der Sätze wegfallen, da der Sinnbezug des Prädikats durch die KNG-Kongruenz des Partizips (siehe rote Endungen) erhalten bleibt.

Eine zweite Kürzung betrifft das Hilfsverb in den Passivformen der Tempora des Perfektstammes.

Diese Kürzungen verändern nie die Satzaussagen, vielmehr ist der gedankliche Zusammenhang zweier Aussagen Voraussetzung, um sie in einem Satz zusammenfügen zu können. Die grammatischen Bezüge und der Kontext müssen also sorgfältig beachtet werden, wenn eine Partizipialkonstruktion angemessen übersetzt werden soll.

1.2.3 Wiedergabemöglichkeiten eines PC

Anhand der drei obigen Beispiele (1.2.2) lernen Sie im Folgenden die grundsätzlichen Möglichkeiten kennen, ein PC im Deutschen wiederzugeben.

1.2.3.1 Relativsatz

Aus der Satzgliedposition, die ein PC einnimmt, folgt, dass es als ein attributiver Relativsatz übersetzt werden kann:

a) Das römische Volk, das sich durch den Tod des T. Gracchus gespalten hat, ist nicht mehr eines (vgl. Caput VI, Grammatica 2.2: Medio-Passiv).

b) Die Römer, die die zweite Sonne sahen, fürchteten sich.
c) Die Gegner Scipios beherrschen den zweiten Teil des Senats, der mit euch nicht übereinstimmt.

→ Beachten Sie, dass das Relativpronomen immer für das Nomen steht, auf das sich das Partizip bezieht, und im Relativsatz die Position Subjekt einnimmt.

1.2.3.2 Adverbialer Gliedsatz

Die drei Relativsatzübersetzungen zeigen, dass bei den beiden ersten Beispielen ein wesentlicher Teil der Aussage verloren geht:

a) Weil der Tod des Tiberius ursächlich für den Verlust der Einheit des Volkes ist, empfiehlt sich die Übersetzung mit einem kausalen Gliedsatz, um diese Sinnrichtung wiederzugeben:

   Weil das römische Volk sich durch den Tod des T. Gracchus gespalten hat, ist es nicht mehr eines.

b) Im zweiten Beispiel wird neben einem zeitlichen Bezug ebenfalls ein Grund genannt, der die Angst der Römer bedingt. Hier bietet sich die Konjunktion ›als‹ an, da sie im Deutschen oft eine temporale und zugleich kausale Verknüpfung der Aussagen anzeigt:

   Die Römer fürchteten sich, als sie die zweite Sonne sahen.

→ Die Beispiele zeigen, dass ein PC häufig nicht nur wie ein Attribut auf ein Satzglied bezogen ist, sondern wie ein Prädikativum gleichzeitig eine adverbiale Beziehung zu einem Prädikat hat. Deshalb wird diese Konstruktion auch prädikatives Partizip genannt (vgl. Caput IV, Grammatica 6). Da die adverbiale Sinnrichtung nicht ausdrücklich gekennzeichnet wird, kann sie nur aus dem Kontext erschlossen werden.
→ Auch bei der Übersetzung als adverbialen Gliedsatz muss ein Pronomen als Subjekt des Haupt- oder Gliedsatzes aus dem Beziehungswort gewonnen werden.

1.2.3.3 Gleichstellung

Mit dem Begriff Gleichstellung ist die Möglichkeit gemeint, ein PC bei der Übersetzung dem übergeordneten Satz gleichzustellen, es also entweder als Hauptsatz zu übersetzen, wenn es in einem Hauptsatz steht (traditionell Beiordnung genannt), oder als Gliedsatz, wenn es Satzglied eines Gliedsatzes ist. Bei dieser Wiedergabemöglichkeit können die gleichgestellten Sätze mit ›und‹ verbunden werden, eine adverbiale Sinnrichtung muss jedoch durch einen Konnektor bezeichnet werden.

a) Das römische Volk hat sich durch den Tod des T. Gracchus gespalten und ist deshalb nicht mehr eines.

› Eine Variante dieses Beispiels mit einer Gleichstellung im Gliedsatz:

Laelius, quod populus Romanus morte T. Gracchi divisus non iam unus est, sollicitus est.	Laelius ist besorgt, weil sich das römische Volk durch den Tod des T. Gracchus gespalten hat und deshalb nicht mehr eines ist.

b) Die Römer sahen die zweite Sonne und fürchteten sich dabei.
c) Die Gegner Scipios beherrschen den zweiten Teil des Senats; dieser / der stimmt mit euch nicht überein.

1.2.3.4 Präpositionaler Ausdruck

Ein PC kann manchmal mithilfe eines präpositionalen Ausdrucks als Adverbiale wiedergegeben werden. Bei dieser Möglichkeit erfordert die Wahl der angemessenen Präposition eine besonders sorgfältige Beachtung sowohl des Zeitverhältnisses als auch der Sinnrichtung.

a) Nach / Aufgrund der Spaltung durch den Tod des T. Gracchus ist das römische Volk nicht mehr eines. (→ Nach betont den temporalen Aspekt!)
b) Beim Anblick der zweiten Sonne fürchteten sich die Römer.

1.2.3.5 Wörtliche Übersetzungen eines PC

Da Partizipialkonstruktionen im Deutschen meistens vermieden werden, sollte sich diese Wiedergabemöglichkeit auf wenige Fälle beschränken:

- Das Partizip ist nicht oder kaum erweitert:

oppida florentia	blühende Städte
turba hominum clamantium	eine Menge schreiender Menschen

- Das Partizip steht ohne Beziehungswort (in Caput I, Lectio 2 findet sich folgendes Beispiel):

Circumstantes Octavianum aspiciunt.	Die Umherstehenden blicken auf Oktavian.

Der gallische Heerführer Brennus zu den besiegten Römern (387 v. Chr.):

Vae victis!	Wehe den Besiegten!

1.2.4 Adverbiale Sinnrichtungen eines PC

Wie Sie gesehen haben, bekleidet ein PC nicht nur die Satzgliedposition Attribut, sondern ist meistens durch eine adverbiale gedankliche Verbindung auf die Aussage des übergeordneten Satzes bezogen. Diese adverbiale Sinnrichtung kann nur und muss aus dem Kontext erschlossen werden. In der folgenden Zusammenstellung finden Sie Beispiele der häufigsten Sinnverbindungen; dabei werden die Wiedergabemöglichkeiten 1.2.3.2–4 textbezogen angewendet. Die Partizipialkonstruktionen sind farblich hervorgehoben, um den Vergleich mit den verschiedenen Übersetzungen zu erleichtern.

a) Temporale Sinnrichtung

Vorzeitigkeit

Hi coetus hac causā, de quā exposui, instituti sedem certo loco constituerunt.

- **Eingebetteter Gliedsatz:** Diese Versammlungen errichteten, nachdem sie aus diesem Grunde, den ich dargelegt habe, gebildet worden waren, ihren Sitz an einem sicheren Ort.
- **Vorangestellter Gliedsatz, Medio-Passiv:** Nachdem diese Versammlungen sich aus diesem Grunde, den ich dargelegt habe, gebildet hatten, errichteten sie ihren Sitz an einem sicheren Ort.
- **Gleichstellung:** Diese Versammlungen hatten sich aus dem Grunde gebildet / bildeten sich aus dem Grunde, den ich dargestellt habe; dann errichteten sie ihren Sitz an einem sicheren Ort.

Gleichzeitigkeit

Europa dextrā manu tauri cornu tenens tremula litus respicit.

- **Gliedsatz:** Während Europa sich mit ihrer rechten Hand am Horn des Stieres hält, blickt sie zitternd zum Strand zurück.
- **Gleichstellung:** Europa hält sich mit ihrer rechten Hand am Horn des Stieres; währenddessen blickt sie zitternd zum Strand zurück.

b) Modale Sinnrichtung

Taurus viridi in herbā exsultans Europae appropinquat.

- **Gliedsatz:** Der Stier nähert sich Europa, wobei er auf dem grünen Gras herumspringt.
- **Gleichstellung:** Der Stier nähert sich Europa; dabei springt er auf dem grünen Gras herum.

c) Kausale Sinnrichtung

Iupiter Europam amans se in taurum vertit.

- **Gleichstellung:** Iupiter liebt Europa und verwandelt sich deshalb in einen Stier.
- **Präpositionaler Ausdruck:** Iupiter verwandelt sich aus Liebe zu Europa in einen Stier.

d) Konzessive Sinnrichtung

Europa timens (tamen) in tergo tauri considere audet.

› **Gliedsatz:** Obwohl Europa sich fürchtet, wagt sie es dennoch, sich auf den Rücken des Stieres zu setzen.

› **Präpositionaler Ausdruck:** Trotz ihrer Furcht wagt Europa es, sich auf den Rücken des Stieres zu setzen.

→ Im Lateinischen wird oft durch einen Konnektor wie *tamen* auf die konzessive Sinnrichtung verwiesen.

Wie Sie sehen, bedarf es immer einer Konjunktion bzw. eines Adverbs oder einer Präposition, um die Sinnrichtung eines PC im Deutschen wiederzugeben. Die folgende Übersicht enthält die gebräuchlichsten Möglichkeiten:

Sinnrichtung	Gliedsatz	Hauptsatz	Adverbiale
temporal vorzeitig gleichzeitig → Bsp. a)	nachdem, als, während, als	da, dann, darauf, währenddessen	nach, während, bei
modal → Bsp. b)	wobei, indem; dadurch, dass	dabei, dadurch	durch
kausal → Bsp. c)	da, weil	daher, deshalb	aus, wegen, infolge, aufgrund
konzessiv → Bsp. d)	obwohl, obgleich, auch wenn	trotzdem, dennoch	trotz

2. Texterschließung und Übersetzung

2.1 TE 12: Analyse eines Participium coniunctum

Die Häufigkeit von Partizipialkonstruktionen in lateinischen Texten erfordert Sicherheit im Erkennen dieser Strukturen. Gelegentlich kann es dabei hilfreich sein, eine Analyse durchzuführen. Diese kann in drei Schritten erfolgen.

1. Feststellung des Partizips: PGA oder PVP.
   Zu beachten ist, dass ein PVP als PC kein Bestandteil eines Tempus ist, also nicht mit einer Form von *esse* verbunden sein kann.

2. Feststellung des Beziehungswortes.
   Es findet sich meistens vor dem Partizip, immer in KNG-Kongruenz.
3. Feststellung des *Participium coniunctum*.
   Es reicht meistens vom Partizip bis zum Beziehungswort, d.h. alle Satzglieder, die sich in diesem Zwischenraum finden, gehören zum PC. Das Beziehungswort dagegen gehört nicht in das PC, da es ja Satzglied des übergeordneten Satzes ist.
   Leider wird die regelmäßige Wortstellung oft nicht eingehalten. Dann muss das PC unter Beachtung des bereits erzielten Textverständnisses (Thema-Rhema-Folge) und der KNG-Kongruenz erschlossen werden.

Wenn Sie sich die Struktur eines Textes mit dem kolometrischen Einrückverfahren veranschaulichen wollen (siehe Caput VIII, Grammatica 1), müssen Sie ein PC als satzwertige Konstruktion auf eine eigene Zeile setzen. Dabei wird es stets senkrecht unter dem Satz angeordnet, in dem es sich befindet.

2.2 Übersetzung eines Participium coniunctum

Um einen Satz mit einem PC zu übersetzen, können Sie vier Schritte gehen:

1. Erster Teil der Übersetzung
   Übersetzen Sie zunächst nach ÜR 1, 2, 3 und 5 bis zum Beziehungswort des PC.
2. Arbeitsübersetzung des PC
   Wenn Sie jetzt aus dem Beziehungswort ein Pronomen als Subjekt ›herausziehen‹, können Sie, wegen der Satzwertigkeit des PC, die eingebettete Aussage als sog. Arbeitsübersetzung erfassen, indem Sie – unter Beachtung von ÜR 2 – in der Reihenfolge der Satzglieder bis zum Partizip übersetzen.
   → Beachten Sie dabei das Zeitverhältnis (GZ oder VZ) und das Genus Verbi (Aktiv oder Passiv)!
3. Übersetzung des restlichen Satzes
   Der dem PC übergeordnete Satz ist jetzt bis zu seinem Ende zu übersetzen.
4. Sinnrichtung
   Die Aussage des PC und seines übergeordneten Satzes sowie der weitere Kontext ermöglichen jetzt, die adverbiale Sinnrichtung zwischen den beiden Aussagen zu erfassen und die Arbeitsübersetzung entsprechend zu gestalten.

Am Ende der Gesamtübersetzung wählen Sie dann von den Möglichkeiten, ein PC zu übersetzen (siehe oben 1.2.3), die aus, die Sie aus inhaltlichen und stilistischen Gründen für angemessen halten.

Ein Beispiel mag das Gesagte verdeutlichen:

Plinius beschreibt den Tod seines Onkels am Strand von Stabiae:
Ibi avunculus servis duobus innitens adsurrexit, sed statim concidit.

1. Schritt: Ibi avunvulus adsurrexit — Dort erhob sich mein Onkel.

2. Schritt: servis duobus innitens — Er stützte sich auf zwei Sklaven.

innitens ist gleichzeitig zum Perfekt *adsurrexit*, deshalb ist ein Vergangenheitstempus erforderlich, und ein PGA des Deponens *inniti*, hat also aktive Bedeutung.

3. Schritt: sed statim concidit. — Er brach aber sofort zusammen.

4. Schritt *(der Kontext legt eine modale Sinnrichtung nahe)*: — Dort erhob sich mein Onkel, indem er sich auf zwei Sklaven stützte, brach aber sofort zusammen.

Zusammenfassend ergibt sich eine weitere Übersetzungsregel:

ÜR 13 Ein Participium coniunctum sollte im Anschluss an sein Beziehungswort übersetzt werden. Dabei sind das Zeitverhältnis, Genus Verbi und die adverbiale Sinnrichtung zu beachten.

3. fieri, fio, factus sum

Das Verb *fieri* ist in seiner Formenbildung sehr ungewöhnlich. Obwohl der Infinitiv der Gleichzeitigkeit wie ein Deponens aussieht, bildet es in den Tempora des Präsensstammes aktive Formen; die Formen der Tempora des Perfektstammes sind dagegen mit den Passivformen von *facere* identisch.

		Präsens		Imperfekt
		Indikativ	Konjunktiv	Indikativ
Sg.	1. P.	fī-ō	fī-a-m	fī-ēba-m
	2. P.	fī-s	fī-ā-s	fī-ēba-s
	3. P.	fī-t	fī-a-t	fī-ēba-t
Pl.	1. P.	fī-mus	fī-ā-mus	fī-ēbā-mus
	2. P.	fī-tis	fī-ā-tis	fī-ēbā-tis
	3. P.	fī-u-nt	fī-a-nt	fī-ēba-nt

Fieri hat zwei Bedeutungsrichtungen:

a) ›werden, entstehen, geschehen‹: Das passende deutsche Verb ergibt sich aus dem Kontext:

Senatum ut unum habeamus, fieri potest. — Dass wir einen Senat haben, ist möglich (kann geschehen).

Alter alterius hostis fit — Der eine wird des anderen Feind

b) Da *fieri* auch als Passiv zu *facere* dient, hat es die Grundbedeutung ›gemacht werden‹:

Caesar pontem in Rheno facit.	Caesar baut eine Brücke über den Rhein.
Pons in Rheno fit.	Eine Brücke wird über den Rhein gebaut.

4. Konjunktiv I im Hauptsatz: Verbote

In Caput II, Grammatica 3.2 haben Sie die Möglichkeit kennengelernt, ein lateinisches Verbot zu formulieren, und zwar mithilfe des Imperativs von *nolle*:

noli volare!	flieg nicht!

Eine zweite Möglichkeit finden Sie in einem Satz des Laelius (Lectio 17, 1. Teil). Statt *nolite metuere* verwendet er die Negation *ne* mit dem Konjunktiv I der Vorzeitigkeit:

Solem alterum ne metueritis!	Fürchtet euch nicht vor einer zweiten Sonne!

Das Beispiel zeigt, dass der Konjunktiv I VZ in dieser Verwendung zur Verneinung einer Aufforderung seine Vergangenheitsbedeutung verloren hat und zeitstufenlos geworden ist. Grammatisch ist er als Optativus (siehe Caput VIII, Grammatica 2.2.1.1) einzuordnen, wegen seiner Bedeutung wird er auch Coniunctivus prohibitivus, Konjunktiv des Verbots, genannt.

EXERCITANDA

LECTIO 17

1. Übersetzen und Verstehen

a) Überlegen Sie, was für Sie ein Staat ist.

b) Bearbeiten Sie zunächst den ersten Text der Lektion:
- *Lesen Sie den Text langsam durch und bilden Sie dabei das Wortfeld ›Staat‹, indem Sie dem Text alle Begriffe entnehmen, die dazu gehören.*
- *Worin erkennen Sie Schlüsselwörter?*
- *Der Text ist nach dem kolometrischen Einrückverfahren (siehe Caput VIII, Grammatica 1) gesetzt. Bestimmen Sie zunächst alle Haupt- und Gliedsätze.*
- *Zwei Kola werden durch eine Partizipialkonstruktion gebildet. Informieren Sie sich unter*

Grammatica 1.1 über die Formen der Partizipien und bestimmen Sie die beiden Partizipialkonstruktionen.

- *Übersetzen Sie jetzt den Text; versuchen Sie, die beiden Partizipialkonstruktionen aus dem Kontext heraus angemessen wiederzugeben.*
- *Überprüfen Sie Ihre Übersetzung, indem Sie sich im Grammatikteil über das sog. Participium coniunctum informieren.*
- *Worin liegt für Laelius die Bedeutsamkeit des Themas ›Staat‹?*

c) Bearbeiten Sie anschließend den zweiten Text:

- *Ergänzen Sie Ihr Wortfeld ›Staat‹ um weitere Begriffe aus diesem Text.*
- *Bestimmen Sie alle Kola dieses Textes.*
- *Übersetzen Sie den Text.*
- *Erörtern Sie die Staatsdefinition Ciceros und grenzen Sie die Begriffe populus, civitas und res publica gegeneinander ab.*

2. Fragen zum Text

a) Cuius morte populus Romanus in duas partes divisus est? b) A quo senatus altera pars dissidet? c) Quae res in caelo visa est et amicos Scipionis timore affecit? d) Quae fuit hominibus causa prima coeundi? e) Quomodo homines sedem primam saepserunt? f) Quid necesse est, ut res publica diuturna sit?

3. Formentraining

Bestimmen Sie die Formen und bilden Sie, soweit möglich, die entsprechenden Formen im Singular oder Plural.

abiens – adeundi – adeuntis – amicorum – audiveris – constitutum esse – dictum – existimans – facta sunt – fit – generis – habeamus – metuant – populi – positos – posuerunt – quaerentem – referri – regentium – senatuum – videntes

4. Solisten

sedentem	legentium	capitis	victa	ridenti
gentem	virium	dicitis	vita	viventi
mentem	audientium	factis	villa	vertenti
montem	studentium	videtis	vox	venti

5. Ein Spiel mit Sätzen I

Plinius nubem miram propius cognoscere vult.
Plinius navem aptari iubet.
Plinius nubem miram propius cognoscere volens navem aptari iubet.

a) Beschreiben Sie die Veränderungen, die mit der Zusammenfügung beider Sätze verbunden sind.

b) Beachten Sie den Sinnzusammenhang zwischen den beiden Ausgangssätzen. Wie können Sie diesen Sinn bei der Übersetzung des dritten Satzes wiedergeben?

c) Fügen Sie die folgenden Satzpaare zu einem Satz zusammen:

Plinius domo egrediebatur. Plinius nuntium Rectinae accepit.
Plinius domo egressus est. Plinius nuntium Rectinae accepit.

→ *Welche Konsequenzen ergeben sich aus dem Tempuswechsel von* egrediebatur *zu* egressus est *für die zu bildende Partizipialkonstruktion? (siehe Caput V, Grammatica 2.2.2–3)*

Plinii clamores multorum hominum audiebant. Homines parentes et liberos et coniuges requirebant.
Plinii Misenum regressi sunt. Misenum cinere tamquam nive obductum erat.

6. Ein Spiel mit Sätzen II

Taurus divus in teneris herbis obambulans mugit.
Taurus divus in teneris herbis obambulat. Taurus divus mugit.

Bilden Sie in entsprechender Weise aus den folgenden Sätzen Satzpaare.

a) Iupiter Europam amans manibus oscula dat.
b) Europa taurum adhuc timens tamen flores ad candida ora porrigit.
c) Europa in tergo tauri considere ausa dextrā manu tauri cornu tenuit.

7. Scholastici

Der Begriff scholasticus *galt im Mittelalter u. a. als Personifizierung des (dummen) Schülers, z. T. auch eines ›zerstreuten Professors‹. Wählen Sie jeweils das passende Partizip und übersetzen Sie.*

a) Scholasticus flumen traicere (volans / volens) navem equo (insidens / insidenti) conscendit. (Interrogans / interrogatus), cur id faciat, dicit: »Festino.«
b) Scholasticus facetus pecunia (egens / egente) libros suos vendidit et ad patrem (scriptus / scribens) dixit: »Gratulare nobis, iam enim libri nos alunt!«
c) Scholasticus atroci tempestate (navigans / navigantes) ministris (flentes / flentibus) dixit: »Ne fleveritis! Ego vos omnes in testamento liberos scripsi!«

8. Romulus und Remus

Welche Auswirkungen hat der Tempuswechsel des Prädikats jeweils auf die Übersetzung des PC der beiden Sätze?

a) Remus muros novos transiliens fratrem illudit / illusit.
b) Romulus illusus fratrem interficit / interfecit.

9. Sieger und Besiegte

Horaz hat die Eroberung Griechenlands durch die Römer wie folgt beurteilt:

Graecia capta ferum victorem cepit et artes intulit agresti Latio.

10. Die beste Verfassung: Rom

Im Verlauf seiner Ausführungen über den Staat erläutert Scipio die Verfassungsformen Monarchie, Aristokratie (Herrschaft der Besten) und Demokratie und zeigt, dass alle drei in ihr Gegenteil entarten können, also in eine Tyrannei, eine Oligarchie (Herrschaft der Wenigen) und eine Ochlokratie (Herrschaft eines Haufens, einer Masse). Dies sei in Rom kaum möglich:

Quod cum ita sit, tribus primis generibus longe praestat mea sententia id genus, quod est aequatum et temperatum ex tribus primis rerum publicarum modis. Placet enim esse quiddam in re publica praestans et regale, esse aliud auctoritati principum impartitum ac tributum, esse quasdam res servatas iudicio voluntatique multitudinis. Haec constitutio primum habet aequabilitatem quandam, qua liberi vix diu carere possunt, deinde firmitudinem: illa enim prima genera facile in contraria vitia convertuntur, ut exsistat ex rege dominus, ex optimatibus factio, ex populo turba et confusio; quod in hac moderate permixta constitutione rei publicae vix sine magnis principum vitiis evenit. Non est enim causa conversionis, ubi quisque in suo gradu firmiter collocatus est.

a) *Lesen Sie zunächst den Text und achten Sie dabei auf gliedernde Elemente (Konnektoren, Stilmittel).*
b) *Schreiben Sie den Text nach dem kolometrischen Einrückverfahren in Ihr Heft.*
c) *Übersetzen Sie möglichst ›von vorne weg‹.*
→ *Beachten Sie, dass am Beginn eine sog. Inversion vorliegt, d. h. eine Umstellung der Wortfolge: Die Konjunktion ist hier wegen des relativischen Anschlusses an die zweite Stelle gesetzt.*
d) *Erörtern Sie die Auffassung Scipios / Ciceros über den Vorzug der römischen Verfassung.*

11. Werden, geschehen oder gemacht werden?

Wählen Sie die sinngemäße Übersetzung von fieri.

a) Anno DCXC a.u.c. (ab urbe condita) Cicero consul factus est.
b) *In einer Schlacht beginnt eine Seite zu fliehen. Caesar berichtet:*
Fugientibus equites occurrunt. Fit magna caedes.
c) *Ein Rechtsgrundsatz:*
Volenti non fit iniuria.
d) *Aus der Schöpfungsgeschichte:*
Dixitque Deus: Fiat lux! Et facta est lux *(Genesis I,1,3).*
e) *Ein Frevel?*
Di (dei) quoque carminibus, si fas est, fiunt *(Ovid).*

12. Definitionen

Wie man definiert, wird durch die folgende Regel angegeben:

Omnis definitio fit per genus proximum et differentiam specificam.

Überprüfen Sie diese Regel:

a) an der Staatsdefinition Ciceros,

b) an der klassischen Definition des Menschen: Homo est animal rationale (siehe Caput VIII, Lectio 16),

c) an dem folgenden Definitionsstreit zwischen Plato und Diogenes; zuvor müssen Sie jedoch die kleine Geschichte mithilfe der Satzelemente im Kästchen vervollständigen:

Plato philosophus .... sic definiverat hominem: Homo est animal bipes sine pennis. ...., Diogenes gallum .... produxit in scholam dixitque: »Ecce, hic est homo Platonis.«

pennis ac plumis nudatum – a discipulis interrogatus – ei definitioni postquam disciupuli Platonis applauserunt

13. Est brevitate opus

Diesem Satz des Horaz (Satiren I,10.9) entspricht das bekannte Sprichwort ›In der Kürze liegt die Würze‹. Horaz wusste, dass das Bemühen um kurze, treffende Formulierungen besondere sprachliche Schwierigkeiten bereiten kann: Brevis esse laboro, obscurus fio *(Ars poetica 5 f). Gleichwohl belegen besonders die vielen Partizipialkonstruktionen die Vorliebe des Lateinischen für eine knappe, aber präzise Ausdrucksweise. Erläutern Sie den Sinn der folgenden Wendungen:*

a) ex oriente lux
b) nōlens vŏlens
c) iucundi acti labores *(Wie heißt das deutsche Sprichwort?)*
d) relata refero *(nach dem griechischen Historiker Herodot)*
e) usus operi *(Eine Inschrift auf einem Tintenfassdeckel)*
f) *Was ist ein/eine*
- numerus clausus
- professor emeritus
- vir bene meritus
- tabula rasa
- punctum saliens?

14. Verneinte Imperative

Bilden Sie nach dem vorgegebenen Muster die jeweils alternative Möglichkeit eines verneinten Imperativs.

nolite metuere	ne metueritis
noli timere	
	ne me tetigeris
noli turbare circulos meos	
	ne tacueritis

15. Aus Verben werden Substantive

Eine große Zahl lateinischer Substantive ist mithilfe von Suffixen (Nachsilben) von Verben abgeleitet. Dabei kennzeichnet das Suffix -tor / -sor *(m) bzw.* -trix *(f) die handelnde Person, während das Suffix* -tio / -sio *(f) die Tätigkeit benennt. Ergänzen Sie die Tabelle nach dem Muster des ersten Beispiels und nennen Sie die deutsche Bedeutung. → Ein X bedeutet, dass ein entsprechendes Wort fehlt. Beachten Sie außerdem einige kleinere Lautveränderungen.*

obtrectare	obtrectator	obtrectatio
liberare		
conservare		
computare		
constituere	X	
navigare	X	
congregare	X	
	cunctator	cunctatio
	divisor	divisio
	defensor	defensio
	lector	lectio
	actor	
	scriptor	X
		spectatio
		auditio
		curatio
	imperator / imperatrix	X
	victor / victrix	X

16. Lingua Latina Europaea

Italienisch	Spanisch	Portugiesisch	Französisch	Englisch	Lateinisch
stato	estado	estado	état	state	
repubblica	república	república	république	republic	
partito	partido	partido	parti	party	
senato	senado	senado	sénat	senate	
popolo	gente	povo	peuple	population	
libertà	libertad	liberdade	liberté	liberty	
costituzione	constitucion	constituição	constitution	constitution	

17. Übersetzungsschritte (Lectio 18)

a) Informieren Sie sich über den Begriff ›Gesellschaftsvertrag‹.

b) Beschreiben Sie das Bild.

c) Der Text ist nach dem kolometrischen Einrückverfahren gesetzt. Übersetzen Sie ›von vorne weg‹, wobei Sie jeweils die Kola der Satzgefüge bestimmen.

d) Die lateinische Überschrift der Lektion ist ein Zitat von Th. Hobbes, das in dieser Textauswahl zwar nicht expressis verbis vorkommt, aber beschrieben wird. Erläutern Sie das zugrunde liegende Menschenbild, indem Sie seine Merkmale aus dem Text zusammentragen.

e) Welche Motive treiben die Menschen nach Hobbes dazu, einen Gesellschaftsvertrag zu schließen?

f) Vergleichen Sie die Texte von Cicero und Hobbes in Hinsicht auf das zugrunde liegende Menschenbild, die Ursachen der Entstehung von Staaten und die Aufgaben der Staatsführung.

LECTIO 18: HOMO HOMINI LUPUS ODER DIE LEHRE VOM GESELLSCHAFTSVERTRAG

Der folgende Text beruht auf verschiedenen Auszügen aus dem ›Leviathan‹, dem Hauptwerk des englischen Philosophen Thomas Hobbes (1588–1679). In diesem Werk versucht Hobbes, die Existenz von Staaten neu zu begründen. Die Schrift erschien 1651 zunächst auf Englisch, wurde aber dann 1670 ins Lateinische übersetzt und in dieser Sprache international verbreitet.

Ius naturale est libertas,
quam habet unusquisque,
potentiā suā ad naturae suae conservationem suo arbitrio utendi.
Ab aequalitate naturae oritur unicuique
ea,
quae cupit,
acquirendi spes.
Quotiens ergo duo idem cupiunt,
quo frui ambo non possunt,
alter alterius hostis fit
et ad finem
sibi propositam,
quae est conservatio propria,
alter alterum conatur subiugare vel interficere.
Manifestum igitur est,
quamdiu nulla est potentia coerciva,
tam diu condicionem hominum eam esse,
quam bellum omnium contra omnes dixi.
In condicione autem tali locus industriae nullus est,
quia nullus fructus;
nullus ergo terrae cultus,
nulla navigatio,
aedificia commoda nulla,
instrumenta,
quibus ea,
quae magnis indigent viribus,
moveantur,
nulla,
faciei terrae cognitio nulla,
temporum computatio nulla,
nullae artes neque societas,
sed mortis violentae metus et periculum perpetuum
vitaque hominum solitaria, indiga, bruta et brevis.

Praeterea nomina iusti et iniusti locum in hāc
condicione non habent:
Vis et dolus in bello virtutes cardinales sunt.
Haec verba
a me dicta
sufficiant de condicione humana mere naturali;
a qua tamen homines partim a ratione,
partim etiam a passionibus liberari possunt.
Passiones,
        quibus homines ad pacem perduci
        possunt,
sunt metus,
praesertim vero metus mortis violentae,
et cupiditas rerum
ad bene vivendum pertinentium
et spes per industriam illas obtinendi.
Pacis autem articulos quosdam suggerit ratio.
Instituitur ergo civitas,
        quando homines
        sponte sua convenientes
        singuli cum singulis paciscuntur,
                ut potentiam et vim suam omnem in hominem vel hominum coetum
                unum unusquisque transferat,
                        unde voluntates omnium ad unicam voluntatem reducantur.
Ita multitudo illa una persona facta est et vocatur Civitas et Respublica.
Atque haec est generatio magni illius Leviathan vel mortalis Dei;
cui pacem et protectionem sub Deo immortali debemus omnem.

Abbildung:
Titelblatt der Erstausgabe von Hobbes' ›Leviathan‹ aus dem Jahre 1651.
Am oberen Rand findet sich lateinisch der Spruch aus Hiob 41, 24:
»Non est potestas super terram quae comparetur ei.«

LEGENDA · LEGENDA · LEGENDA · LEGENDA

DER MENSCH UND SEIN STAAT

Es scheint in der Natur der Menschen begründet zu sein, dass sie sich im Laufe ihrer Entwicklung zu größeren Gruppen zusammengeschlossen haben und dass sich daraus schließlich Staaten gebildet haben. Staaten können verschiedene Formen annehmen. Die Griechen der Antike z. B. erlebten die Monarchie, die Aristokratie und die Demokratie sowie deren Entartungsformen. So nimmt es nicht Wunder, dass sich griechische Philosophen mit dem Thema Staat beschäftigten. Plato (428/7–347 v. Chr.) entwarf die Idee eines Idealstaates. Aristoteles (384–322 v. Chr.) charakterisierte den Menschen als *zōon politikón*, ein zum Leben in der Gemeinschaft der Polis, des Staates, veranlagtes Wesen. Diesen Begriff erweiterten die Stoiker zum *zōon koinonikón*, d. h., der Mensch ist ein Gemeinschaftswesen, physisch und geistig könne er nur in der Gemeinschaft der Menschen existieren; deshalb sei auch der Dienst an der realen Gemeinschaft in einem Staat Pflicht. Panaitios (seit 129 v. Chr. Schulhaupt der Stoa in Athen) bezeichnete eine gemischte Verfassung als die gerechteste und beste. Und der Historiker Polybios (ca. 201–120 v. Chr.), der als Geisel nach Rom gekommen war und ein Freund des jüngeren Scipio wurde, entwickelte die Idee des Kreislaufs der Verfassungen.

Cicero war von all diesen griechischen Ideen beeinflusst, als er seine Gedanken über den Staat und die beste Verfassung entwickelte. Dabei waren vor allem zwei Fragerichtungen grundlegend, die unmittelbar zusammenhängen, nämlich warum es überhaupt zur Entstehung von Staaten gekommen sei und was der Mensch sei. Verbreitet war die Auffassung, dass der Mängelcharakter des Menschen einst zum Zusammenschluss und zur Staatsbildung geführt habe: Ihre Not, als Mängelwesen in der Natur zu überleben, besonders die Angst, ein Opfer wilder Tiere zu werden, habe die Menschen zusammengeführt, um miteinander Schutz zu finden. Es habe also gewissermaßen einen natürlichen vorstaatlichen Zustand gegeben, den die Menschen in ihrer Not verlassen hätten.

Cicero lehnte diese Auffassung ab. Für ihn gab es keinen vorstaatlichen Zustand, sondern eine Art Herdentrieb der Menschen, die *naturalis quaedam hominum quasi congregatio*; diese Veranlagung habe die Menschen zu einem Volk zusammengeführt. Der Mensch als Gemeinschaftswesen ist also von Natur aus von Anfang an auf eine Gemeinschaft angewiesen. Aber der Zusammenschluss zu einem Volk ist an zwei Bedingungen geknüpft, die Übereinstimmung in der Rechtsauffassung und den gemeinsamen Nutzen. Damit wird dem Staat und seinen leitenden Organen (*consilium*) ein Ziel und eine Grenze gesetzt: Das vorgegebene Recht, das Bedingung des Zusammenschlusses der Menschen zum Volk war, muss geachtet werden, d. h., der Staat muss ein Rechtsstaat sein und er darf nie das Allgemeinwohl missachten.

Zu dieser ciceronianischen Auffassung bildet der ›Leviathan‹ den Gegenpol. Wohl nicht zuletzt aufgrund der Erfahrung der Kriege und Kämpfe in England zwischen König und Parlament und nach außen gegen Spanien und Holland um die Hegemonie zur See meinte Hobbes, als Kern des Menschen seine ›Wolfsnatur‹ zu erkennen. Diese Feststellung führte ihn zur Annahme eines vorstaatlichen Zustands, den er als *bellum omnium contra omnes* charakterisierte. Aus diesem unerträglichen Zustand der Not und Furcht erwuchs der Wille nach Sicherheit, sodass die Menschen all ihre eigene Macht einer *potentia coerciva*, einer sie zügelnden Macht übertrugen, indem sie einen Vertrag schlossen und festlegten, dass alle dieser Macht gehorchen müssten. Durch diesen Gesellschaftsvertrag entstand somit der Staat, eine Art übermenschliches Ungeheuer, das, wie die Darstellung auf der Erstausgabe zeigt, in sich alle Individuen birgt, über die es mit Bischofsstab und Schwert absolutistisch herrscht. Hobbes nannte diesen Staat ›Leviathan‹, ein Begriff aus dem Alten Testament, mit dem ein Ungeheuer bezeichnet wird, dem nichts und niemand gewachsen ist. Gleichzeitig bestimmt er ihn als *mortalis Deus*, als sterblichen Gott, vielleicht um seine unbegrenzte Macht, die nur dem unsterblichen Gott untergeordnet ist, zu betonen und andererseits zu zeigen, dass kein Staat, da er ja ein Geschöpf der Menschen ist, ewig ist, dass er also sterblich ist.

· CAPUT X ·

TANTUM RELIGIO POTUIT SUADERE MALORUM

Die Geschichte hat gezeigt, dass Religionen und Ideologien dem Menschen helfen können, Sinn und Erfüllung in ihrem Leben zu finden, dass sie die Menschen aber auch verängstigen oder zu fürchterlichen Untaten führen können, wenn diese ganz von ihnen erfüllt und geradezu besessen sind und dadurch ihr Blick auf die Realität getrübt wird. Gegen diese Verführung kann wohl nur eine Aufklärung helfen.

LECTIO 19: AGAMEMNON

Der Römer Lukrez (ca. 98–55 v. Chr.) hat den Weg der Aufklärung beschritten. Von Ängsten vor den Göttern und dem Tod erfüllt, lernte er die Philosophie Epikurs kennen und erlebte sie geradezu als Offenbarung. Diese Erfahrung wollte er an seine Zeitgenossen weitergeben. Dazu wählte er den einzigartigen Weg, die Atomlehre des epikureischen Materialismus in einem lateinischen Lehrgedicht für seine Mitbürger aufzubereiten. Die folgende Erzählung beruht auf diesem Gedicht. Lukrez schildert in seiner Einführung u. a. die Opferung der Iphigenie, der Tochter des Königs Agamemnon, des Anführers des griechischen Heeres im Trojanischen Krieg, um mit diesem Beispiel seine Leser zu ermutigen, den ›ketzerischen‹ Text seines Werkes zu lesen.

Illud in his rebus vereor, ne forte rearis te impia elementa rationis inire viamque sceleris ingredi, cum illa religio saepe scelerosa atque impia facta pepererit. Quo pacto Aulide duces Graecorum Dianae virginis aram foede Iphigeniae sanguine turpaverunt.

Das griechische Heer hatte sich nämlich in Aulis versammelt, um nach Troia zu segeln, doch der Troianische Krieg konnte nicht beginnen, weil widrige Winde das Meer aufwühlten und eine Ausfahrt verhinderten. Schließlich fragten die Führer den Seher Kalchas um Rat:

Calchas »Vae vobis!« inquit, »Utinam ne Dianam deam offendissetis! Nisi dea vobis irasceretur, iam diu vento secundo Troiam navigaretis. Nunc apertum est iram deae virginis virgineo sanguine placari debere.« Duces Graeci non dubitaverunt, quin vatis dictis oboedirent, omnesque Agamemnonem regem aspexerunt. Qui, postquam publica causa impietatem rexque patrem vicit, imperavit, ut Iphigenia filia afferretur. Haec primo putavit se ad patrem adduci, ut sollemnia nuptiarum celebraret; mox autem, cum sensisset patrem maestum ante aram stare et ministros ferrum celare et cives lacrimas effundere, muta metu genibus procubuit. Nec miserae in tali tempore prodesse poterat, quod princeps regem patrio nomine donaverat. Nam sublata virorum manibus tremulaque ad aram deducta est, ut casta inceste in ipso tempore nubendi hostia a patre mactata concideret, ut exitus felix faustusque classi daretur. Tantum religio potuit suadere malorum.

Die ›Opferung der Iphigenie‹, Wandgemälde aus dem ›Haus des tragischen Dichters‹ zu Pompeji. Beteiligte sind (von links nach rechts): Der Vater Agamemon (verhüllt), Odysseus, Menelaos und der Seher Kalchas. Nach griechischem Original.

GRAMMATICA

1. Texterschließung und Übersetzung

TE 13: Der Konjunktiv

Nach dem Konjunktiv I in Caput VIII lernen Sie in diesem Kapitel den Konjunktiv II kennen. Wie Sie schon wissen, dient der Konjunktiv in Hauptsätzen und in manchen Gliedsätzen dazu, eine bestimmte Redeabsicht auszudrücken, in anderen Gliedsätzen hat er als Subjunktiv lediglich eine grammatische Funktion (siehe Caput VIII, Grammatica 2.2). Es ist deshalb hilfreich, beim Lesen eines Textes folgende Beobachtungen zu treffen:

1. Feststellen und bestimmen aller Konjunktivformen, besonders ob ein Konjunktiv I oder II der Gleichzeitigkeit (GZ) oder Vorzeitigkeit (VZ) vorliegt.

2. Prüfen, ob diese Prädikate zu einem Hauptsatz oder Gliedsatz gehören: → Gliedsätze werden fast immer durch einen unterordnenden Konnektor eingeleitet (siehe Caput IV, Grammatica 1).

Unter Beachtung dieser Beobachtungen ist die Sinnrichtung eines Konjunktivs im Übersetzungsprozess aus dem Kontext zu erschließen.

Bei der Übersetzung eines Konjunktivs im Hauptsatz gilt:
Um einen Optativus, Potentialis oder Dubitativus angemessen wiederzugeben, verwenden wir im Deutschen Signalwörter wie ›bitte‹, ›hoffentlich‹, ›vielleicht‹, ›sollen‹ etc., gelegentlich auch den Konjunktiv (siehe Caput VIII, Grammatica 2.2.1). Zur Wiedergabe eines Hypotheticus dient auch im Deutschen der Konjunktiv II (siehe unten 2.2.1).

Bei der Übersetzung eines konjunktivischen Gliedsatzes gilt:
Die Wahl des Modus erfolgt nach den Regeln der deutschen Sprache, d.h., Gliedsätze werden im Allgemeinen in den Indikativ gesetzt. Abweichend davon steht im Deutschen der Konjunktiv:
- im irrealen konditionalen Satzgefüge (siehe unten 2.2.2.1);
- wenn der Sprecher sich von einer Aussage distanzieren möchte:
Die Zuhörer glaubten, der Angeklagte sei schuldig.
- in der indirekten Rede:
Der Angeklagte rief, er *sei* unschuldig und noch nie am Tatort gewesen.

Wir halten abschließend als Übersetzungsregel fest:

ÜR 14 Lateinische konjunktivische Gliedsätze werden im Allgemeinen mit dem Indikativ übersetzt. Beim Irrealis, in der indirekten Rede und bei einer distanzierenden Redeabsicht eines Sprechers steht der Konjunktiv.

2. Der Konjunktiv II

2.1 Die Formen des Konjunktivs II

2.1.1 Der Konjunktiv II GZ (Imperfekt)

Die Formen des Konjunktivs II der Gleichzeitigkeit, auch Konjunktiv Imperfekt genannt, werden durch das Moduszeichen **-re-**, bei der 3. Konjugation um den Bindevokal **-e-** erweitert, gebildet. An dieses Moduszeichen wird im Aktiv und Passiv die jeweilige Personalendung gehängt. Diese Formenbildung erweckt den Anschein, als bestehe der Konjunktiv II GZ aus dem Infinitiv der Gleichzeitigkeit Aktiv plus Personalendung, ein Anschein, der das Einprägen erleichtert.

		a-Konjugation	3. Konjugation
		Aktiv / Passiv	Aktiv / Passiv
Sg.	1. P.	salutā-**re**-m / r	reg-**e**-**re**-m / r
	2. P.	salutā-**rē**-s / ris	reg-**e**-**rē**-s / ris
	3. P.	salutā-**re**-t / **rē**-tur	reg-**e**-**re**-t / **rē**-tur
Pl.	1. P.	salutā-**rē**-mus / mur	reg-**e**-**rē**-mus / mur
	2. P.	salutā-**rē**-tis / mini	reg-**e**-**rē**-tis / mini
	3. P.	salutā-**re**-nt / ntur	reg-**e**-**re**-nt / ntur

Entsprechend werden konjugiert: docē-**re**-m / -r cap-**e**-**re**-m / -r audī-**re**-m / -r.

→ Sonderformen		→ Deponentien	
esse	esse-m	cuncta-ri	cuncta-**re**-r
posse	posse-m	misere-ri	misere-**re**-r
velle	velle-m	parti-ri	parti-**re**-r
nōlle	nōlle-m	sequ-i	sequ-**e**-**re**-r
ferre	ferre-m	aggred-i	aggred-**e**-**re**-r
fiĕri	fiĕre-m		

2.1.2 Der Konjunktiv II VZ (Plusquamperfekt)

2.1.2.1 Aktiv

Die Formen des Konjunktivs II der Vorzeitigkeit, auch Konjunktiv Plusquamperfekt genannt, werden im Aktiv vom Perfektstamm gebildet: Das Moduszeichen -**isse**- wird an den jeweiligen Perfektstamm gehängt und um die Personalendung ergänzt:

	Perfektstamm	Moduszeichen	Personalendung
salutare	salutav	-isse-	m
docere	docu		s
audire	audiv		t
regere	rex		mus
capere	cep		tis
esse	fu		nt

2.1.2.2 Passiv

Der Konjunktiv II VZ Passiv wird – wie das Passiv des Indikativs Plusquamperfekt – aus zwei Wörtern gebildet: dem PVP (siehe Caput VI, Grammatica 2.1.2) und der entsprechenden Form von *esse*, d. h. hier den Formen des Konjunktivs II von *esse*. Das folgende Beispiel der a-Konjugation gilt entsprechend für alle Konjugationsklassen:

Sg.	1. P.	salutatus essem
	2. P.	salutata essēs
	3. P.	salutatum esset
Pl.	1. P.	salutatī essēmus
	2. P.	salutatae essētis
	3. P.	salutata essent

2.2 Die Funktionen des Konjunktivs II

2.2.1 Der Konjunktiv II im Hauptsatz: Coniunctivus hypotheticus

Wie Sie wissen, kann der Konjunktiv eine bestimmte Redeabsicht ausdrücken (siehe Caput VIII, Grammatica 2.2). Der Konjunktiv II in Hauptsätzen verdeutlicht dem Leser bzw. Hörer, dass der Sprecher ein Gedankenspiel anstellt, eine Überlegung, die ungeachtet der zugrunde liegenden wirklichen Situation durchgeführt wird. In dieser Funktion sprechen wir vom Coniunctivus hypotheticus. Dabei werden drei Verwendungsarten unterschieden:

2.2.1.1 Unerfüllbar gedachte Wünsche

Es handelt sich um scheinbare Wünsche, an deren Erfüllbarkeit nicht gedacht wird. Sie sind immer an Signalwörtern zu erkennen wie *utinam* oder *vellem*, verneint *ne*. Wenn diese Wünsche auf die Zeitstufe Gegenwart bezogen sind, steht der Konjunktiv II GZ, bei Bezug auf die Vergangenheit der Konjunktiv II VZ.

Utinam reus taceret!	Wenn der Angeklagte doch schwiege! *(Aber er redet.)*
Utinam reus tacuisset!	Wenn der Angeklagte doch geschwiegen hätte! *(Aber er hat geredet.)*
Utinam nē Dianam deam offendissetis!	Hättet ihr doch die Göttin Diana nicht beleidigt! *(Aber ihr habt es getan.)*

2.2.1.2 Coniunctivus irrealis

Bei diesem Konjunktiv handelt es sich um ein reines Gedankenspiel. Ein Vorgang kann als unwirklich (irreal) hingestellt werden, weil er an Bedingungen geknüpft ist, die unzutreffend oder unerfüllbar erscheinen. Dieser Irrealis steht zur Bezeichnung der Gegenwart im Konjunktiv II GZ und zur Bezeichnung der Vergangenheit im Konjunktiv II VZ. Die Verneinung ist *nōn*.

(Sine Ovidio poeta) multae fabulae Graecorum Romanorumque nobis ignotae essent. Fortasse numquam de Europa virgine audivissemus.

(Ohne den Dichter Ovid) wären uns viele Sagen der Griechen und Römer unbekannt. Vielleicht hätten wir niemals von der Jungfrau Europa gehört.

2.2.1.3 Potentialis der Vergangenheit

Der Konjunktiv II GZ kann in selteneren Fällen ausdrücken, dass eine ursprünglich vorhandene Möglichkeit in der Sprechsituation nicht mehr gegeben ist. Er ist auf einige Wendungen beschränkt, z. B.: *crederes, diceres, videres, audires* (man hätte glauben, sagen, sehen, hören können).

Plinius beschreibt die Ängste der Menschen während der nächtlichen Flucht:

Audires ululatūs feminarum clamoresque virorum.

Man hätte die Jammerrufe der Frauen und die Schreie der Männer hören können.

2.2.2 Der Konjunktiv II im Gliedsatz

In allen konjunktivischen Gliedsätzen, die Sie in Caput VIII unter Grammatica 2.2.2–4 kennengelernt haben, kann auch der Konjunktiv II stehen. Lediglich die konditionalen Satzgefüge bedürfen einer Ergänzung.

2.2.2.1 cum historicum (oder narrativum)

Dieses cum findet sich in der Erzählung fortlaufender Ereignisse. Es leitet einen Temporalsatz ein, dessen Aussage in einem inneren Verhältnis zur Aussage des Hauptsatzes steht. Oftmals werden dadurch temporale und kausale Aspekte verknüpft.

Ancilla Thalis, cum dominum in foveam cadere videret, rideret.

Als die Magd des Thales sah, dass ihr Herr in eine Grube fiel, lachte sie.

Iphigenia, cum ad aram allata esset et cives lacrimas effundere sensisset, muta metu genibus procubuit.

Als Iphigenie zum Altar gebracht worden war und gemerkt hatte, dass die Bürger Tränen vergossen, fiel sie stumm vor Furcht auf die Knie.

2.2.2.2 Konditionale Satzgefüge im irrealen Fall

Während im realen bzw. potentialen Fall (siehe Caput VIII, Grammatica 2.2.4) eine Annahme oder Bedingung als gegeben bzw. als möglich angesehen wird, ist das Geschehen im irrealen Fall an Bedingungen geknüpft, die als unerfüllbar oder unzutreffend gelten. Bezieht sich der Sprecher dabei auf die Gegenwart, so wählt er den Konjunktiv II GZ, beim Bezug auf die Vergangenheit den Konjunktiv II VZ.

Si hoc diceres, mentireris.	Wenn du das sagtest (aber du sagst es ja nicht), würdest du lügen.
Si hoc dixisses, mentitus esses.	Wenn du das gesagt hättest (aber du hast es ja nicht gesagt), hättest du gelogen.
Nisi dea vobis irasceretur, iam diu Troiam navigaretis.	Wenn euch die Göttin nicht zürnte, würdet ihr schon lange nach Troia segeln.

Ein bekanntes Sprichwort:

Si tacuisses, philosophus mansisses.	Wenn du geschwiegen hättest, wärst du Philosoph geblieben.

2.2.3 Consecutio temporum

Die Wahl der Tempora in konjunktivischen Gliedsätzen ist im Lateinischen durch die sog. Consecutio temporum (Zeitenfolge) geregelt. Wichtig ist, dass durch die gewählte Form des Prädikats keine bestimmte Zeit, sondern – wie beim AcI oder PC – immer ein *Zeitverhältnis* zum Prädikat des übergeordneten Satzes bezeichnet wird. Dabei gelten folgende Grundregeln:

Hauptsatz	Gliedsatz	
Gegenwart	gleichzeitig	vorzeitig
Präsens .... Quaero, ... *Ich frage, ...*	Konj. GZ I, Konj. Präsens .... quid fiat. *... was geschieht.*	Konj. VZ I, Konj. Perfekt .... quid factum sit. *... was geschehen ist.*
Vergangenheit	gleichzeitig	vorzeitig
Imperfekt Perfekt Plusquamperfekt .... Quaerebam, ... Quaesivi, ... Quaesiveram, ... *Ich fragte, ...* *Ich hatte gefragt, ...*	Konj. GZ II, Konj. Imperfekt .... quid fieret. *... was geschah/geschehe.*	Konj. VZ II, Konj. Plusquamperfekt .... quid factum esset. *... was geschehen war/sei.*

2.2.4 Wunschsätze nach Ausdrücken des Fürchtens

Nach Verben und Ausdrücken des Fürchtens wie *timere, metuere, vereri, periculum est* bedeutet im Deutschen:

ne:	dass
ne ... non / ut *(selten)*:	dass nicht

Vergleichen Sie:

Utinam ne amicus aegrotus sit! Sed timeo.

▼ ▲

Timeo, ne amicus aegrotus sit.

Hoffentlich ist mein Freund nicht krank! Ich fürchte es jedoch.

▼ ▲

Ich fürchte, dass mein Freund krank ist.

Der Vergleich zeigt, dass im Lateinischen die Negation *ne* bleibt, während sie im deutschen dass-Satz fehlt. Der Grund liegt darin, dass der Hauptsatzwunsch im Lateinischen auch in der Abhängigkeit als Wunschsatz erhalten bleibt, wogegen im Deutschen der Gliedsatz als Objektsatz den Inhalt der Furcht wiedergibt, der keiner zusätzlichen Negation mehr bedarf, da diese in gewissem Sinne bereits im ›Fürchten‹ enthalten ist.

Vereor, ne forte rearis te viam sceleris ingredi.	Ich fürchte, dass du vielleicht glaubst, den Weg des Verbrechens zu beschreiten.

Die Übersetzung besagt also, dass der Autor nicht möchte, dass sein Leser eine falsche Ansicht gewinnt, gleichwohl aber diese Gefahr sieht.

EXERCITANDA

LECTIO 19

1. Übersetzen und Verstehen

a) Beschreiben Sie das abgebildete Fresko.

b) Lesen Sie den Text langsam durch und stellen Sie dabei die neu auftretenden Verbformen fest; informieren Sie sich im Grammatikteil über deren Bedeutung.

c) Nach der Übersetzung: Vergleichen Sie Textinhalt und Bildinhalt. Welche Darstellung des Bildes findet im Text keine Entsprechung?

d) Der letzte Satz, der auch die Überschrift dieses Kapitels bildet, ist zugleich der letzte Vers dieser Darstellung des Iphigenie-Mythos. Lukrez hat hier ein großes Hyperbaton (siehe Caput III, Grammatica 1, TE: 6) gestaltet, dessen Glieder zudem lautlich aufeinander bezogen sind: Tantum ... malorum. Welche Wirkung wird durch diese stilistische Gestaltung erzielt?

e) Ovid hat den Mythos der Opferung Iphigenies ebenfalls erzählt. Seine Schilderung schließt mit der folgenden Begebenheit:

Dea victa est nubemque oculis obiecit et inter officium sacri vocesque precantium fertur Iphigeniam cerva mutavisse.

Finden Sie eine Erklärung für das unterschiedliche Ende der Erzählungen bei Lukrez und Ovid.

2. Fragen zum Text

a) Ubi Graeci convenerunt, ut Troiam navigarent? b) Cur Graeci Troiam navigare non potuerunt? c) Quomodo Graeci Dianam placare debuerunt? d) Quid Agamemnon militibus Graecis imperavit? e) Cur duces Graecorum regis filiam hostiam mactaverunt?

3. Formentraining

Bestimmen Sie die Formen und bilden Sie, soweit möglich, die entsprechenden Formen im Indikativ oder Konjunktiv.

adducerentur – allata esset – aspiciunt – celebravi – debebam – dici – dubitavissent – essent – imperaverit – ingrederetur – inirem – oboediamus – offendistis – peperisse – potentiam – poteram – profuit – putavisses – rem – vici

4. Solisten

sum	fuissem	dari	possemus	aderat
sim	fuisset	duci	prodessemus	moveret
essem	fuisse	dixi	poneremus	fecisset
diem	fuissent	differri	populus	cupiverit

5. Ein Dichter?

Marcus schreibt Gedichte, doch die Meinungen über seine Dichtkunst gehen weit auseinander. Erläutern Sie die jeweilige Redeabsicht.

Claudia: Utinam Marcus carmina sua legat! Si legat, omnes amicae delectentur.
Lucius: Vellem ne legeret carmina sua!
Gaius: Et ego timeo, ne Marcus carmina sua legat.
Quinta: Nisi tam falsi essetis, adulescentes, Marci carmina non laudaretis.
Publius: Doleo, Marce, te carmina tua legisse, nam nisi legisses, poeta mansisses.
Sextus: Doleo me serum esse. Utinam ab initio adfuissem et omnia Marci carmina audivissem!

6. Vom Essen und Trinken

a) Arnold von Villanova (gest. 1314), ein berühmter spanischer Arzt und Naturforscher, hat in einzelnen Versen verschiedene Ratschläge für ein gesundes und langes Leben formuliert. Bestimmen Sie die Modi in den einzelnen Ratschlägen.

Fructus cum pane cape, si vis vivere sane.
Tunc caput est laetum, dape corpus quando repletum.
Servares vires, si rura frequenter adires.

b) Erasmus von Rotterdam (1466–1536), der große Humanist der Renaissance, lässt in einem seiner Werke den Sokrates beispielhaft auftreten, um seine Vorstellungen vom Essen und Trinken zu vermitteln. Erklären Sie den Tempuswechsel der Konjunktive vom ersten zum zweiten Satzgefüge.

Socrates dicebat multos homines in hōc vivere, ut ederent biberentque, se contra ob id edere ac bibere, ut viveret, quod his rebus non ad voluptatem, sed ad naturae necessitatem uteretur. Non vivas, ut edas, sed edas, ut vivere possis.

7. Kluge Griechen

a) Nikokles, ein griechischer Tyrann (um 370 v. Chr.):
Nicocles medicos felices praedicabat, cum successus eorum sol intueretur, errores terra operiret.

b) Epiktet, ein griechischer Philosoph (60–140 n. Chr.):
Epictetus interrogatus, quis esset divĕs, »cui«, inquit, »satis est, quod habet«.

c) Aristoteles, Philosoph (384–322 v. Chr.):
Aristoteles interrogatus, quid esset amicus, »unus«, inquit, »animus duobus in corporibus«.

Erläutern Sie die syntaktische Funktion der Gliedsätze.

8. Der Dichter und der Konsul

P. Cornelius Scipio Nasica war Konsul des Jahres 191 v. Chr. Der Dichter Ennius (239–169 v. Chr.) stammte aus Kalabrien; er lebte seit 204 überwiegend in Rom. Ennius gilt als der bedeutendste und vielseitigste Schriftsteller der vorklassischen Zeit. Eines Tages besuchte Scipio den Dichter Ennius:

Scipioni Nasicae consuli, cum ad Ennium poetam venisset eumque ab ostio quaesivisset, serva dixit Ennium domi non esse. Itaque Nasica, cum illam domini iussu id dixisse illumque domi fuisse sensisset, nonnullis diebus post, cum Ennius ad eum venisset eumque ab ostio quaereret, clamavit se domi non esse. Dixit Ennius: »Quid? Nonne cognosco vocem tuam?« At huic Nasica respondit: »Homo es impudens! Cur tu, cum ego nonnullis diebus ante servae tuae crediderim te domi non esse, mihi ipsi non credis?«

a) *Schreiben Sie den Text nach dem kolometrischen Einrückverfahren in Ihr Heft.*
b) *Welche drei Personen treten in dem Text auf? Welche Prädikate enthalten Handlungsschritte?*
c) *Nach der Übersetzung: Überprüfen und erläutern Sie die Funktion der cum-Sätze.*
d) *Wie beurteilen Sie die Beziehung zwischen dem Konsul und dem Dichter?*

9. Der Kinderkreuzzug des Jahres 1212

In der Kölner Königschronik wird zum Jahre 1212 über ein unglaublich erscheinendes, religiös motiviertes Geschehen berichtet.

Circa pascha et pentecostēn ex omni Theutonia et Francia,
cum nemo hortaretur neque praedicaretur,
nescio quo spiritu acti
multa milia puerorum a sex annis et supra usque ad virilem aetatem,
quamvis parentes inviti essent
et cognati amicique illos retraherentur,
alii aratra vel currus,
quos dirigebant,
alii pecora,
quae pascebant,
alii alia,
quae prae manibus habebant,
relinquentes
subito unus post alium currentes
crucibus se signaverunt;
sicque versus Hierosolimam ire coeperunt.
Cumque a multis inquirerentur,
cuius consilio, cuius hortatu huic viae se exposuissent,
praesertim cum ante nonnullos annos

reges multi, duces plurimi, populi innumerabiles
in manu valida huc pervenientes
infecta re revertissent,
cumque ab omnibus iudicaretur
ipsos adhuc aetate puerili neque robur neque vires
ad aliquid agendum habere
et ideo hoc factum stulte et sine prudentia attemptatum esse,
breviter responderunt
in hoc se nutui parere divino.
Quis finis eorum fuerit,
incertum habetur.
Unum tamen constat,
quia ex multis milibus,
qui ascenderant,
vix pauci reverterunt.

Der Text ist nach dem kolometrischen Einrückverfahren gesetzt. Bestimmen Sie die einzelnen Kola und erläutern Sie die grammatische Funktion aller Tempora und Modi.

10. Jephthah

Die folgende Geschichte findet sich in der Vulgata, im Buch der Richter, Kapitel 11. Jephthah (lat. Iepthae) führte das Heer Israels im Krieg gegen die Ammoniter. Am Beginn des Feldzugs gelobte er Gott, er werde ihm, wenn er ihm den Sieg schenke, als Brandopfer darbringen, wer oder was ihm als erstes aus seiner Haustür entgegenkomme.
Der Text bietet Ihnen mehrfach zwei Prädikate zur Auswahl. Wählen Sie das grammatisch richtige Prädikat und übersetzen Sie. (→ Beachten Sie, dass die Eigennamen nicht dekliniert werden!)

Transiit Iepthae ad filios Ammon, ut (pugnet / pugnaret) contra eos. Quos tradidit Dominus in manus eius. Revertenti autem domum suam Iepthae occurrit unigenita filia cum tympanis et choris; non enim (habebat / habuit) alios liberos. Cum eam (videret / vidisset), scidit vestimenta sua et ait: »Heu, filia mi, vellem ne prima domo (exeas / exisses)! Aperui enim os meum ad Dominum et aliud facere mihi non iam licet.« Cui illa respondit: »Pater mi, si (aperuisti / aperueris) os tuum ad dominum, fac mihi, quodcumque pollicitus (es / sis), nam ultio atque victoria de hostibus tuis tibi concessa (est / sit).« Dixitque ad patrem: »Hoc solum mihi praesta, quod precor: dimitte me, ut duobus mensibus circumeam montes et plangam virginitatem cum sociis meis.« Cui ille respondit: »Vade!« Et dimisit eam duobus mensibus. Cumque (abierit / abisset) cum sociis suis, flebat virginitatem suam in montibus et duobus mensibus post revertit ad patrem suum; qui fecit ei, sicut (voverat / vovisset).

11. Aus Verben werden Adjektive

Die Suffixe -bilis *und* -ilis *dienen dazu, mithilfe eines Verbstammes Adjektive zu bilden, die eine Möglichkeit oder Fertigkeit bezeichnen. Im Deutschen entsprechen dem oft die Suffixe* -bar, -haft *oder* -lich.

a) Benennen Sie das Ursprungsverb und die deutsche Bedeutung des Adjektivs:
amabilis, habitabilis, (in)credibilis, innumerabilis, intellegibilis, mirabilis, mobilis, mutabilis, stabilis, sensibilis, terribilis;
agilis, facilis, fragilis, servilis, utilis

b) Erklären Sie die folgenden Fremdwörter:
Automobil (*autós* [griech.] ≈ ›selbst‹), Immobilie, Perpetuum mobile, Enfant terrible, Stabilität, Servilität, Sensibilität

12. Lingua Latina Europaea

Italienisch	Spanisch	Portugiesisch	Französisch	Englisch	Lateinisch
re	rey	rei	roi		
ministro	ministro	ministro	ministre	minister	
padre	padre	pai	père	[father*]	
madre	madre	mãe	mère	[mother*]	
figlia	hija	filha	fille		
figlio	hijo	filho	fils		
amico	amigo	amigo	ami		

* = urverwandt!

13. Übersetzungsschritte (Lectio 20)

a) Beschreiben Sie das Bild.

b) Lesen Sie den Text zunächst langsam durch und versuchen Sie dabei festzustellen, welche Begriffe des Textes Einzelheiten der bildnerischen Darstellung entsprechen.

c) Der Begriff holocaustum *findet sich in dem Text fünfmal. Erklären Sie den Begriff sowie seine häufige Verwendung in diesem Text.*

Nach der Übersetzung:

d) Die Sprache des Engels weicht z. T. deutlich von der klassischen Grammatik ab, die Sie bisher gelernt haben. Benennen Sie diese Abweichungen (siehe Caput IX, Grammatica 4; Caput I, Grammatica 4.2).

e) Vergleichen Sie die drei Opfergeschichten dieses Kapitels bezüglich der Motive der Väter, des Verhaltens ihrer Kinder und der jeweiligen Funktion des Göttlichen.

LECTIO 20: ABRAHAM

In der Vulgata wird im 1. Buch Mose (Genesis 22,1–13) erzählt, dass Abraham mehrfach von Gott versucht wurde. Die Opferung Isaaks gilt als letzte und schwerste Versuchung.

Abraham opfert Isaak. Aus dem Himmel greift die Hand Gottes ein, der ein Lamm schickt, das Abraham hindern soll. Auffällig die Besonderheit dieser Darstellung, wie das Lamm Abraham am Ärmel zupft.
Byzantinischer Silberteller, 7. Jh. n. Chr.

Deus Abraham temptavit et dixit ad eum: »Abraham!« Ille respondit: »Adsum.« Ait ei: »Tolle filium tuum unigenitum, quem diligis, Isaac, et vade in terram Moriam atque offer eum ibi in monte holocaustum!«

Igitur Abraham de nocte consurgens stravit asinum suum ducens secum duos iuvenes et Isaac filium suum. Cumque concidisset ligna in holocaustum, abiit ad locum, quem praeceperat ei Deus. Die autem tertio elevavit oculos et vidit locum procul dixitque ad pueros suos: »Exspectate hic cum asino reditum nostrum. Ego et puer illuc properare volumus, ut Deum adoremus.« Tulit quoque ligna holocausti et imposuit super Isaac filium suum, ipse vero portabat in manibus ignem et gladium.

Cumque duo pergerent simul, dixit Isaac patri suo: »Pater mi!« At ille respondit: »Quid vis, fili?« »Ecce«, inquit, »ignis et ligna. Ubi est victima holocausti?« Dixit Abraham: »Deus victimam pollicitus est. Confide Deo, fili mi!« Pergebant ergo pariter. Veneruntque ad locum, quem ostenderat ei Deus; in quo aedificavit altare et desuper ligna composuit, cumque conligavisset Isaac filium suum, posuit eum in altari super struem lignorum extenditque manum et arripuit gladium, ut immolaret filium.

Et ecce, angelus Domini de caelo clamavit dicens: »Abraham, Abraham!« Qui respondit: »Adsum.« Dixitque ei: »Non extendas manum tuam super puerum neque facias illi quicquam! Nunc cognovi, quod timeas Dominum et non peperceris filio tuo unigenito propter me.« Levavit Abraham oculos viditque post tergum arietem inter vepres haerentem cornibus; quem adsumens obtulit holocaustum pro filio.

LEGENDA · LEGENDA · LEGENDA · LEGENDA

LUKREZ UND DER GARTEN EPIKURS

Die zweite große philosophische Schule der hellenistischen Zeit wurde von Epikur aus Samos (342/341–271/270 v. Chr.) begründet. Epikur ließ sich 307/306 in Athen nieder, wo er einen Garten, griechisch *kēpos*, erwarb; nach diesem Garten wurde später seine Schule benannt, denn dort traf sich Epikur mit seinen Schülern und Gleichgesinnten, um im Geiste gegenseitiger Freundschaft und mit dem Ziel gemeinsamen Forschens zu philosophieren. Epikur knüpfte an die physikalische Lehre des Atomismus an, die schon im 5. Jahrhundert v. Chr. von Demokritos und Leukippos entwickelt worden war. Nach dieser Lehre besteht die Welt aus zwei unabänderlichen Prinzipien: den Atomen, d. h. nicht mehr teilbaren Körpern, und dem Leeren. Epikur entwickelte auf dieser Grundlage seine Philosophie, die er für die Menschen auf ihrem Wege zu einem glücklichen Leben als Hilfe zur Selbsthilfe verstand. Dabei war Glück, griechisch Eudaimonie, für ihn ein Zustand, in dem der Mensch frei war von körperlichem Schmerz, geistiger Verwirrung und seelischer Unruhe. Um diesen inneren Frieden und diese Seelenruhe zu erreichen, war es vor allem nötig, die Furcht vor den Göttern und die Furcht vor dem Tode zu überwinden. Da Götter nichts weiter waren als vollkommene, in sich ruhende Atomverbindungen, konnten sie von Epikur aus dieser Welt verbannt werden – wohl in eine Art Zwischenwelt –, sie könnten für die Menschen allenfalls als Ideal der Vollkommenheit ein Vorbild sein. Der Tod aber ist nicht zu fürchten, da sich die ›Atomverbindung Mensch‹ am Ende des Lebens wieder in ihre atomaren Bestandteile auflöst. So formulierte Epikur in einem Brief an seinen Schüler Menoikeus: *»Der Tod ... ist für uns ein Nichts: Solange wir da sind, ist er nicht da, und wenn er da ist, sind wir nicht mehr.«* Die Eudaimonie als Lebensziel ist mit dem höchsten Gut, der *hedoné*, d. h. der Lust, verbunden. Vor allem dieser Begriff war es wohl, der die hedonistische Philosophie der Epikureer schon in der Antike zahlreichen Missverständnissen aussetzte.

Lukrez dagegen empfand, wie eingangs gesagt, diese Philosophie als eine Art

Porträtbildnis des Philosophen Epikur als ›Doppelherme‹, d. h. Porträt auf Steinblock (auf der Rückseite sein Schüler Menoikeus). Römische Kopie, 2. Jh. n. Chr. (Paris, Louvre)

Offenbarung. Sein Werk, das Lehrgedicht *De rerum natura,* besteht aus knapp 7500 Versen, die auf sechs Bücher verteilt sind. In einer größeren Einleitung preist er u. a. sein Vorbild Epikur. Dieser habe, um den Menschen die Furcht vor Göttern zu nehmen, es als erster gewagt, die Riegel vor den Toren der Welt, die eine Erkenntnis des Wahren verhinderten, aufzubrechen und habe gewissermaßen siegreich die atomistische Natur der Welt entdeckt und den Menschen erklärt: *Ergo vivida vis animi pervicit!* (»Also hat die feurige Kraft seines Geistes gesiegt!«) Mit diesem Lob formuliert Lukrez durch die Häufung des hell klingenden i-Lautes geradezu lautmalerisch den Triumph seines Epikur. In den einzelnen Büchern behandelt er dann die atomistischen Grundlagen der Lehre, die Seele des Menschen und ihre Funktionen und die Evolution und Phänomene der Welt.

Es versteht sich fast von selbst, dass die Kirchenväter, besonders Augustinus und Laktanz, gegen den Atheisten Lukrez polemisierten. Gleichwohl wurde sein Werk, vielleicht nicht zuletzt wegen seiner ungewöhnlichen Gestaltung, in den Klöstern des Mittelalters kopiert. Im Jahre 1414 wurde es von dem Humanisten Poggio Bracciolini im Kloster Murbach im Elsass wiederentdeckt. Seit dem 16. Jahrhundert entfaltete es dann eine enorme Wirkung besonders auf die Philosophie und Naturwissenschaft am Beginn der Neuzeit.

· CAPUT XI ·

FUROR BELLI

»Dem Krieg geht die Puste nicht aus.« So titelte Günter Grass in der Zeit Nr. 22, 2006. Und auch Peter Rühmkorf verweist in seinem Gedicht »Gruß aus Rom« auf einen Sachverhalt, den wir gerne verdrängen: »Auch unter Pinien lässt es sich leben. ... und wie von ferne nur dringt es in deine Stube mit Schwerter- und Schlachtenlärm. Der Genuss von Aprikosen widerstrebt Ihnen nicht unbedingt? Des Pfirsichs? Der Kirsche? Alles ganz legitime Beutestücke im Übrigen. Alles seinerzeit mal auf der Schwertspitze eingeführt ...« Wir sind in der Tat Erben einer Geschichte, die auch eine Geschichte von Kriegen, von Schrecken, Mord und Totschlag ist. In diesem Kapitel werden Sie einige Texte kennenlernen, die vor allem das beleuchten, was man neuerdings unter dem Unwort Kollateralschäden zu verbergen sucht.

LECTIO 21:
TOD IM NIEMANDSLAND

Die Unterwerfung Galliens (siehe Caput IV) entschied sich endgültig erst im Jahre 52 v. Chr. Vercingetorix (siehe Caput VI, Exercitanda 8) hatte sich mit seinem Heer nach Alesia, einer Stadt des Stammes der Mandubier, zurückziehen müssen und wartete auf ein Entsatzheer aus dem übrigen Gallien. Caesar aber hatte die Stadt völlig eingeschlossen. Als die Lage in Alesia verzweifelt wurde, kam es zu einem Kriegsrat, in dessen Verlauf Critognatus, ein angesehener Gallier, einen denkwürdigen Vorschlag machte. Caesar berichtet:

Ii,
qui Alesiae obsidebantur,
praeteritā diē,
quā auxilia suorum exspectaverant,
consumpto omni frumento
concilio coacto
de exitu suae fortunae consultabant.
Ac variis dictis sententiis
Critognatus hanc orationem habuit:
»Quid mei consilii est?

Facere,
quod nostri maiores bello
Cimbrorum Teutonumque
fecerunt:
qui
in oppida compulsi
ac simili inopiā subacti
eorum corporibus,
qui aetate ad bellum inutiles
videbantur,
vitam toleraverunt
neque se hostibus tradiderunt.
Cuius rei si exemplum non
haberemus,
tamen
id libertatis causā institui
iudicarem. ...«
Sententiis dictis
constituunt,
ut ii,
qui valetudine aut
aetate inutiles sint bello,
oppido excedant.
Mandubii,
qui eos oppido receperant,
cum liberis atque uxoribus exire
coguntur.
Hi,
cum ad munitiones Romanorum accessissent,
flentes
omnibus precibus orabant,
ut se
in servitutem receptos
cibo iuvarent.
At
Caesare auctore
Mandubii
dispositis in vallo custodiis
recepti non sunt.

Abbildung:
Ein Galater und seine Frau begehen Selbstmord. Römische Kopie nach hellenistischem Original von ca. 220 v. Chr. Dargestellt sind hier von König Attalos I. von Pergamon besiegte ›Galater‹, das sind in Galatien (Kleinasien) siedelnde Gallier. Rom, Palazzo Altemps

GRAMMATICA

1. Partizipialkonstruktionen II: Ablativus absolutus

Sie haben in Caput IX, Grammatica 1.2 das *Participium coniunctum* kennengelernt. In diesem Kapitel begegnet Ihnen die zweite Möglichkeit einer Partizipialkonstruktion im Lateinischen, der *Ablativus absolutus* (Abl. abs.).

1.1 Der Ablativus absolutus als satzwertige Konstruktion

Zwei Beispiele:

a) Omne frumentum consumptum erat. Itaque Galli de exitu suae fortunae consultabant.
S P

Omni frumento consumpto Galli de exitu suae fortunae consultabant.
›S‹ ›P‹

b) Galli de exitu suae fortunae consultabant. In his Critognatus orationem habuit.
S P

Gallis de exitu suae fortunae consultantibus Critognatus orationem habuit.
›S‹ ›P‹

Satzwertigkeit

Die Beispiele zeigen, dass auch mit dieser Partizipialkonstruktion zwei Sätze zu einem zusammengefügt werden können, ohne dass sich die Aussagen ändern. Damit erweist sich diese Konstruktion als satzwertig.

Ablativus absolutus

Diese Partizipialkonstruktion besteht aus einem Substantiv im Ablativ (*frumento/Gallis*) und einem zugehörigen Partizip im Ablativ (*consumpto/consultantibus*).

Ein Blick auf die beiden Ausgangssätze ergibt, dass sowohl im Beispiel a) *frumento* als auch im Beispiel b) *Gallis* im jeweils zweiten Hauptsatz nicht vorkommen, dass sie also im zusammengefügten Satz auch kein Satzglied des ehemals zweiten Satzes sein können. Insofern ist diese Konstruktion gewissermaßen losgelöst von der Konstruktion des zweiten Satzes und heißt deshalb Ablativus absolutus (›Losgelöster Ablativ‹).

Gleichzeitig besteht aber zwischen beiden Sätzen bzw. Aussagen eine gedankliche Verbindung: Im ersten Beispiel benennt die erste Aussage den Grund, warum die Gallier beraten, im zweiten Beispiel enthält die erste Aussage den zeitgleichen Rahmen für die

Rede des Critognatus. Der entsprechende Konnektor *itaque* bzw. *in his* fällt jeweils bei der Bildung des zusammengefügten Satzes fort, allerdings nicht der gedankliche Zusammenhang. Der kausale bzw. temporale Sinn der Ablativi absoluti kann aber nur aus dem Kontext des ganzen Satzes erschlossen werden. Der Ablativus absolutus ist also als ein Satzglied zu betrachten, das die Satzgliedposition Adverbiale Bestimmung besetzt. Er kann sich daher in jedem Haupt- oder Gliedsatz finden.

Konstruktion eines Ablativus absolutus

Wie die Beispiele zeigen, wird im Ausgangssatz aus dem Substantiv des Subjekts im Abl. abs. zwar ein Substantiv im Ablativ, doch behält es seine Funktion als Subjekt, wird also quasi ein ›Subjektsablativ‹, und aus dem Prädikat wird ein Partizip im Ablativ, das aber ebenfalls seine Funktion bewahrt und gewissermaßen als ›Prädikatsablativ‹ wie eine Art partizipiales Prädikat zu übersetzen ist. Die Bedeutung dieser beiden Elemente erklärt, warum diese Konstruktion auch Ablativ mit Partizip genannt wird.

Die Struktur dieser Partizipialkonstruktion bedingt, dass mögliche Erweiterungen eines Prädikats auch im Abl. abs. vorkommen können. Dabei findet sich am häufigsten eine Klammerstellung, d. h., der ›Subjektsablativ‹ und der ›Prädikatsablativ‹ umrahmen die zu dieser Aussage zugehörigen Erweiterungen wie Attribute, Objekte oder Adverbiale.

→ Allerdings belegt der Caesar-Text der Lectio 21, dass Abweichungen von dieser Satzstellung möglich sind.

Tempusstruktur und Genus Verbi

In dieser Hinsicht gilt das in Caput IX, Grammatica 1.2.2 Gesagte. Das erste Beispiel *consumpto* ist ein PVP, kennzeichnet also eine vorzeitige und passive Handlung: Erst nachdem das Getreide verbraucht ist, beraten die Gallier. *Consultantibus* im zweiten Beispiel beinhaltet dagegen als PGA ein aktives Verhältnis der Gleichzeitigkeit: Critognatus hält seine Rede im Kreise der Gallier.

1.2 Wiedergabemöglichkeiten eines Abl. abs.

Da ein Ablativus absolutus immer die Funktion einer adverbialen Bestimmung hat und das Beziehungswort des ›partizipialen Prädikats‹ nie zugleich ein Satzglied des übergeordneten Satzes ist, kann der Abl. abs. nie attributiv, d. h. wörtlich oder als Relativsatz übersetzt werden. Daher gibt es nur drei Wiedergabemöglichkeiten eines Abl. abs.: Adverbialer Gliedsatz, Gleichstellung oder Präpositionaler Ausdruck (siehe Caput IX, Grammatica 1.2.3). Diese Möglichkeiten sollen anhand der beiden oben unter 1.1 genannten Beispiele verdeutlicht werden.

1.2.1 Adverbialer Gliedsatz

a) Weil/Als alles Getreide verbraucht war, berieten die Gallier über einen Ausweg aus ihrem Unglück.

b) Während/Als die Gallier über einen Ausweg aus ihrem Unglück berieten, hielt Critognatus eine Rede.

→ Die Konjunktion ›als‹ kann im Deutschen sowohl in vorzeitigen als auch in gleichzeitigen Bezügen und ebenfalls in kausalen und temporalen Sinnzusammenhängen gesetzt werden (siehe Caput IX, Grammatica 1.2.3.2).

1.2.2 Gleichstellung

a) Alles Getreide war verbraucht; (und) deshalb/daraufhin berieten die Gallier über einen Ausweg aus ihrem Unglück.

b) Die Gallier berieten über einen Ausweg aus ihrem Unglück; dabei hielt Critognatus eine Rede.

→ Bei dieser Wiedergabemöglichkeit muss der Sinnzusammenhang zwischen den beiden Aussagen grundsätzlich durch einen sinnstiftenden Konnektor benannt werden.

1.2.3 Präpositionaler Ausdruck

a) Wegen des Verbrauchs/Nach dem Verbrauch allen Getreides berieten die Gallier über einen Ausweg aus ihrem Unglück.

b) Während/In der Beratung der Gallier über einen Ausweg aus ihrem Unglück hielt Critognatus eine Rede.

→ Auch bei der Wiedergabe eines Abl. abs. als Adverbiale erfordert die Wahl der Präposition eine besonders sorgfältige Beachtung des Zeitverhältnisses und der Sinnrichtung.

1.3 Adverbiale Sinnrichtungen eines Ablativus absolutus

Der Ablativus absolutus als adverbiale und zugleich satzwertige Konstruktion stellt immer eine Aussage in ein Sinnverhältnis zur Aussage des übergeordneten Satzes. Dabei finden sich prinzipiell die gleichen Sinnbezüge, die bei einem PC möglich sind (siehe Caput IX, Grammatica 1.2.4). Auch bei den folgenden Beispielen ist die Partizipialkonstruktion farblich hervorgehoben, um den lateinisch-deutschen Sprachvergleich zu erleichtern.

a) Temporale Sinnrichtung

Vorzeitigkeit

Variis dictis sententiis Critognatus orationem habuit.

- **Adverbialsatz:** Nachdem verschiedene Meinungen geäußert worden waren, hielt Critognatus eine Rede.
- **Gleichstellung:** Verschiedene Meinungen waren geäußert worden; da/daraufhin hielt Critognatus eine Rede.

Gleichzeitigkeit

Reliquis Gallis consultantibus Critognatus iam de sua oratione cogitabat.

- **Adverbialsatz:** Während die übrigen Gallier berieten, dachte Critognatus schon an seine Rede.
- **Präpositionaler Ausdruck:** Während der Beratung der übrigen Gallier dachte Critognatus schon an seine Rede.

b) Modale Sinnrichtung

Iupiter vultu pacem habente Europae metum demit.

- **Adverbialsatz:** Jupiter nimmt Europa dadurch die Furcht, dass sein Blick Frieden zeigt.

Dieser Abl. abs. könnte auch rein kausal interpretiert und übersetzt werden.

c) Kausale Sinnrichtung

Praeteritā diē, quā auxilia exspectaverant, Galli concilium coegerunt.

- **Adverbialsatz:** Weil der Termin, an dem sie Hilfstruppen erwartet hatten, vergangen war, riefen die Gallier einen Kriegsrat zusammen.
- **Gleichstellung:** Der Termin, an dem sie Hilfstruppen erwartet hatten, war vergangen; deshalb riefen die Gallier einen Kriegsrat zusammen.

d) Konzessive Sinnrichtung

Galli omni frumento consumpto se Romanis non dederunt.

- **Adverbialsatz:** Obwohl alles Getreide verbraucht war, ergaben sich die Gallier den Römern nicht.
- **Gleichstellung:** Alles Getreide war verbraucht; trotzdem ergaben sich die Gallier den Römern nicht.

→ Dieses Beispiel könnte auch aktivisch übersetzt werden: *Obwohl die Gallier alles Getreide verbraucht hatten, ergaben sie sich den Römern nicht.*

Begründung: Wie Sie in Caput I, Grammatica 6.2 gesehen haben, steht das gemeinsame Subjekt von Haupt- und Gliedsatz an der Spitze des Satzgefüges. Entsprechend steht oft, wie in diesem Beispiel, in einem Satz mit einem Abl. abs. das Subjekt beider Aussagen vor dem Abl. abs. Der Grund ist darin zu sehen, dass im Lateinischen kein aktives Partizip der Vorzeitigkeit zur Verfügung steht, um einen vorzeitigen Abl. abs. zu bilden, sodass die Aussage ins Passiv umgeformt werden muss, wenn ein vorzeitiger Abl. abs. gebildet werden soll. (Ein PVP eines Deponens kann wegen seiner aktiven Bedeutung nur in einem PC verwendet werden.)

1.4 Der nominale Ablativus absolutus

Ein Ablativus absolutus kann auch dadurch gebildet werden, dass an Stelle eines Partizips ein Substantiv oder Adjektiv, also ein Nomen, gesetzt wird. Wir sprechen dann vom nominalen Ablativus absolutus. Es gelten die unter 1.2 und 1.3 genannten Übersetzungsmöglichkeiten, allerdings ist ein präpositionaler Ausdruck oft vorzuziehen. Das Zeitverhältnis ist immer gleichzeitig. Bei den folgenden Beispielen soll die jeweils erste Übersetzung die Gleichzeitigkeit (→ Hilfsverb *esse*) verdeutlichen und die Grundlage für eine freiere Übersetzung bilden.

Caesare auctore Mandubii recepti non sunt.

Weil Caesar der Urheber war, Weil Caesar es veranlasste, Auf Veranlassung Caesars	wurden die Mandubier nicht aufgenommen.

Quietā Galliā Caesar in Italiam profectus est.

Weil Gallien ruhig war, Weil Ruhe in Gallien herrschte, Ruhe herrschte in Gallien; deshalb	begab sich Caesar nach Italien.

Parentibus invitis pueri versus Hierosolimam ire coeperunt.

Obwohl die Eltern unwillig waren, gegen den Willen der Eltern	begannen die Kinder, nach Jerusalem zu gehen.

2. Texterschließung und Übersetzung

2.1 TE 14: Analyse eines Ablativus absolutus

Die Analyse eines Abl. abs. kann in drei Schritten erfolgen:

1. Feststellung des Partizips im Ablativ (PGA oder PVP)
   oder – in selteneren Fällen – eines Nomens im Ablativ (siehe oben 1.4; ›Prädikatsablativ‹)
2. Feststellung des Beziehungswortes im Ablativ (→ ›Subjektsablativ‹)
3. Feststellung des Ablativus absolutus:
   Er reicht meistens vom ›Prädikatsablativ‹ bis zum ›Subjektsablativ‹, d.h., alle Satzglieder, die sich dazwischen befinden, gehören in der Regel zum Ablativus absolutus. Zu beachten ist allerdings, dass es bei einem Nomen als ›Prädikatsablativ‹ keine Adverbialien als Erweiterungen geben kann.

→ Da ein Ablativus absolutus eine satzwertige Konstruktion ist, müssen Sie ihn auf eine eigene Zeile setzen, wenn Sie sich die Struktur eines Textes mit dem kolometrischen Einrückverfahren verdeutlichen wollen. Dabei wird der Abl. abs. senkrecht unter dem Satz angeordnet, in dem er sich befindet.

2.2 Übersetzung eines Ablativus absolutus

Um einen Abl. abs. zu übersetzen, können Sie in drei Schritten verfahren:

1. Übersetzung des übergeordneten Satzes
   Übersetzen Sie den übergeordneten Satz, in den der Abl. abs. eingebettet ist, nach ÜR 1, 2, 3 und 5.
2. Arbeitsübersetzung
   Versuchen Sie, die Aussage des Abl. abs. zu verstehen, indem Sie aus dem ›Subjektsablativ‹ das Subjekt und aus dem ›Prädikatsablativ‹ das Prädikat bilden und unter Ergänzung der ggf. zugehörigen Satzglieder bei Beachtung der ÜR 2 übersetzen. Beachten Sie bei diesem Verfahren das Zeitverhältnis (GZ oder VZ) und das Genus Verbi (Aktiv oder Passiv). Sie haben jetzt eine sog. Arbeitsübersetzung des Ablativus absolutus.

→ Je nach vorgegebener Satzstellung kann es sinnvoll sein, die Reihenfolge dieser beiden Schritte zu tauschen.

3. Sinnrichtung
   Die Einzelaussagen des Abl. abs. und des ihm übergeordneten Satzes ermöglichen, unter Beachtung des weiteren Kontextes, die adverbiale Sinnrichtung zwischen diesen beiden Aussagen zu erfassen und die Arbeitsübersetzung des ganzen Satzes entsprechend zu gestalten.

Am Ende der Gesamtübersetzung überprüfen Sie Ihre Arbeitsübersetzung und wählen von den Wiedergabemöglichkeiten eines Abl. abs. die aus, die Sie aus inhaltlichen und stilistischen Gründen für angemessen halten.

Ein Beispiel

Taurus divus metu paulatim dempto Europae tergum praebet.

1. Taurus divus Europae tergum praebet.
(Der göttliche Stier bietet Europa seinen Rücken an.)
2. metu paulatim dempto
(Die Furcht ist allmählich weggenommen worden. *dempto* ist als PVP vorzeitig zu *praebet* und hat passive Bedeutung.
3. Der Kontext bietet eine kausale und zugleich auch temporale Sinnrichtung:
Der göttliche Stier bietet Europa seinen Rücken an, als ihr die Furcht allmählich genommen ist.

Die abschließende Übersetzungsregel lautet:

ÜR 15 Ein Ablativus absolutus kann in drei Schritten übersetzt werden:
1. Übersetzung des übergeordneten Satzes,
2. Erfassen der Aussage eines Ablativus absolutus durch Erstellen einer Arbeitsübersetzung unter Beachtung des Zeitverhältnisses und des Genus Verbi.
3. Erschließung der Sinnrichtung aus dem Kontext und Wahl einer der Wiedergabemöglichkeiten eines Ablativus absolutus.

EXERCITANDA

LECTIO 21

1. Übersetzen und Verstehen

Der Text ist nach dem kolometrischen Einrückverfahren gesetzt.

a) *Lesen Sie den Text zunächst langsam durch und bestimmen Sie Hauptsätze, Gliedsätze, Infinitiv- und Partizipialkonstruktionen.*
b) *Informieren Sie sich im Grammatikteil unter 1.1, 1.4 und 2.1 über den Ablativus absolutus.*
c) *Unterscheiden Sie die Partizipialkonstruktionen nach PC und Abl. abs.*
d) *Informieren Sie sich im Grammatikteil unter 1.2–4 und 2.2 über die Übersetzungsmöglichkeiten eines Abl. abs. und erstellen Sie sodann eine sog. Arbeitsübersetzung.*
e) *Überprüfen Sie abschließend Ihre Arbeitsübersetzung und erstellen Sie die Übersetzung, die Sie aus inhaltlichen und stilistischen Gründen für angemessen halten.*

2. Fragen zum Text

a) Quare Galli de exitu suae fortunae consultabant? b) Quod consilium Critognatus Gallis dat? c) Qua de causa Critognatus consilium suum dat? d) Quid Galli sententiis dictis constituunt? e) Nonne Mandubii Alesia eiecti a Caesare recepti sunt?

3. Formentraining

Bestimmen Sie die Formen und bilden Sie jeweils die entsprechende Form im Singular oder Plural.

aetate – auctore – compellente – constituo – corpora – dicto – die – exspectavissent – facientes – fortuna – inutili – omnibus – oppidi – praeteritum – sis – traditorum – uxori – videntium – vitae – vultu

4. Solisten

exitu	receptis	omnibus	oratione	me
vide	positis	orantibus	meridie	te
mari	dictis	orientibus	habente	se
vallo	fertis	occidentibus	hoste	e

5. Ein Spiel mit Sätzen I

Variae sententiae dictae sunt. Tum Critognatus orationem habuit.
Variis sententiis dictis Critognatus orationem habuit.

a) *Beschreiben Sie die Veränderungen, die sich aus der Zusammenfügung beider Sätze ergeben.*

b) *Verbinden Sie die folgenden Satzpaare entsprechend zu einem Satz:*

Omnes sententiae dictae sunt. Tum Mandubii oppido exire coacti sunt.
Mandubii miserabiliter flebant. Tamen Caesar custodias in vallo disposuit.
Die Gallier hatten beschlossen, die Römer in Cenabum *(Orléans)* zu überfallen:
Signum datum est. Tum Galli Cenabum concurrunt.

6. Ein Spiel mit Sätzen II

Beim Vesuvausbruch:
Nube permagnā visā avunculus locum altum ascendit.
Nubes permagna visa est. Tum avunculus locum altum ascendit.

Bilden Sie entsprechend aus den folgenden Sätzen Satzpaare:
Nuntio Rectinae accepto avunculus consilium mutat.
Avunculus aliis navibus fugientibus rectum cursum in periculum tenet.
Tectis valde nutantibus Plinii oppido excesserunt.

7. Caesars Expedition nach Britannien

Als Caesar 55 v. Chr. erstmals mit seinem Heer nach Britannien übergesetzt hatte, endete diese Expedition fast mit einer Katastrophe, da sehr viele seiner Schiffe durch eine Flutwelle zerstört wurden.

Multis navibus deletis milites Romani spem salutis non amiserunt.
Multis navibus Romanis deletis Britanni milites Romanos fortiter aggressi sunt.

a) *Erklären Sie die unterschiedliche Sinnrichtung der beiden Ablativi absoluti.*
b) *Übersetzen Sie beide Sätze dreimal, indem Sie die drei Wiedergabemöglichkeiten eines Abl. abs. anwenden.*

8. Lacon sive Spartanus

Die Spartaner wurden auch Lakonier genannt. In der folgenden Anekdote werden zwei Eigenschaften gezeichnet, die als typisch spartanisch gelten.
Vervollständigen Sie zunächst den Text mithilfe der Aussagen in dem Kästchen und übersetzen Sie.

Nonnulli viri tabulas .... aspiciebant. Quidam .... quā Athenienses .... fingebantur, »Ecce!« inquit, »Fortes Athenienses!« .... Lăcōn, qui adfuit, subiecit: »In tabulā.«

ab artifice claro pictas – conspectā tabulā – his verbis dictis – Spartanos occidentes

9. Das Ende eines Bürgerkrieges

L. Sergius Catilina, ein verarmter Patrizier aus altem Geschlecht, versuchte 63 v. Chr. gewaltsam, die Macht in Rom an sich zu reißen. Cicero, der in diesem Jahr Konsul war, deckte die Verschwörung auf; es kam schließlich zu einer Schlacht, in der Catilina fiel. Der Historiker Sallust (siehe Caput VIII, Exercitanda 7) hat in seinem Werk ›De coniuratione Catilinae‹ die Ereignisse des Jahres 63 v. Chr. geschildert und zugleich eine Deutung des Verlaufs der römischen Geschichte versucht. Der folgende Text beruht auf dem Schlusskapitel des Werkes; Sallust gestaltet gewissermaßen einen Gang über das Schlachtfeld, nachdem die Entscheidung in diesem Bürgerkrieg gefallen war.

Confecto proelio tum vero cerneres, quanta audacia quantaque animi vis fuisset in exercitu Catilinae. Nam fere quisque eum locum, quem vivus pugnando ceperat, amissa anima corpore tegebat. Catilina longe a suis inter hostium cadavera repertus est paulum etiam spirans ferociamque animi, quam habuerat vivus, in vultu retinens. Neque tamen exercitus populi Romani laetam aut incruentam victoriam adeptus erat. Multi, qui e castris videndi aut spoliandi causā processerant, cadaveribus hostilibus volutis amicum alii, alii hospitem aut cognatum reperiebant. Ita varie per omnem exercitum laetitia, maeror, luctus atque gaudia agitabantur.

a) Schreiben Sie den Text nach dem kolometrischen Einrückverfahren in Ihr Heft.

b) In der Schlacht standen sich zwei Heere gegenüber. Wie werden sie in dem Text benannt? Welcher Konnektor betont den Blickwechsel des Betrachters/Autors von der einen zur anderen Seite?

c) Nach der Übersetzung: Der letzte Satz kann als Zusammenfassung des Textes verstanden werden; er ist antithetisch und chiastisch gestaltet (siehe Caput VII, Grammatica 1b). Beschreiben Sie diese stilistische Gestaltung und überlegen Sie, welche Wirkung Sallust vielleicht durch dieses sprachliche Mittel erzielen wollte.

10. Kriege im Namen Gottes

10.1 Christen gegen Christen?

Im Jahre 1210 zog ein katholisches Heer unter der geistlichen Führung eines Abtes als Kreuzfahrerheer gegen die Albigenser. Diese sog. Ketzerbewegung, benannt nach der südfranzösischen Stadt Albi, berief sich in ihrem Glauben auch auf die Bibel, die sie allerdings auf ihre Weise verstand. So ist Christus für sie nicht Gottes Sohn, sondern ein Engel Gottes, der die Menschen vom Guten, das bei Gott ist, überzeugen soll.

Der Mönch Caesarius von Heisterbach (1190 – ca. 1240) berichtet von einem entscheidenden Ereignis in diesem Krieg, der Eroberung der südfranzösischen Stadt Biders (Béziers), die ein Zentrum der Albigenser war.

Venientes ad civitatem magnam,
        quae Biders vocatur,
obsederunt illam.
In quorum aspectu haeretici
super volumen Sacri Evangelii mingentes
de muro illud contra Christianos proiecerunt et
sagittis post illud missis
clamaverunt:
»Ecce, lex vestra, miseri!«
Christus vero, Evangelii sator, iniuriam
sibi illatam
non reliquit inultam.
Nam quidam satellites
zelo fidei accensi
leonibus similes
scalis appositis
muros ascenderunt.
Haereticis divinitus territis et declinantibus
illi

portas sequentibus aperientes
civitatem obtinuerunt.
Cognoscentes ex confessionibus civium
catholicos cum haereticis esse permixtos
dixerunt Abbati:
»Quid faciamus, domine?
Non possumus discernere inter bonos et malos!«
Abbas
timens,
        ne tantum timore mortis
        se catholicos esse
        simularent,
fertur dixisse:
»Caedite eos!
Novit enim Dominus,
        qui sunt eius!«
Sicque innumerabiles homines occisi sunt in civitate ille.

Der Text ist nach dem kolometrischen Einrückverfahren gesetzt. Bestimmen Sie die einzelnen Kola und übersetzen Sie.

10.2 Christus gegen Christus?

Erasmus von Rotterdam lebte und litt als Zeitgenosse Martin Luthers in einer Zeit großer Krisen und Kriege. Immer wieder standen sich in diesen Kämpfen Christen gegenüber. Diesen Sachverhalt hat er 1517 in seiner Schrift ›Querela pacis‹ *(›Die Klage des Friedens‹) thematisiert. Mit dem stilistischen Kunstgriff der Personifikation (siehe Caput III, Exercitanda 13) lässt er den Frieden selbst zu den Soldaten sprechen: es sei doch völlig absurd, wenn in einem Krieg beide Seiten unter dem Kreuz kämpften und in ihren Gottesdiensten zu Gott und Christus beteten:*

Quid in his sacris orat miles? **Pater noster.** Os durum, audes eum appellare Patrem, qui fratris tui iugulum petis? **Sanctificetur nomen tuum.** Qui magis dehonestari poterat nomen Dei, quam istius modi inter vos tumultibus? **Adveniat regnum tuum.** Sic oras, qui tanto sanguine tyrannidem tuam moliris? **Fiat voluntas tua, quemadmodum in coelo, ita et in terra.** Pacem vult ille, et tu bellum paras? **Panem cottidianum** a communi Patre petis, qui fraternas exuris segetes? ...

a) Zu welchem weltbekannten christlichen Gebet gehören die hervorgehobenen Teile des – hier verkürzten – Textes?

b) Welches Stilmittel bestimmt die Gestaltung und Aussage des Textes?

11. Blickpunkt Geschichte

Fügen Sie die Nomina aus dem Kästchen in die richtige Stelle und übersetzen Sie jedes Beispiel zweimal: als Gliedsatz und als Adverbiale.

a) Der Anfang Roms nach Sallust

Urbem Romam, sicuti ego accepi, condidere atque habuere initio Troiani, qui Aeneā .... profugi sedibus incertis vagabantur, cumque iis Aborigines, genus hominum agreste, sine legibus, sine imperio, liberum atque solutum.

b) Romulus und Remus

Fama est Remum Romulo .... murum adhuc parvulum novae urbis transiluisse; inde Romulum iratum fratrem interfecisse.

c) Tarquinius Superbus und das Ende des Königtums

Tarquinio .... regium imperium in superbiam dominationemque se converterat. Tandem nonnulli viri nobiles Bruto .... regem crudelem in exilium pepulerunt.

d) Buchanfänge im Bellum Gallicum Caesars

- *Commentarius IV:* Ea, quae secuta est hieme, qui fuit annus Cn. Pompeio M. Crasso ...., Germani magnā multitudine hominum flumen Rhenum transierunt.
- *Commentarius V:* L. Domitio Ap. Claudio .... Caesar ab hibernis in Italiam discedens legatis imperat, ut hieme naves aedificent veteresque reficiant.
- *Commentarius VII:* .... Galliā Caesar, ut constituerat, in Italiam proficiscitur.

e) Aus dem Lukas-Evangelium:

Factum est autem in diebus illis, exiit edictum a Caesare Augusto, ut describeretur universus orbis. Haec descriptio prima facta est .... Syriae Cyrino.

consulibus – consulibus – duce – duce – invito – quieta – praeside – rege

12. ›Aktuelles‹ zum Krieg

a) Cicero: Silent leges inter arma.
b) Vergil: Furor impius ore cruento.
c) Tibull (gest. 19 v. Chr.): Quis furor est atram bellis arcessere mortem?
d) Nach Vegetius (4. Jh. n. Chr.): Si vis pacem, para bellum!
e) Erasmus von Rotterdam: Bellum dulce inexpertis!

13. Lingua Latina Europaea

Italienisch	Spanisch	Portugiesisch	Französisch	Englisch	Lateinisch
vittoria	victoria	vitória	victoire	victory	
morte	muerte	morte	mort		
corpo	cuerpo	corpo	corps		

Italienisch	Spanisch	Portugiesisch	Französisch	Englisch	Lateinisch
città	ciudad	cidade	cité	city	
difendere	defender	defender	défendre	defend	
esercito	ejercito	exército	armée	army	

14. Übersetzungsschritte (Lectio 22)

a) *Informieren Sie sich über Ursachen und Verlauf des ersten Kreuzzugs.*

b) *Lesen Sie den Text langsam durch und stellen Sie fest, welche Personen auftreten, welche Örtlichkeiten genannt werden und ob Ihnen Schlüsselwörter auffallen.*

c) *Analysieren Sie den Text besonders in Hinblick auf Partizipialkonstruktionen und Gliedsätze.*

d) *Lesen Sie den folgenden Informationstext und diskutieren Sie ggf. in Ihrer Gruppe das Problem des* bellum iustum.

LECTIO 22: DIE EROBERUNG JERUSALEMS IM 1. KREUZZUG

Am Ende des 1. Kreuzzuges (1096–1099) kam es zur Eroberung Jerusalems. Ein anonymer Chronist hat über dieses Ereignis in einfacher Sprache berichtet. Nach furchtbaren Strapazen war das Kreuzfahrerheer schließlich nach Jerusalem gelangt. Die Belagerung und Eroberung der Stadt erwies sich als äußerst schwierig; so musste das von Hunger und Durst gepeinigte Heer u.a. erst Belagerungstürme bauen, bevor eine Erstürmung überhaupt möglich erschien. Doch am 15. Juli 1099 erfolgte der Sturm auf die Stadt.

Mirabiliter urbem aggressi sumus, sed nihil ei nocere potuimus eramusque omnes stupefacti ac in nimio pavore. Appropinquante autem hora, in qua Dominus noster Iesus Christus dignatus est pro nobis sufferre patibulum crucis, nostri milites in castello fortiter pugnabant Godefrido Eustachio ducibus. Tunc ascendit miles quidam super murum urbis. Cum ascendit, omnes defensores fugerunt per muros et per civitatem, nostri subsecuti persequebantur eos occidendo et detruncando usque ad templum Salomonis. Ibique talis occisio facta est, ut nostri in sanguine illorum pedes usque ad cavillas mitterent.

Im Süden Jerusalems erwies sich der Angriff, der hier unter dem Grafen Raimund geführt wurde, als besonders schwierig, da man erst einen Graben mit Felsbrocken auffüllen musste, um einen Belagerungsturm an die Stadtmauer heranbringen zu können.

Tandem plenā foveā milites conduxerunt castellum iuxta murum. Illi autem, qui intus erant, mirabiliter proeliabantur cum nostris igne et lapidibus. Itaque Raimundus comes audiens, quod Franci essent in urbe, suis dixit hominibus: »Quid tardatis? Ecce, omnes

Franci iam sunt in urbe.« Amiralius itaque, qui erat in Turri David, reddidit se comiti. Portā apertā nostri civitatem intraverunt civesque persequebantur et occidebant Saracenos usque ad templum Salomonis. In quo congregati illi dederunt nostris permagnum bellum per totum diem, ita ut sanguis illorum per totum templum flueret. Tandem superatis paganis apprehenderunt nostri masculos et feminas satis in templo et occiderunt, quos voluerunt, et quos voluerunt, retinerunt vivos. Super templum vero Salomonis erat permagna paganorum congregatio utriusque sexūs, quibus duces nostri sua vexilla dederunt.

Mox cucurrerunt per universam urbem capientes aurum et argentum, equos et mulos domosque plenas omnibus bonis. Venerunt autem omnes nostri gaudentes et prae nimio gaudio plorantes ad nostri Salvatoris Iesu sepulcrum adorandi causa.

Mane autem facto ascenderunt nostri supra tectum templi et invaserunt Saracenos masculos et feminas, decollantes eos nudis ensibus. Alii vero dabant se praecipites e templo.

Die Belagerung und Eroberung Jerusalems im Jahr 1099. Mittelalterliche Miniatur, 13. Jh. – Ganz selbstverständlich gestaltet der Maler Schauplatz und Kulissen nach dem Vorbild der eigenen Umwelt.

LEGENDA · LEGENDA · LEGENDA · LEGENDA

BELLUM IUSTUM

Die in diesem Kapitel dokumentierten Ereignisse werfen sicher die Frage auf, ob ein Krieg überhaupt legitimiert werden kann. Dieses Problem eines *bellum iustum* ist seit der Antike diskutiert worden. Im Folgenden werden einige Positionen vorgestellt, die zur Auseinandersetzung anregen möchten.

Eine Lehre des gerechten Krieges entwickelte sich in Rom aus Anfängen schon in der Königszeit. Nach Cicero war es der König Tullius Hostilius, der ein Priesterkollegium von zwanzig sog. Fetialen einrichtete, die das *ius fetiale*, d. h. den sakralen Rechtsverkehr von Volk zu Volk zu wahren hatten. Danach war ein Krieg nur dann ›rechtens‹, wenn er unter Einhaltung ritueller Handlungen der Fetialpriester begonnen wurde. Das bedeutete u. a., dass jeder Krieg angekündigt und erklärt werden musste. Zu diesen formalen kommen bei Cicero inhaltliche Bedingungen hinzu:

1. Es bedarf eines berechtigten Grundes: d. h. einerseits, dass einem Staat Unrecht geschehen ist, z. B. durch Raub oder Plünderungen – dann muss vor Kriegsbeginn eine Forderung nach Wiedergutmachung gestellt und nicht erfüllt worden sein –, andererseits, dass angreifende Feinde zurückzuschlagen sind.

2. Ein Krieg darf nur für legitime Ziele geführt werden. Kriege dürfen also nur, wie Cicero sagt, begonnen werden, »damit man, ohne Unrecht zu erleiden, in Frieden leben kann.« Andere Kriegsgründe gibt es nicht. Mit dieser Lehre Ciceros wurde das *bellum iustum* zugleich zu einer Regel und einem Maßstab für die gesamte Gemeinschaft der Staaten und Völker.

Diese antike Idee des *bellum iustum* ging im Mittelalter verloren. Mit der Entwicklung eines *miles Christianus* und der Kreuzzugsbewegung entstand zugleich die Vorstellung heiliger Kriege: Kriege werden mit religiösen Argumenten gerechtfertigt. So heißt es im Sachsenspiegel, dem ältesten Rechtsbuch in deutscher Sprache: »Zwei Schwerter hinterließ Gott auf der Erde, um die Christenheit zu beschirmen: dem Papst das geistliche, dem Kaiser das weltliche.« Letzterer muss also die Christenheit auch

Alfred Kubin: Der Krieg (1907)

mit Waffengewalt vor ihren Feinden, den Heiden und Ungläubigen, schützen.

Martin Luther ist diesem Denken noch weithin verhaftet. In seiner Schrift *Ob Kriegsleute auch im seligem Stande sein können* (1526) entwickelt er die Theorie, Krieg sei ein Gottesgericht. »Weil das Schwert von Gott eingesetzt ist, die Bösen zu strafen, die Frommen zu schützen und Frieden zu bewirken, so ist es zwingend bewiesen, dass Kriegführen und Würgen und was Kriegslauf und -recht mit sich bringt, von Gott eingesetzt ist. Was ist Krieg anderes, als Unrecht und Böses zu strafen ... (weil) man Frieden und Gehorsam haben will?« Deshalb sei »Würgen und Rauben ein Werk der Liebe. ... Denn wenn das Schwert nicht wehrte und den Frieden erhielte, so müsste alles durch Unfrieden verderben, was in der Welt ist. Deshalb ist ein solcher Krieg nichts anderes als ein kleiner, kurzer Unfriede.« Die Welt sei nun mal böse, und da Gott das Schwert eingesetzt habe, sei »die Hand, die solch ein Schwert führt, ... alsdann auch nicht mehr eines Menschen Hand, sondern Gottes Hand, und nicht der Mensch, sondern Gott henkt, rädert, enthauptet, würgt und führt Kriege. Es sind alles seine Werke und seine Gerichte.«

Erasmus von Rotterdam, der ja ein Zeitgenosse Luthers war, hat in dieser Frage eine vollkommen entgegengesetzte Position vertreten. In seiner *Institutio principis* christiani *(Unterweisung des christlichen Fürsten)* aus dem Jahre 1516, möchte er seine Leser argumentativ überzeugen, dass ein *bonus princeps*, ein guter Fürst, prinzipiell jeden Krieg ablehnen müsste:

1. Eine allgemeine Abwägung von Krieg und Frieden zeige, dass der Frieden ehrenhaft und heilbringend sei, Krieg aber immer unheilbringend sei und gewaltige Schäden nach sich ziehe. Das gelte auch für einen sog. gerechten Krieg, falls es den überhaupt gebe.
2. Eine ökonomische Berechnung ergebe immer, dass die Kosten eines Krieges höher seien als der Nutzen auch eines möglicherweise sicheren Sieges.
3. Eine kritische juristisch-politische Betrachtung möglicher Kriegsgründe führe zu der Erkenntnis, dass alle Gründe für einen sog. gerechten Krieg nur subjektive Vorwände seien.
4. Eine anthropologische Überlegung zur Natur des Menschen lege nahe, dass jeder Krieg letztlich durch Ehrgeiz, Zorn, Wildheit, Begierde oder Habsucht verursacht sei.
5. Aus dem Gesagten folge, dass ein guter Fürst niemals von sich aus einen Krieg führen werde, sondern alles versuchen werde, ihn zu vermeiden. Wenn aber alle diesbezüglichen Versuche gescheitert seien, dann könne es nötig sein, Krieg mit dem einen Ziel zu führen, ihn unter möglichst geringem Schaden so schnell wie möglich zu beenden.

Wie allgemein bekannt, hat sich diese weitgehend pazifistische Auffassung des Erasmus in Geschichte und Gegenwart nicht allgemein durchsetzen können. Deshalb sei hier abschließend als Zeichen einer zukunftsorientierten hoffnungsvollen Aufgabe ein Satz aus der Präambel der Verfassung der UNESCO zitiert: »Da Kriege in den Köpfen der Menschen beginnen, muss in den Köpfen der Menschen Vorsorge für den Frieden getroffen werden.«

· CAPUT XII ·

AMOR VOLAT UNDIQUE

Die Überschrift dieses Kapitels, ein Vers aus den ›Carmina Burana‹, einer mittelalterlichen Gedichtsammlung aus dem Kloster Benediktbeuren, beschreibt, was alle wissen: Amor fliegt überall und allenthalben. Der geflügelte Gott der Liebe, der freche und verspielte Sohn der Göttin Venus, ist in der Gegenwart so bekannt, wie er es in Antike und Mittelalter war. Sie werden im Folgenden einige literarische Beispiele kennenlernen, die den Gott und sein Wirken behandeln.

LECTIO 23: AMOR UND PSYCHE

Die Geschichte von Amor und Psyche ist Teil eines umfangreicheren Werkes, das unter dem Titel ›Asinus aureus‹ (›Der goldene Esel‹) in die Weltliteratur eingegangen ist. Apuleius, der Autor, wurde 125 n. Chr. im afrikanischen Madaura geboren, er ist nach 180 n. Chr., vermutlich in Karthago, gestorben. Sein Ruhm beruht auf diesem Werk, das ursprünglich den Titel Metamorphosen trug; es ist der einzige erhaltene Roman der Antike in lateinischer Sprache. Eingebunden in eine Rahmenhandlung werden verschiedene Geschichten erzählt, darunter das Märchen von Amor und Psyche. Der folgende, stark gekürzte Text des Märchens möchte Ihnen einen Eindruck von diesem vieldeutigen Werk vermitteln.

Erant in quadam civitate rex et regina. Hi tres filias pulcherrimas habuere, sed maiores natu, quamvis gratissima specie essent, tamen laudibus humanis idonee celebrari poterant, at tam praecipua, tam praeclara pulchritudo sororis minoris sermonis humani penuriā neque exprimi neque laudari poterat. Haec Psychē – hōc enim nomine filia minima nominabatur – non modo formosior quam sorores, sed etiam formosior omnibus puellis illius regni, quin etiam formosissima virgo totius orbis terrarum esse ferebatur. Permulti denique cives et peregrini Psychēn ut ipsam deam Venerem religiosis venerabantur adorationibus.

Interea Psyche nullum decoris sui fructum percipit. Spectatur ab omnibus, laudatur ab omnibus, nec quisquam, non rex, non regius, nec de plebe saltem cupiens Psychen petit. Illae duae maiores sorores iam beatas nuptias adeptae erant, sed Psyche virgo vidua domi residens deflet suam solitudinem pulchritudinemque odit. Sic infortunatissimae filiae miserrimus pater Apollinis dei vetustissimum percontatur oraculum.

Der Spruch des Orakels ist furchtbar: Psyche soll auf einem hohen Berg über einem Abgrund ihren Gemahl, ein grausames Ungeheuer, erwarten. Doch sie wurde gerettet: Zephir, der Wind aus dem Westen, trug sie ins Tal, wo sie einen Palast von unglaublicher Schönheit fand, in dem es an nichts fehlte. Sie hörte Musik, Stimmen und wurde bedient, aber sie konnte niemanden sehen. Schließlich ging sie, als es Nacht wurde, schlafen.

Iamque provectā nocte clemens quidam sonus aures eius accedit. Tunc virginitati suae pro tantā solitudine metuens et pavet et horrescit et timet, quod ignorat. Iamque aderat ignobilis maritus et torum ascenderat et uxorem sibi Psychen fecerat et ante lucis exortum properius discesserat. Haec diutino tempore sic agebantur.

Mit der Zeit wurde Psyche jedoch unglücklich, war sie doch immer allein mit ihrem nächtlichen Gatten, den sie nur fühlte, den zu sehen ihr aber verboten war. Schließlich durften ihre Schwestern sie besuchen. Als diese alles sahen und hörten, ergriff sie Neid und Habgier, und sie planten einen ruchlosen Anschlag auf ihre Schwester. Sie erinnerten Psyche an den Orakelspruch: Ihr Gatte sei jenes Ungeheuer, ein furchtbarer Drache, der sie schließlich fressen werde. So überredeten sie Psyche, ihn zu töten.

Amor und Psyche, lieblich. Mosaik in der römischen Villa von Piazza Armerina/Sizilien, 4. Jh. n. Chr.

At Psyche multis calamitatis suae affectibus distrahitur: festinat differt, audet trepidat, diffidit irascitur et, quod est ultimum, in eodem corpore odit bestiam, diligit maritum. Iamque iterum nox aderat et maritus advenerat et Veneris proeliis velitatus somnum altum ceperat. Tunc Psyche lucernam protulit atque novaculam arripuit. Sed cum primum lumine secreta tori claruerunt, videt omnium ferarum mitissimam dulcissimamque bestiam, ipsum illum Cupidinem formosum deum formose cubantem. At Psyche tanto aspectu deterrita tremens desedit in imos poplites et ferrum quaerit abscondere, sed in suo pectore; quod profecto fecisset, nisi ferrum timore tanti flagitii manibus temerariis delapsum esset. Iamque, dum saepius divini vultus pulchritudinem intuetur, recreatur animus Psychae. Subito autem illa lucerna evomuit de summa luminis sui stillam ferventis olei super umerum dei dexterum. Sic inustus exsiluit deus et quam celerrime ex osculis et manibus infelicissimae coniugis tacitus avolavit.

Aber auch dieses Märchen findet schließlich noch ein Happy End: Vereint mit Amor gewinnt Psyche die Unsterblichkeit.

GRAMMATICA

Die Komparation (Steigerung)

Das Lateinische kennt, wie das Deutsche, drei Stufen der Steigerung:

- den Positiv: die Grundstufe der Adjektive oder Adverbien (siehe Fundamentum II.3.1.2; Caput IV, Grammatica 5);
- den Komparativ: die Vergleichsstufe, auch Höherstufe genannt;
- den Superlativ: die Höchststufe.

1. Regelmäßige Steigerungsformen

1.1 Die Formen des Komparativs: Adjektive

Adjektive werden in die Vergleichsstufe gesetzt, indem die Endungen -***ior*** für das Maskulinum und Femininum und -***ius*** für das Neutrum an den Wortstamm gehängt werden:

grat-us, a, um *(angenehm)*	grat-ior, grat-ius
miser, a, um *(elend)*	miser-ior, miser-ius
pulcher, -chr-a, -chr-um *(schön)*	pulchr-ior, pulchr-ius
dulc-is, e *(süß)*	dulc-ior, dulc-ius
celer, celer-is, celer-e *(schnell)*	celer-ior, celer-ius
facil-is, e *(leicht* [zu tun]*)*	facil-ior, facil-ius.

→ Komparative werden wie die konsonantischen Stämme der 3. Deklination gebeugt (siehe Caput IV, Grammatica 2.1.1).

1.2 Die Formen des Superlativs: Adjektive

Es gibt **drei regelmäßige Arten**, die Höchststufe eines Adjektivs zu bilden:

a) Die Endung -***issimus, a, um*** wird an den Stamm des Adjektivs angefügt:

grat-us, a, um	grat-issimus, a, um
dulc-is, e	dulc-issimus, a, um

b) Bei den Adjektiven auf *-er* wird die Endung -***rimus, a, um*** an den Nominativ Singular Maskulinum angehängt:

miser, a, um	miser-rimus, a, um
pulcher, pulchr-a, pulchr-um	pulcher-rimus, a, um
celer, celer-is, celer-e	celer-rimus, a, um

c) Bei einigen Adjektiven auf *-lis* wird die Endung -***limus, a, um*** an den Stamm gesetzt:

facil-is, e	facil-limus, a, um

→ Die Beugung der Superlative erfolgt nach der 1. und 2. Deklination.

1.3 Die Steigerungsformen des Adverbs

Adverbien aller Adjektive bilden:
- den Komparativ mit der Endung für den Akkusativ Singular Neutrum: -***ius***;
- den Superlativ mit der Endung -***ē***:

	Positiv	Komparativ	Superlativ
grat-us	grat-ē	grat-ius	gratissim-ē
pulcher	pulchr-ē	pulchr-ius	pulcherrim-ē
dulc-is	dulc-iter	dulc-ius	dulcissim-ē
celer	celer-iter	celer-ius	celerrim-ē

2. Besonderheiten in der Bildung von Steigerungsformen

2.1 Steigerung mit verschiedenen Stämmen

Positiv	Komparativ	Superlativ
bonus *(gut)*	melior	optimus
malus *(schlecht)*	peior	pessimus
magnus *(groß)*	maior	māximus
parvus *(klein)*	minor	minimus
multum *(viel)*	plūs	plūrimum
multī *(viele)*	plūrēs	plūrimī

Die meisten dieser Steigerungsformen, die Sie der Tabelle links entnehmen können, sind Ihnen bereits als Vokabel bekannt. Sie werden wie die regelmäßigen Steigerungsformen dekliniert.

2.2 Unvollständige Steigerung

Einige Steigerungsformen sind von Adverbien oder Präpositionen abgeleitet, z. B.:

intrā *(innerhalb)*	interior *(der innere)*	intimus *(der innerste)*
extrā *(außerhalb)*	exterior *(der äußere)*	extrēmus *(der äußerste)*
prae *(vor)*	prior *(der frühere)*	prīmus *(der erste)*
diū *(lange)*	diūtius *(länger)*	diūtissimē *(am längsten)*

Weitere derartige Steigerungsformen finden Sie bei ihrem erstmaligen Auftreten im Vokabular.

2.3 Umschreibende Steigerung

Adjektive auf *-us* mit vorangehendem Vokal als Stammauslaut bilden den Komparativ und Superlativ mit Umschreibung durch *măgis* (mehr) und *māximē* (am meisten):

Positiv	Komparativ	Superlativ
idōnĕus *(geeignet)*	magis idoneus *(geeigneter)*	māximē idoneus *(der geeignetste, am meisten geeignete*

2.4 Das Verb *mālle*

Wie das Verb *nōlle* ursprünglich aus *ne* (das entspricht *nōn*) und *velle* zusammengesetzt ist, so ist auch das Verb *mālle* aus zwei Wörtern zusammengezogen, nämlich aus *magis* und *velle*. Dies bedingt eine besondere Beachtung der Formen des Indikativs Präsens:

Sg.	mālō	māvīs	māvult
Pl.	mālumus	māvultis	mālunt

Alle anderen Formen werden entsprechend den Formen von *nōlle* entweder vom Präsensstamm *māl-* oder vom Perfektstamm *mālu-* gebildet.

→ In *mālle* ist stets die Komparativform *magis* ›versteckt‹:

Puer ludere mavult quam discere. — Der Junge will lieber spielen als lernen.

3. Die Funktionen der Steigerungsformen

3.1 Komparativ und Superlativ in relativer Verwendung: Vergleiche

3.1.1 Der Komparativ

Der Komparativ drückt aus, dass bei einem Vergleich *zweier* Personen oder Sachen der einen ein bestimmtes Merkmal in relativ höherem Maße zukommt als der anderen. Dabei gibt es verschiedene Möglichkeiten, diese Relation, d.h. den Bezugspunkt des Vergleichs, zu bezeichnen:

a) quam *(als)*

Psyche formosior **quam sorores** est.	Psyche ist schöner **als ihre Schwestern**.

b) Ablativus comparationis

Dieser Ablativ des Vergleichs kann statt *quam* mit Nominativ oder Akkusativ stehen.

Psyche formosior **omnibus puellis** illius regni est.	Psyche ist schöner **als alle Mädchen** jenes Reiches.

c) Vergleichssätze

In Lectio 24 finden sich – eine stilistische Vorliebe des Autors – mehrere Vergleichssätze. Dabei werden zwei Merkmale verglichen, die selbst schon im Komparativ stehen. Eingeleitet werden diese Sätze durch die Konnektoren *quo ... eo ...* oder *quanto ... tanto ...*, beide in der Bedeutung ›je ... desto/umso ...‹

Hoc bonum **eo** amplius puellam commendabat, **quo** est rarius in mulieribus.	Dieses Gut empfahl das Mädchen **umso** mehr, **je** seltener es sich bei Frauen findet.

d) Finalsätze mit Komparativ

In Finalsätzen kann statt *ut eo* mit Komparativ in der Bedeutung ›damit desto/umso ...‹ auch *quo* mit Komparativ stehen.

Psyche lucernam in altum effert, **quo melius** maritum videat.	Psyche hebt die Lampe in die Höhe, damit sie ihren Gatten **desto besser** sieht.

→ Der Bezugspunkt des Vergleichs wird bei dieser Verwendung des Komparativs nicht *expressis verbis* benannt, da er aus dem Kontext unmittelbar hervorgeht: *Mit erhobener Lampe sieht Psyche natürlich besser als ohne erhobene Lampe.*

3.1.2 Der Superlativ

Der Superlativ drückt aus, dass bei einem Vergleich von drei oder mehr Personen oder Sachen eine ein bestimmtes Merkmal in relativ höchstem Maße besitzt. Die Personen oder Sachen, auf die sich der Vergleich bezieht, stehen im Allgemeinen im Genitivus partitivus (siehe Caput IV, Grammatica 2.2.2).

Psyche **formosissima** virgo **omnium virginum** totius orbis terrarum est.	Psyche ist die **schönste** Jungfrau **aller Jungfrauen** der ganzen Welt.

Gelegentlich wird ein Satz mit *quam* und Superlativ verkürzt wiedergegeben und übersetzt.

Amor, **quam celerrime potuit**, avolavit.	Amor flog davon, wie er es am schnellsten konnte/so schnell er konnte.
Amor **quam celerrime** avolavit.	Amor flog so schnell wie möglich/möglichst schnell davon.

3.2 Komparativ und Superlativ in absoluter Verwendung

Beide Vergleichsstufen können gebraucht werden, ohne Vergleichspunkte zu nennen; sie stehen dann gewissermaßen absolut, losgelöst von einem direkten Bezug.

3.2.1 Der Komparativ

Der Komparativ bezeichnet in diesem Fall das Vorhandensein eines Merkmals über das gewöhnliche Maß hinaus. Im Deutschen kennzeichnen Wörter wie ›zu, etwas, recht, ziemlich‹ diesen Sachverhalt.

Maritus ante lucis exortum **properius** discesserat.	Der Gatte hatte sich vor Tagesanbruch **ziemlich eilig** entfernt.

3.2.2 Der Superlativ als Elativ

Der Superlativ drückt in absoluter Verwendung aus, dass eine Person oder Sache in einem Merkmal das gewöhnliche Maß in auffälliger Weise überragt. Wir sprechen dann vom Elativ (< efferre). Im Deutschen wird der Elativ entweder durch hervorhebende Adverbien wie ›sehr, außerordentlich, überaus, höchst‹ wiedergegeben oder durch vergleichende Zusammensetzungen wie ›todtraurig, rabenschwarz, bildhübsch‹ usw.

Sic infortunatissimae filiae miserrimus pater vetustissimum oraculum percontatur.	So befragt der äußerst betrübte Vater einer todunglücklichen Tochter ein uraltes Orakel.

→ Elativformen können auch durch die Vorsilben *per-* und *prae-* gebildet werden: siehe Caput VI, Exercitanda 11.

3.3 Übersetzungsregel

Die unterschiedlichen Möglichkeiten, Steigerungsformen relativ oder absolut zu verwenden, erfordern im Übersetzungsprozess eine besondere Aufmerksamkeit. Darauf verweist die zusammenfassende Übersetzungsregel:

ÜR 16 Um einen Komparativ oder Superlativ angemessen zu übersetzen, ist es nötig, den Kontext daraufhin zu befragen, ob ein unmittelbarer Vergleich vorliegt oder ein über das gewöhnliche Maß hinausgehendes Merkmal bezeichnet werden soll bzw. eine Person oder Sache gekennzeichnet wird, die in auffälliger Weise das gewöhnliche Maß überragt.

EXERCITANDA

LECTIO 23

1. Übersetzen und Verstehen

a) Beschreiben Sie das Bild und versuchen Sie eine Interpretation.
b) Informieren Sie sich im Grammatikteil unter 1.1–2 über die Steigerungsformen.
c) Übersetzen Sie den Text ›Satz für Satz‹ und versuchen Sie, die Steigerungsformen aus dem Kontext heraus angemessen wiederzugeben.
d) Informieren Sie sich im Grammatikteil unter 1.3 über die Funktionen der Komparation.
e) Wiederholen Sie die Funktionen der Vergangenheitstempora (Caput V, Grammatica 2.2) und die Bedeutung des Praesens historicum (Caput VII, Grammatica 1 a).
f) Fertigen Sie abschließend eine Übersetzung an, die Sie aus inhaltlichen, grammatischen und stilistischen Gründen für angemessen halten.

2. Fragen zum Text

a) Quare Psyche infortunatissima fuit? b) Quem aut quid pater Psychae consulit? c) Quomodo fieri potest, ut Psyche maritum et oderit et diligat? d) Quid videt Psyche, cum primum lumine secreta tori claruerunt? e) Quomodo Amor stilla ferventis olei excitatus se gerit?

3. Formentraining

Bestimmen Sie die Formen und bilden Sie, soweit möglich, die jeweils entsprechende Form im Singular oder Plural.

altius – beatis – celerius – clarissima – divinus – dulciter – facillimum – felicissimarum – formose – grata – humaniores – idoneas – maiorum – maximo – minoris – minimum – miserior – omnibus – pulcherrime – saepius.

4. Solisten

melior	res	stultissimum	animus	fortius
brevior	dulces	humanissimum	filius	medius
civilior	celeres	arborum	liberius	regius
audior	sapientes	plurimum	salus	proprius

5. ›Curricula‹

a) Ein Pferderennen

Zwei Freunde begutachten die Rennpferde.

Lucius: Equus niger certe (celerior/celerrimus) omnium equorum est, nam crura ei (longiora/longissima) sunt quam reliquis equis.

Claudius: Ceteros equos etiam (celerrime/celerrimi) currere posse credo. Exspectemus finem curriculi!

Subito vir quidam de summa cavea mappam in arenam iacit. Quo signo dato equi quam (celeriter/celerrime) currunt; equus niger non vincit.

Lucius: Certe scio equitem illius equi nigri heri (aegrotiorem/aegrotius) fuisse et ultima nocte (paucissimas/paucissime) horas dormivisse. Nisi (defessior/defessius) fuisset, certe (celerius/celerrime) reliquis equitibus equitavisset atque vicisset.

Wählen Sie die jeweils richtige Form. Nach welchen Gesichtspunkten entscheiden Sie sich?

b) Ein ›märchenhafter‹ Wettlauf

Ein Hase und ein Igel begegneten sich eines Morgens an einem Feldrand. Als der Hase den Igel wegen seiner kurzen, krummen Beine verspottete, sagte dieser:

»Certatim curramus! Ego citius currere possum quam tu!« Lepus cruribus suis longioribus confidens clamavit: »Optime! Curramus!« Sed ericius: »Moram peto, nam nondum prandi.« »Habeas!« respondit lepus superbius ridens.

Domi ericius uxori consilia sua aperuit: »Noli timere! Lepus stultissimus iam victus est!«

Paulo post lepus ericium exspectavit: »Tandem ades! Esne paratus?« »Paratus sum«, respondit ericius. Uterque in sulco suo constitit. Lepus numeravit: »Unus, duo, tres!« Et iam cucurrit quam celerrime. Ericius autem paucos gradus fecit, deinde considens in sulco suo se occultavit. Lepore fini agri appropinquante uxor ericii e sulco surrexit clamans: »Iam adsum!« Lepus »Hercle!«, inquit, »fieri non potest! Iterum curramus!«

»Libentissime!«, uxor ericii dixit. At lepus, quamquam celerius vento per agrum volavit, ab ericio exspectatus est: »Iam adsum!« »Iterum!«, clamavit. »Sine mora!«, respondit ericius. Et lepus cucurrit cucurritque, donec mortuus corruit. Ericius uxorque laetissime domum reverterunt.

Begründen Sie, welche Steigerungsformen Sie relativ, welche absolut übersetzen.

6. Catull und Lesbia

C. Valerius Catullus aus Verona war ein Zeitgenosse Caesars und Ciceros. Er lebte von ca. 80–51 v. Chr. Catull gilt als einer der größten Dichter Roms. Besonders seine Liebesgedichte für und über Lesbia machten ihn und sie unsterblich. Sie spiegeln gewissermaßen ein Drama von Liebe und Eifersucht, von Begehren, Verrat und verzweifelter Enttäuschung, das durch seine Unmittelbarkeit und Authentizität bis heute die Leser anzurühren vermag. Gleichwohl wurde Catull erst im 20. Jahrhundert für die Musik entdeckt, u. a. durch den bayrischen Komponisten Carl Orff. Seine Catulli Carmina erschienen im Jahre 1943. Die folgenden drei Gedichte sind in diesem Werk enthalten.

6.1 Vivamus! (c.5, verkürzt)

Vivamus, mea Lesbia, atque amemus
rumoresque senum severiorum
omnes unius aestimemus assis!
Soles occidere et redire possunt:
nobis cum semel occidit brevis lux,
nox est perpetua ...
Da mi basia mille, deinde centum,
dein mille altera, dein secunda centum,
deinde usque altera mille, deinde centum! ...

6.2 Odi et amo (c.85)

Odi et amo. Quare id faciam, fortasse requiris.
Nescio, sed fieri sentio et – excrucior!

6.3 Dicebas quondam, Lesbia, ... (c.72)

Dicebas quondam solum te nosse Catullum,
Lesbia, nec prae me velle tenere Iovem.
Dilexi tum te non tantum, ut vulgus amicam,
sed pater ut gnatos diligit et generos.
Nunc te cognovi: quare etsi impensius uror,
multo mi tamen es vilior et levior.
»Qui potis est?«, inquis. Quod amantem iniuria talis
cogit amare magis, sed bene velle minus.

Lesehilfe zu Vers 1–2:
Dicebas quondam, Lesbia, te Catullum solum novisse nec prae me Iovem tenere velle.

a) *Erläutern Sie die verschiedenen Phasen in der Beziehung von Catull und Lesbia, die in diesen drei Gedichten zum Ausdruck kommen.*
b) *Wie verstehen Sie den Unterschied von* amare *und* bene velle *im letzten Vers des dritten Gedichtes?*

7. Carmina Burana

Die folgenden Gedichte sind den ›Carmina Burana‹, den ›Liedern aus Benediktbeuren‹, entnommen. Auch sie sind von Carl Orff vertont worden und sind Teil seiner Carmina Burana aus dem Jahre 1937.

7.1 Venias!

Veni, veni, venias,
ne me mori facias! ...

Pulchra tibi facies,
oculorum acies,
capillorum series:
O, quam pulchra species!

Rosa rubicundior
lilio candidior,
omnibus formosior,
semper in te glorior!

7.2 In trutina mentis

In trutinā mentis dubiā
fluctuant contraria:
lascivus amor et pudicitia.

Sed eligo, quod video;
collum iugo praebeo,
ad iugum tamen suave transeo.

7.3 Dulcissime!

Dulcissime!
Totam tibi subdo me.

Wenn Sie diese drei Gedichte zu vertonen hätten: Welche Stimmen bzw. Stimmlagen würden Sie Ihnen zuordnen?

8. Ein Schwanengesang

Das folgende Gedicht ist als ein parodistisches Trinklied zu verstehen: Ein gegrillter Schwan singt sein Todeslied. Carl Orff hat ihm in den Carmina Burana Stimme und Melodie gegeben.

1. Olim lacus colueram,
olim pulcher exstiteram,
dum cygnus ego fueram.

2. Eram nive candidior,
quavis ave formosior;
modo sum corvo nigrior.

3. Me rogus urit fortiter,
gyrat, regyrat garcifer;
propinat me nunc dapifer.

4. Mallem in aquis vivere,
nudo semper sub aere,
quam in hoc mergi pipere.

5. Nunc in scutella iaceo
et volitare nequeo;
dentes frendentes video.

Refrain: Miser! Miser!
Modo niger
et ustus fortiter!

Wenn Sie die Gedichte aus Benediktbeuren (siehe oben 7 und 8) mit den Catullgedichten (siehe oben 6) vergleichen, werden Sie sicher einen wesentlichen Unterschied zwischen antiker und mittelalterlicher Dichtung feststellen!?

9. Außerordentliches

Die folgenden Superlativformen (a) sind elativisch übersetzt (b). Treffen Sie die richtige Zuordnung.

a) altissimus (2) – antiquissimus – celerrimus – dulcissimus – durissimus – facillimus – fortissimus – infelicissimus – laetissimus – longissimus – maximus – minimus – miserrimus – novissimus – nudissimus – plenissimus – proximus – pulcherrimus – stultissimus – tristissimus

b) abgrundtief – baumlang – bildschön – blitzschnell – brandneu – haushoch – hautnah – hundeelend – kinderleicht – kreuzfidel – randvoll – riesengroß – splitternackt – stahlhart – strohdumm – tieftraurig – todesmutig – todunglücklich –uralt – winzigklein – zuckersüß

10. Vorzüge

10.1 *Euklid, Mathematiker (um 300 v. Chr.)*

Euclidus quaerenti, uter esse mallet: Croesus an Socrates, respondit: »Vivus mallem esse Croesus, moriens Socrates.«

10.2 *Cicero klagt*

Cicero beklagt das Verhalten manch junger Männer, wenn deren Lernort neben dem Sportplatz liegt:

Illi auditores discum audire quam philosophum malunt; qui, simulatque sonum disci audiverunt, philosophum de maximis rebus et gravissimis disputantem omnes relinquunt. Ita levissimam delectationem gravissimae utilitati anteponunt.

10.3 *Ein verantwortlicher Vater*

Themistocles, cum consuleretur, utrum bono viro pauperi an diviti viro minus probato filiam in matrimonium dare mallet, respondit:

a) »Ego malo virum, qui pecuniā eget, quam pecuniam, quae viro.«

b) »Ego malo virum, qui pecuniā eget, pecuniā, quae viro.«

Erklären Sie den grammatischen Unterschied der beiden Fassungen der wörtlichen Rede.

11. Eine Frage der Glaubwürdigkeit

Scholasticus quidam (vide Caput IX, Exercitanda 7) occurrens amico dixit: »Audivi te esse mortuum.« Respondit amicus: »At vides me vivere.« Et scholasticus: »At qui mihi hoc narravit, longē fidē dignior est te.«

12. Klein oder groß?

Die Suffixe -ulus, -olus *oder* -culus *können dazu dienen, Substantive in ihrer Bedeutung zu verkleinern; im Deutschen entsprechen dem die Nachsilben -chen oder -lein. Dagegen können durch das Suffix* -ōsus *Adjektive gebildet werden, die eine Fülle bezeichnen, deutsch z. B. -voll, -reich.*

a) adulescentula, amiculus, puellula, puerulus, cenula, hortulus, villula
b) filiola, filiolus
c) homunculus, matercula, navicula, osculum, particula, ventriculus
d) gloriosus, numerosus, periculosus, verbosus, virtuosus

13. Lingua Latina Europaea

Italienisch	Spanisch	Portugiesisch	Französisch	Englisch	Lateinisch
bacio	beso	beijo	baiser		
minimo	minimo	minimo	minimum	minimum	
massimo	maximo	máximo	maximum	maximum	
ottimo/ migliore	el mejor	o melhor	le meilleur	optimum	
pessimo/ peggio	lo peor	o pior	›pessimiste‹	›pessimist‹	

14. Übersetzungsschritte (Lectio 24)

a) Wiederholen Sie ÜR 1, 2, 4, 5, 7, 10 und 12.
b) Übersetzen Sie den Text absatzweise, ggf. auch in Gruppenarbeit. Beachten Sie, dass der dritte Teil nach dem kolometrischen Einrückverfahren gesetzt ist.
c) Formulieren Sie eine Überschrift für jeden Absatz.
d) Wie beurteilen Sie, ausgehend von dem Bekenntnis in huius adulescentulae amorem totus inflammatus *im ersten Absatz, die Liebe zwischen Abaelard und Heloise?*

LECTIO 24: ABAELARD UND HELOÏSE

Der Text dieser Lektion ist Teil der wohl bedeutendsten Autobiografie des Mittelalters, der ›Historia calamitatum‹ (›Geschichte meiner Leiden‹) des Philosophen und Theologen Petrus Abaelardus (1079–1142). Als Leiter der Domschule von Notre-Dame in Paris (seit 1114) fand er große Anerkennung bei Studenten aus ganz Europa, darunter auch bei der achtzehnjährigen Heloisa (1099–1164). Das Liebesverhältnis, das sich seit 1117 zwischen Abaelard und Heloïse entwickelte, sollte zu einer einschneidenden, gewaltsam herbeigeführten Wende in beider Leben führen.

Erat in ipsa civitate Parisius adulescentula quaedam nomine Heloisa, neptis canonici cuiusdam, qui Fulbertus vocabatur; qui eam, quanto amplius diligebat, tanto diligentius in studia litterarum promoveri studuerat. Quae, cum per faciem non esset infima, per abundantiam litterarum erat suprema. Nam hoc bonum – litteratoriae scilicet scientiae –, quo est rarius in mulieribus, eo amplius puellam commendabat et in toto regno nominatissimam fecerat. Hanc igitur commodiorem in amorem mihi copulare censui et me id facillime posse credidi. Tanti enim tunc nominis eram et iuventutis et formae gratia praeminebam, ut, quamcumque feminarum nostro dignarer amore, nullam vererer repulsam.

In huius itaque adolescentulae amorem totus inflammatus occasionem quaesivi, qua eam mihi domestica et cottidiana conversatione familiarem efficerem et facilius ad consensum traherem.

Diese Gelegenheit fand sich, als es Abaelard gelang, gegen Bezahlung im Hause Fulberts Aufnahme zu finden. Dieser war nämlich nicht nur an dem Geld interessiert, sondern auch daran, dass der große, bisher unbescholtene Abaelard seine geliebte Nichte unterrichtete, wann immer sich Zeit ergab, und sich zugleich der Aufgabe ihrer strengen Erziehung widmete.

Abælard und Héloïse.
Miniatur in einer Handschrift des 14. Jhs.

Quid plura dicam? Primum domo unā coniungimur, postmodum animo. Sub occasione itaque disciplinae amori vacabamus, et secretos recessus, quos amor optabat, studium lectionis offerebat. Apertis itaque libris plura de amore quam de lectione verba se ingerebant; plura erant oscula quam sententiae; saepius ad sinus quam ad libros reducebantur manus; crebrius oculos amor in se reflectebat, quam lectio in scripturam dirigebat. Et quo minus suspicionis haberemus, verbera quandoque dabat amor, non furor, gratia, non ira, quae omnium unguentorum suavitatem transcendebant. Quid denique? Nullus gradus amoris a cupidis intermissus est et, si quid insolitum amor excogitare potuit, est additum. Et quo amplius haec voluptas me occupaverat, eo minus philosophiae vacare poteram et scholis operam dare.

So wurde die Beziehung allen, zuletzt dem Onkel, offenbar und führte zur räumlichen Trennung der Liebenden. Fulbert, tief verletzt, sann auf Rache. Um ihn zu besänftigen, bot Abaelard an, Heloise zu heiraten, allerdings heimlich, um seinem Ruf nicht zu schaden; so geschah es. Doch Fulbert machte die Eheschließung bekannt und quälte Heloise. Abaelard brachte sie deshalb in die Sicherheit eines Klosters.

Quo audito
avunculus et consanguinei
vehementer indignati et
adversum me coniurati
nocte quādam me
quiescentem atque dormientem in secretā hospitii mei camerā
quodam
mihi serviente
per pecuniam corrupto
crudelissimā et pudentissimā ultione puniverunt,
quam summā admiratione mundus excepit,
eis videlicet corporis mei partibus amputatis,
quibus id,
quod plangebant,
commiseram.

Dieser Racheakt führte zur endgültigen Trennung von Abaelard und Heloise: beide gingen in ein Kloster.

LEGENDA · LEGENDA · LEGENDA · LEGENDA

DIE RÖMISCHE LIEBESELEGIE

Sexuelles Verlangen zählt zu den Hauptthemen der antiken Literatur. Daher findet es sich auch schon früh in der römischen Literatur, besonders in den Komödien eines Plautus (ca. 250–184 v. Chr.) und Terenz (ca. 185/195–159/158 v. Chr.). Als besondere Gattung entwickelte sich im ersten Jahrhundert v. Chr. die römische subjektiv-erotische Elegie.

Eine Elegie ist ein längeres Gedicht im elegischen Versmaß, d. h., mehrere sog. Distichen (Doppelverse) folgen aufeinander. Ein Distichon besteht immer aus einem Hexameter und einem Pentameter. Um Ihnen eine Vorstellung von dem rhythmischen Charakter dieses Doppelverses zu vermitteln, folgt ein Beispiel, das den ›Römischen Elegien‹ Goethes entnommen ist, einem Werk, das u.a. als Ertrag seiner Reise nach Italien zu verstehen ist:

O, wie fühl' ich in Rom mich so froh,
gedenk' ich der Zeiten,
da mich ein graulicher Tag hinten im
Norden umfing!

Dass sich die römische Liebeselegie in spätrepublikanischer Zeit entwickelte, ist sicher auch als Gegenentwurf zu den zeitlichen Umständen zu sehen, einer Welt des Umsturzes im Jahrhundert der Bürgerkriege. Dieser Krise antworteten manche Dichter bewusst mit ihrer subjektiven Perspektive als *poeta amator.* Die Lebenswahl von Liebe und Liebesdichtung ist als Protest gegen Politik, Krieg, Wirtschaftswelt, Reichtum, aber auch gegen die Dominanz traditionell männlicher Werte und Lebensformen zu verstehen. Dabei werden durchaus römische Werte vertreten, aber sie werden umgedeutet wie z. B. die *militia* als *militia amoris.*

Der Dichter (bekränzt) und seine Geliebte. Wandmalerei aus Pompeji

Als Ursprungstext dieser subjektiv-erotischen Elegie gilt im Allgemeinen die *Allius-Elegie* Catulls, in der der Dichter seine Liebe zu Lesbia mit der Trauer um den Tod seines Bruders verknüpft. In der frühen Kaiserzeit besingt ein Properz (ca. 29/28 v. Chr.) seine Liebe zu Cynthia und auch ihr Scheitern, und ein Tibull (ca. 26/25 v. Chr.) dichtet über seine Lieben, aber auch über sein Scheitern mit der geliebten Delia, dem Knaben Marathus und der geldgierigen Nemesis. Auch der junge Ovid schrieb Elegien, die *Amores* (ab ca. 25 v. Chr.). Allerdings entwickelte sich bei ihm ein neues Konzept einer unbeschwerten, freien, wandelhaften Liebe. Der Dichter selbst geriet dabei allmählich in die Rolle eines Lehrmeisters der Liebe und entwickelte als neue Formen ein Lehrgedicht über die Liebe, die *ars amatoria*, und das Epos der Metamorphosen, in dem viele Mythen der Liebe gestaltet sind (siehe Caput III, Legenda).

· CAPUT XIII ·

BADEFREUDEN

LECTIO 25: BAIAE UND DER PHILOSOPH

Baiae, Stadt in Kampanien, am Golf von Neapel nahe Puteoli, heute Pozzuoli, gelegen, war wohl der mondänste Badeort der römischen Antike. Doch nicht jeder schätzte das dortige Treiben. Seneca (siehe Lectio 16) äußerte sich z. B. in einem Brief an Lucilius äußerst kritisch:

Baias postero diē,
        postquam advēni,
reliqui,
locum ob hoc devitandum,
        quia luxuria illum sibi celebrandum sumpsit.
»Quid ergo?
Ulli loco indicendum est odium?«
Minime!
Sed regio talis est,
        ut sapiens vir
        aut ad sapientiam tendens
        declinet illam tamquam alienam bonis moribus.
Non enim tantum corpori, sed etiam moribus salubrem locum eligere debemus:
        quemadmodum inter tortores habitare nolim,
sic ne inter popinas quidem.
Videre ebrios – per litora errantes –
et comessationes navigantium
et lacus – symphoniarum cantibus strepentes –
et alia,
        quae luxuria
        velut legibus soluta
        publicat,
quid necesse est?

Id agere debemus,
ut irritamenta vitiorum quam longissime profugiamus:
indurandus est animus
et a blandimentis voluptatum procul abstrahendus.
Hannibalem una hiberna solverunt
et illum virum
nivibus atque Alpibus indomitum
enervaverunt fomenta Campaniae:
armis vicit,
vitiis victus est.
Nobis quoque militandum est:
debellandae sunt in primis voluptates,
quae – ut vides –
saeva quoque ingenia ad se rapuerunt. ...
Quid mihi cum istis calentibus stagnis?
Quid cum sudatoriis,
in quae siccus vapor corporum exhauriendorum causā includitur?
Omnis sudor per laborem exeat.
Si faceremus,
quod fecit Hannibal,
ut
interrupto cursu rerum
omissoque bello
fovendis corporibus operam daremus,
nemo non intempestivam desidiam victori quoque periculosam merito reprehenderet.
Non est molliendus animus:
si voluptati cessero *(Futur II)*,
cedendum mihi est dolori,

Die Küste von Baiae am Golf von Neapel war in der Antike dicht mit Villen der Reichen bestanden; in der Bildmitte im Hintergrund der Vesuv.

cedendum est labori,
cedendum est paupertati,
cedendum est et ambitioni et irae!
At libertas nobis proposita est.
Quae sit libertas,
quaeris?:
Nulli rei servire, nulli necessitati, nullis casibus.
Virum ergo
his cogitationibus intentum
loca seria sanctaque eligere
oportet:
Effeminat animos amoenitas nimia
nec dubie regio aliquid ad corrumpendum vigorem potest.

GRAMMATICA

Das Gerundivum

1. Die Formen des Gerundivums

Wie Sie wissen, gibt es im Lateinischen eine besondere Form, um einen Infinitiv zu deklinieren: das Gerundium, ein Verbalsubstantiv (siehe Caput VIII, Grammatica 3). In diesem Kapitel lernen Sie, dass von einem Verbum auch ein Adjektiv abgeleitet werden kann, also ein Verbaladjektiv, das Gerundivum.
Die Bildung eines Gerundivums entspricht der des Gerundiums, es ist daher an dem Signal **-nd-** zu erkennen. Als Verbaladjektiv wird es nach der a- und o-Deklination gebeugt:

salutā-re	saluta-nd-us, a, um
vidē-re	vide-nd-us, a, um
reg-e-re	reg-e-nd-us, a, um
cap-e-re	cap-i-e-nd-us, a, um
audī-re	audi-e-nd-us, a, um

→ Auch Deponentien können ein Gerundivum bilden, und zwar mit passivischer Bedeutung, z. B. admirandus, a, um.

2. Die Funktionen des Gerundivums

2.1 Das Gerundivum im Deutschen

Auch im Deutschen gibt es Gerundiva, die z. T. als Lehn- oder Fremdwörter aus dem Lateinischen in unsere Sprache gekommen sind:

- ein *Auszubilde**nd**er* ist jemand, der auszubilden ist, d. h. der ausgebildet werden muss bzw. soll;
- ein/e *Konfirma**nd**/in* (< *confirmare* = stärken) ist meistens ein Junge/Mädchen, der/das (im Glauben) zu stärken ist bzw. gestärkt werden soll.

Die Beispiele zeigen, dass ein Gerundivum im Deutschen

a) eine passivische Bedeutung hat,
b) einen finalen Sinn besitzt und
c) die Notwendigkeit einer Handlung bezeichnet.

Diese Merkmale gelten prinzipiell auch für das lateinische Gerundivum, doch sind sie bei dem wesentlich vielfältigeren Vorkommen im Lateinischen z. T. nicht mehr spürbar.

2.2 Das Gerundivum in attributiver Verwendung: ›Dominantes‹ Attribut

Multi homines **fovendis corporibus** operam dant.

Das Beispiel zeigt, dass sich *fovendus, a, um* als Verbaladjektiv wie ein adjektivisches Attribut auf *corpor**ibus*** bezieht: *fovend**īs***, also der KNG-Kongruenz unterliegt. Es lässt sich auf vier verschiedene Arten übersetzen:

a) mit einem **substantivierten Infinitiv**:
Viele Menschen geben sich Mühe **mit dem Pflegen ihres Körpers**.

b) mit einem **Verbalsubstantiv**:
Viele Menschen geben sich Mühe **mit der Pflege ihres Körpers/mit ihrer Körperpflege**.

c) mit einem **Gliedsatz**:
Viele Menschen geben sich **damit** Mühe, **dass sie ihren Körper pflegen**.

d) mit einem **Infinitiv mit zu**:
Viele Menschen geben sich Mühe, **ihren Körper zu pflegen**.

Die Übersetzungen lassen erkennen, dass der Akzent der Aussage auf der **Pflege** des Körpers liegt, d. h., das Gerundivum *fovendis* bestimmt den Sinn der Aussage, es ›dominiert‹ sie gewissermaßen; wir sprechen deshalb von einem dominanten Attribut.

→ Zu beachten ist, dass bei einem Gerundivum als dominantem Attribut die spezifischen Merkmale (siehe oben 2.1) nicht übersetzt werden.

→ Ein Sonderfall liegt vor, wenn das Gerundivum quasi zu einem adjektivischen Attribut ›erstarrt‹ ist. Wir übersetzen es dann z. B. mithilfe der Suffixe -wert oder -lich.

puella amanda	ein liebenswertes Mädchen (ein Mädchen, das man einfach lieben muss.)
liber legendus	ein lesenswertes Buch
facinus laudandum	eine lobenswerte Tat
iniuria non ferenda	ein unerträgliches Unrecht

→ Ein attributives Gerundivum und ein Gerundium mit Objekt können von einem Autor ohne Bedeutungsunterschied gesetzt werden:

ars libri scribendi ≈ ars librum scribendi *(die Kunst, ein Buch zu schreiben)*

2.3 Das Gerundivum mit finaler Sinnrichtung

2.3.1 Das Gerundivum bei *ad, causā* und *gratiā*

Nach der Präposition *ad* mit Akkusativ und den präpositional verwendeten Ablativen *causā* und *gratiā,* beide mit Genitiv, dient das Gerundivum zur Bezeichnung eines Zwecks.

Regio aliquid ad corrumpendum vigorem potest.	Eine Gegend vermag etwas zur Schwächung der Kraft/um die Kraft zu schwächen.
Siccus vapor corporum exhauriendorum causa includitur.	Man lässt trockene Hitze ein, um den Körpern Flüssigkeit zu entziehen.
Ad Balnea me contuleram iuncturae manūs curandae gratia.	Ich hatte mich nach Baden begeben, um mein Handgelenk zu pflegen.

2.3.2 Das Gerundivum nach Verben des Gebens und Nehmens, Bittens und Besorgens

Nach Verben wie *dare, tradere mittere, sumere, curare, facere* etc. dient ein Gerundivum als Prädikativum (siehe Caput IV, Grammatica 6) zur Angabe eines Zweckes.

Mitto tibi librum legendum.	Ich schicke dir ein Buch zum Lesen.
Luxuria illum locum sibi celebrandum sumpsit.	Die Genusssucht hat sich diesen Ort gewählt, um zu feiern/zum Feiern.

Caesar pontem in Rheno faciendum curavit. — Caesar veranlasste, dass eine Brücke über den Rhein gebaut wurde/ließ eine Brücke über den Rhein bauen.

→ In dieser Verwendung steht das Gerundivum immer im Akkusativ oder, in einem passivischen Satz, im Nominativ.

2.3.3 Das Gerundivum als Prädikatsnomen bei *esse*

Ein Gerundivum, das als Prädikatsnomen bei *esse* steht, hat gewissermaßen alle seine Merkmale (siehe oben 2.1) bewahrt. Es ist passivisch, in seiner Sinnrichtung final und bezeichnet die Notwendigkeit einer Handlung:

a) Animus indurandus est. — Die Seele muss abgehärtet werden/ist abzuhärten.

b) Animus non est molliendus. — Die Seele darf nicht verweichlicht werden.

Wie das Beispiel zeigt, wird ein Gerundivum in der Verneinung statt mit ›müssen‹ mit ›nicht dürfen‹ übersetzt.

c) Locus **nobis** devitandus est. — Der Ort ist **von uns** zu meiden/muss **von uns** gemieden werden/**Wir** müssen den Ort meiden.

Das Beispiel benennt die Personen, die handeln sollen, im Dativ, dem sog. *Dativus auctoris*. Diese Konstruktion wird sofort einsichtig, wenn der Satz wörtlich entsprechend seiner grammatischen Struktur übersetzt wird: Der Ort ist **für uns** ein zu meidender (siehe Caput II, Grammatica 2.2.3).

d) Cedendum est dolori. — Man muss dem Schmerz nachgeben.
Desperandum est. — Es ist zum Verzweifeln.

Ein Gerundivum, das sich auf keine Person oder Sache bezieht, wird unpersönlich mit ›man‹ oder ›es‹ übersetzt.

e) **Nobis** militandum est. — **Wir** müssen kämpfen.

Wenn bei einer unpersönlichen Konstruktion gleichwohl eine handelnde Person benannt werden soll, erscheint diese im Dativus auctoris.

2.4 Übersetzungsregel

Die beiden Grundfunktionen eines Gerundivums müssen im Übersetzungsprozess erkannt und auseinandergehalten werden. Dabei soll die folgende Übersetzungsregel helfen.

ÜR 17 Um ein Gerundivum zu übersetzen, ist es notwendig, zu prüfen, ob es sich um ein dominantes Attribut oder um ein Gerundivum mit finaler Sinnrichtung handelt. Finalität liegt vor
a) nach *ad*, *causā* oder *gratiā*,
b) bei der Verwendung als Prädikativum im Akkusativ (beim Passiv im Nominativ) nach Verben wie *tradere, mittere, sumere, curare, facere*,
c) bei der Stellung als Prädikatsnomen neben *esse*.

EXERCITANDA

LECTIO 25

1. Übersetzen und Verstehen

a) Rekapitulieren Sie die philosophische Position Senecas (Caput VIII, Lectio 16 und Legenda) und informieren Sie sich in einem Atlas über die geografische Lage Baiaes.
b) Wiederholen Sie Formen und Funktion des Gerundiums (Caput VIII, Grammatica 3).
c) Der Text ist nach dem kolometrischen Einrückverfahren gesetzt. Wenn Sie ihn jetzt übersetzen, werden Sie etliche nd-Formen finden. Begründen Sie, warum es sich – bis auf eine Ausnahme – um keine Gerundia handeln kann, und versuchen Sie, den Sinn dieser neuen nd-Formen, sog. Gerundiva, aus dem Kontext heraus zu erfassen.
d) Informieren Sie sich im Grammatikteil über die Funktionen des Gerundivums und korrigieren Sie ggf. Ihre Übersetzung.
e) Diskutieren Sie Senecas Ablehnung des Badelebens in Baiae.

2. Fragen zum Text

a) Quando Seneca Baias reliquit? b) Cur Seneca Baias reliquit? c) Quid Hannibalem enervavit? d) Quare neque stagna calentia neque sudatoria Senecae placent? e) Quo modo Seneca libertatem definit?

3. Formentraining

Bestimmen Sie die Formen und bilden Sie die jeweils entsprechenden Formen im Singular oder Plural.

abstrahendus – advenientis – animos – cantus – corpus – debemus – dicendum – eligendos – eos – eundem – exercitanda – factos – legenda – necessitatibus – regendis – regio – rego – reliquis – sumpserunt – victus

4. Solisten

laudis	libera	videndum est	corruptorum	vici
laudandis	saluta	audiendum est	rapiendorum	vidi
serviendis	exercenda	dicendum est	interruptorum	dandi
scribendis	serva	factum est	omissorum	studui

5. Satzpaare

Vergleichen Sie die einzelnen Satzpaare, indem Sie jeweils die grammatischen und ggf. inhaltlichen Unterschiede benennen.

a) *Ein Grundsatz:*

Pacta sunt servanda. — Pacta vobis sunt servanda.

b) *Eine Aufforderung nach einem Erfolg:*

Nunc est bibendum. — Nunc tibi est bibendum.

c) *Ein Beweis ist erbracht:*

Quod erat demonstrandum. — Quod erat demonstratum.

d) *Ein Lob:*

Ut desint vires, tamen est laudanda voluntas. — Ut desint vires, tamen laudatur voluntas.

e) *Priesterpflichten:*

Druides sacra faciendo officia sua explent. — Druides sacris faciendis officia sua explent.

f) *Nur fort aus Baiae:*

Seneca cito Romam rediit illius regionis perniciosae devitandae causa. — Seneca cito Romam rediit, ut illam regionem perniciosam devitaret.

6. Eine kurz gefasste Stadteroberung

Eine Stadt der Gallier wird angegriffen:

At incolae libertatis servandae causā ad patriam defendendam parati sunt.

Die Einwohner aber sind, um ihre Freiheit zu retten/zur Rettung ihrer Freiheit bereit, ihre Heimatstadt zu verteidigen/zum Verteidigen ihrer Heimatstadt/zur Verteidigung ihrer Heimatstadt.

Wie das Beispiel zeigt, kann ein Gerundivum oft statt mit einem Infinitiv mit (um) zu mit einem substantivierten Infinitiv oder mit einem Verbalsubstantiv auf -ung übersetzt werden. Überprüfen Sie dies an der folgenden ›Kurzfassung‹ einer Stadteroberung.

In oppido	oppugnando defendendo expugnando diripiendo delendo	fit atrox caedes.

7. Der Tod des Archimedes

Archimedes (ca. 285–212 v. Chr.), der bedeutendste Mathematiker und Physiker der Antike, verlor sein Leben, als Syrakus im zweiten Punischen Krieg von den Römern erobert wurde.

a) Setzen Sie die infiniten Verbformen aus dem Kästchen in den Text und übersetzen Sie.

b) Bestimmen Sie die Funktionen der Gerundiva.

Metellus imperator Romanus Syracusanis (1) .... non esse censuit atque urbem (2) .... militibus dedit. Tum multa irae, multa avaritiae foeda exempla edebantur. Quo in tumultu, quem discursus militum (3) .... in viis urbis (4) .... excitabat, miles quidam domum Archimedis intravit. Vir doctus intentus formis geometricis (5) ...., quas in pulvere scripserat, militi dixit: »Noli turbare circulos meos! Mihi (6) .... est.« Miles autem (7) ...., quis esset, a viro docto (8) .... non abhorruit et gladio Archimedem cecidit.

captae – cogitandum – diripiendam – diripientium – interficiendo – nesciens – parcendum – spectandis

8. Frisches Wasser in Rom

S. Iulius Frontinus, 97 n. Chr. curator aquarum, *Oberaufseher der römischen Wasserleitungen, widmete sich in seinem Werk ›Commentarius de aquis‹ der Wasserversorgung Roms. Zu seiner Zeit führten neun Aquädukte täglich gewaltige Mengen frischen Wassers in die Hauptstadt. Doch das war nicht immer so:*

Ab urbe conditā per annos quadringentos quadraginta unum contenti fuerunt Romani usu aquarum, quas aut ex Tiberi aut ex puteis aut ex fontibus hauriebant. Nunc autem in urbem confluunt aqua Appia, Anio vetus, Marcia, Virgo et ceterae.

M. Valerio Maximo P. Decio Mure consulibus aqua Appia in urbem inducta est ab Appio Claudio Crasso censore, cui postea Caeco fuit cognomen, qui et viam Appiam a porta Capena usque ad urbem Capuam muniendam curavit.

Der Text enthält drei Zeitangaben. a) Erläutern Sie deren unterschiedliche Syntax. b) In welchem Jahr wurde der älteste Aquädukt gebaut?

9. Ein Lob der Wasserversorgung Roms

Plinius d. Ältere lobt die Leistungen römischer Ingenieure:

Si quis diligentius aestumet abundantiam aquarum in publico, balineis, piscinis, euripis, domibus, hortis, suburbanis villis, spatia aquae venientis, exstructos arcus, montes perfossos, convalles aequatas, illi cognoscendum sit nihil magis mirandum fuisse in toto orbe terrarum.

a) Eines der beiden Gerundiva lässt sich sehr gut mit dem Suffix -wert übersetzen!?

b) Frontin (siehe oben Exercitanda 8) war wohl der gleichen Auffassung wie Plinius d. Ältere. Übersetzen Sie seine folgende Aufforderung, das Netz der Aquädukte mit anderen Bauwerken zu vergleichen, und überlegen Sie, ob sie dem Lob beider Autoren zustimmen können.

Tot aquarum tam multis necessariis molibus pyramidas videlicet otiosas compares aut cetera inertia, sed famā celebrata opera Graecorum.

10. Der Bau von Thermen

Der Architekt Vitruv lebte zur Zeit von Caesar und Augustus. Er hinterließ zehn Bücher über Architektur; darin finden sich u.a. folgende Anweisungen für den Bau von Thermen:

Ipsa autem caldaria tepidariaque lumen habeant ab occidente hiberno, si autem natura loci impediverit, utique a meridie, quod maxime tempus lavandi a meridiano tempore ad vesperum est constitutum. Et item est animadvertendum, uti caldaria muliebria et virilia coniuncta et in īsdem regionibus sint collocata; sic enim efficiatur, ut vasaria et hypocausis communis sit eorum utrisque.

a) Unterscheiden Sie die beiden nd-Formen.

b) Welche kulturgeschichtlichen Informationen können Sie dem Text entnehmen?

11. Der Lärm der Bäder

Seneca klagt in einem Brief an Lucilius über den Lärm, der von einer Badeanstalt, über der er wohnt, zu ihm heraufdringt.

Ecce, undique me varius clamor circumsonat: supra ipsum balneum habito. Propone nunc tibi omnia genera vocum, quae in odium aures possunt adducere: cum fortiores viri exercentur et manus plumbo graves iactant, gemitus audio, quotiens retentum spiritum remiserunt, sibilos et acerbissimas respirationes; cum in aliquem inertem et hac plebeia unctione contentum incidi, audio crepitum inlisae manus umeris, quae, prout plana pervenit aut concava, ita sonum mutat. Si vero pilicrepus advenit et numerare coepit pilas, actum est. Adice nunc scordalum et furem deprehensum et illum, cui vox sua in balneo placet; adice nunc eos, qui in piscinam cum ingenti impulsae aquae sono saliunt. Praeter istos alipilum cogita tenuem et stridulam vocem iterum iterumque exprimentem nec umquam tacentem, nisi dum vellit alas et alium pro se clamare cogit;

iam biberarium et botularium et crustularium et omnes popinarum institores mercium suarum vendendarum causa varie exclamantes.

Stellen Sie die verschiedenen Lärmquellen, die Seneca erwähnt, zusammen und vergleichen Sie das Leben in einem römischen Bad mit dem Treiben in einer heutigen Badeanstalt.

12. Intensiv und oft

Die Suffixe -tare, -itare *und* -sare *dienen meistens dazu, die Bedeutung eines Verbs zu betonen, und zwar im Sinne einer Wiederholung (Frequentativa) oder Verstärkung (Intensiva). Von* agere *ist z. B. das Verb* agitare *mit der Bedeutung ›heftig oder wiederholt bewegen, herumtreiben, schütteln etc.‹ abgeleitet.*
Nennen Sie das Ursprungsverb und die deutsche Bedeutung:

cantare – captare – cessare – clamitare – consultare – cursare – dictare – exercitare – fugitare – habitare – iactare – pulsare – retentare – tractare – vocitare.

13. Lingua Latina Europaea

Italienisch	Spanisch	Portugiesisch	Französisch	Englisch	Lateinisch
bagno	bano	banho	bain	bath	
piscina	piscina	piscina	piscine		
vapore	vapor	vapor	vapeur	vapour	
canto	canto	canto	chant	canto	
volontà	voluntad	vontade	volonté	volition	
vincitore	vencedor	vencedor	vainqueur	victor	

14. Übersetzungsschritte (Lectio 26)

a) Wiederholen Sie Caput VII, Grammatica 1, TE 10.
b) Übersetzen Sie den Brief, ggf. in Gruppenarbeit.
c) Poggio zeigt in dem Text wiederholt, dass er sich in der antiken Literatur auskannte. Finden Sie Belege für diese Behauptung.
d) Gegen Ende formuliert Poggio ein Urteil über die Epikureer. Wiederholen Sie, was Sie in Caput X , Legenda über den Garten Epikurs erfahren haben, und prüfen Sie, ob Poggios Urteil gerechtfertigt ist.

■ Ein Brief von Poggio Bracciolini an Niccolò Niccoli

Die sog. Wiederentdeckung der Antike in der Renaissance führte zu dem Bemühen, antike Schriften in alten Klosterbibliotheken aufzuspüren. Das Sammeln und Kopieren dieser Texte kennzeichnet die erste Phase des Humanismus. Poggio Bracciolini und sein Freund Niccolò Niccoli waren zwei der berühmtesten Büchersammler, denen wir einen bedeutenden Teil der heute bekannten klassischen Texte verdanken. Der folgende Textauszug ist einem Brief des Jahres 1416 entnommen, in dem Poggio seinem Freund Niccolò von seiner Reise nach Baden und den dortigen unerwarteten Badeerlebnissen berichtet.

Geselligkeit in einem Badehaus des 15. Jahrhunderts. Handschriftenillustration

Poggius plurimam salutem dicit Nicolao suo
Si vales, bene est, ego quidem valeo.

Has litteras ex ipsis Balneis ad te scripsi, ad quae me contuleram iuncturae manūs curandae gratiā. Multa dicuntur ab antiquis rerum scriptoribus de balneis Puteolanis, ad quae universus paene populus Romanus voluptatis causā confluebat; sed nequaquam arbitror illa ad horum iucunditatem accedere potuisse et haud cum his nostris fuisse comparanda.

Baden, quod est ›balneum‹ Alamannorum linguā, oppidum est satis opulentum. Prope oppidum est villa supra flumen pulcherrima in usum balneorum fabricata.

Balnea tum publica, tum privata sunt numero circiter triginta; publica duo existunt, lavacra plebis et ignobilis vulgi, ad quae mulieres atque viri, pueri innuptaeque puellae et omnis circumfluentium faex descendit. In his vallus quidam interrasus viros a feminis seiungit. Ridiculum est videre vetulas decrepitas simul et adulescentiores nudas in oculis hominum aquas ingredi, verenda et nates hominibus ostendentes.

At balnea, quae sunt in domibus privatorum, perpolita sunt et ipsa viris feminisque communia. Tabulata quaedam eos secernunt et in eis fenestrellae perplures demissae, quibus et una potare, simul colloqui et utrimque videre atque attractare queant, ut eorum est frequens consuetudo. Haec desuper cingunt deambulatoria, in quibus conspiciendi confabulandique causā homines consistunt. Nam cuivis licet visendi, colloquendi, iocandi ac laxandi animi gratia aliorum balnea adire ac perstare adeo, ut feminae, et cum exeunt et cum ingrediuntur aquas, maiore parte corporis nudae conspiciantur.

Poggio berichtet weiterhin, dass in diesen Bädern auch gegessen und musiziert wurde.

Ego hac profusa vivendi ac iocandi festivitate pellectus, cum bis tantum in die lavarer, reliquum tempus consumebam in aliorum balneis visitandis. Neque enim vel legendi vel sapiendi quicquam tempus erat inter symphonias, tibicines, citharas et cantūs undique circumstrepentes, ubi velle solum sapere summa fuisset dementia, praesertim ei, qui est homo nihil humani a se alienum putans.

Haec omnia rettuli, ut ex paucis comprehendas, quanta haec sit schola Epicureae factionis. Omnibus una mens est: tristitiam fugere, quaerere hilaritatem, nihil cogitare nisi, quemadmodum laeti vivant, gaudiis fruantur... .

Vale, mi Nicolae iucundissime!

Ex Balneis, XV. Kal. Iunii

LEGENDA · LEGENDA · LEGENDA · LEGENDA

RÖMISCHE BADEKULTUR

Wer die Überreste antiker Städte, z. B. in Rom, Ostia, Pompeji oder Trier, besucht, wird unweigerlich großen Zeugnissen römischer Badekultur begegnen, den kleineren Bädern (*balnea*) und den z. T. riesigen Thermen (*thermae*), gehörten diese doch zu den meistverbreiteten und beliebtesten Einrichtungen der römischen Welt. Dem ging allerdings eine lange Entwicklung voraus.

Aus der Sicht der kaiserzeitlichen Römer waren ihre Vorfahren in den ersten Jahrhunderten seit Gründung der Stadt geradezu ›Schmutzfinken‹ (*immundissimi),* die normalerweise nur Arme und Beine von dem Dreck der Landarbeit säuberten und lediglich an Markttagen, d. h. alle neun Tage, den ganzen Körper wuschen. Die Entwicklung hin zu den großen Thermen der Kaiserzeit begann in Kampanien im 3. Jahrhundert v. Chr., wo sich frühzeitig die griechische mit altitalischer Kultur vermischte. Es kam zur Verbindung zweier griechischer Gebäudetypen, des öffentlichen Bades, das vor allem durch das Angebot von Sitzbädern in Wannen mit erhitztem Wasser charakterisiert war, und des Gymnasions als einer öffentlichen Sport- und Erziehungsinstitution. Diese Entwicklung wurde durch zwei Erfindungen beflügelt, das *opus caementicium,* eine Art Beton, das neue Bauformen ermöglichte, und die Hypokaustenheizung, ein System, mit dem man durch die Zirkulation von Heißluft Fußböden, später auch Wände und Gewölbe erwärmen konnte. Dank dieser Voraussetzungen konnte das typische römische Bad mit einer Abfolge verschiedener

Im Inneren der Ruinen der gewaltigen Caracalla-Thermen zu Rom

Räume entstehen. Zur Standardeinrichtung gehörten ein Umkleideraum (*apodyterium*), Kaltwasserraum (*frigidarium*), lauwarmer Durchgangsraum (*tepidarium*), Heißwasserraum (*caldarium*) und Schwitzraum (*laconicum/sudatorium*). Diese *balnea* erhielten später zahlreiche Zusatzfunktionen, sodass sie sich zu großen Freizeitzentren für jedermann entwickelten, den Thermen. Dazu gehörten viele Angebote, die heutiger ›Wellness‹ entsprächen, z. B. Massieren, Salben, Schminken, Enthaaren und Frisieren. Sportplätze (*palaestrae*) ergänzten die eigentlichen Bäder, verschiedene Räume dienten sozialen und kulturellen Zwecken: Restaurants und Bars, aber auch Bibliotheken und Vortragsräume gehörten zur Ausstattung. Sogar Räume oder Altäre für kultische Zwecke standen gelegentlich zur Verfügung. Daneben boten Fliegende Händler, Getränkeverkäufer und Dirnen ihre spezifischen Dienste an. So ist es nicht verwunderlich, dass sich die Thermen zu Unterhaltungs- und Kommunikationszentren entwickelten, in die die Römer täglich zu Tausenden strömten.

Höhepunkt dieser Entwicklung waren die prunkvollen Badepaläste, die einige Kaiser in Rom bauen ließen. Sie erreichten z. T. riesige Ausmaße: Am größten waren die Caracalla-Thermen und die Diocletians-Thermen mit jeweils einer Grundfläche von ca. 140.000 m². Die Attraktivität der Thermen wurde noch durch ihre Ausstattung gesteigert. An den Wänden sah man Malereien oder vielfarbige Marmorverkleidungen, die Böden konnten mit Mosaiken oder farbigem Marmor belegt sein, die Gewölbe, oft von Säulen aus hochwertigen Materialien getragen, wurden häufig mit

Stuck oder Glasmosaiken verziert. In den großen Kaiserthermen waren zudem zahlreiche Statuen aufgestellt.

Die meisten *balnea* und *thermae* waren nur nachmittags geöffnet; sie schlossen mit Einbruch der Dunkelheit. In der einen Badeanlage waren die Bäder für Männer und Frauen getrennt, in einer anderen, in der eine räumliche Trennung nicht möglich war, hatte man getrennte Badezeiten eingerichtet. Gemeinschaftsbäder kamen auch vor, galten aber als anstößig, da man meist nackt badete. Der Eintritt kostete sehr wenig, z. T. war er ganz frei, wenn die Eintrittsgelder, die laufenden Kosten und manchmal der ganze Bau gesponsert wurden. So konnten sich Römer aller Schichten den Luxus des Badens leisten.

Die Reichen waren allerdings auf diesen öffentlichen Luxus nicht angewiesen. Sie hatten, häufig überaus prächtige, private Badeanlagen, die neben einem ›Pool‹ über alle Einrichtungen und Annehmlichkeiten öffentlicher Bäder verfügten.

In den Sommermonaten bot sich für viele Menschen die Möglichkeit, in Flüssen, Seen oder im Meer zu baden. Allerdings galt dies nur für jene, die nahe bei diesen öffentlichen Gewässern wohnten, da für die Masse der Leute ihre Mobilität sehr eingeschränkt war. Die reichen Römer aber besaßen oftmals eigene Villen direkt am Meer, in die sie vor allem im Frühjahr oder Herbst reisten. Der Golf von Neapel, die Haupturlaubsgegend, war von einer Kette von Palästen und Landhäusern gesäumt. So gab es am Meer ein vielfältiges, den unterschiedlichen Bedürfnissen und Vorlieben der Menschen entsprechendes Strandleben. Allerdings bestand gegenüber heutigen Gepflogenheiten ein wesentlicher Unterschied: Man suchte eher den Schatten als die Sonne.

Bäder und Thermen aber waren ganzjährig eine der Hauptattraktionen in den Städten, für manchen scheinen sie geradezu sein Lebensinhalt gewesen zu sein, wie die folgende Inschrift, ein Distichon, vermuten lässt:

Bạlnea, vịna, Venụs corrụmpunt
cọrpora nọstra,
sẹd vitạm faciụnt bạlnea, vịna, Venụs.

In den Caracalla-Thermen von Rom (Rekonstruktionszeichnung)

· CAPUT XIV ·

THEATER

Die Lektionstexte dieses Kapitels umspannen mehr als 2000 Jahre lateinischer Literatur. Lectio 27 vermittelt Ihnen einen Eindruck von der alten römischen Komödie durch einen knappen Auszug aus dem Anfang des ›Amphitruo‹ des Plautus, der wohl kurz nach 200 v. Chr. erstmals aufgeführt wurde. Der ›Oedipus Rex‹ der Lektion 28 hat sein Vorbild zwar in der griechischen Tragödie des Sophokles, der abgedruckte Text enthält aber das komprimierte Libretto eines Werkes von Igor Strawinsky aus dem Jahre 1927 n. Chr.

LECTIO 27: AMPHITRUO

Das Stück beginnt mit einem Prolog, in dem der Gott Merkur (M), der Sohn des Jupiter, in der Gestalt des Sosia (S), eines Sklaven des thebanischen Feldherrn Amphitryon, sich an die Zuschauer wendet und sie in das Stück einführt:

M: Nunc cuius rei causā hūc vēni, primum proloquar; post huius tragoediae argumentum eloquar. Quid? Contraxistis frontem, quia hanc tragoediam futuram esse dixi? Deus sum, commutavero. Eandem hanc, si vultis, faciam ex tragoedia quasi comoediam: Faciam, ut commixta sit; sit tragicomoedia. Ne miremini!:

Ipse Iupiter hanc acturus est comoediam. Nihil novi est, nam iam anno proximo histrionibus auxilio fuit. Hanc fabulam, inquam, hīc Iupiter hodie ipse aget et ego unā cum illo. Nunc animum advertite, dum huius comoediae argumentum eloquar. Haec urbs est Thebae. In illis aedibus habitat Amphitruo ....

Und dann erzählt Merkur, dass Jupiter in der Gestalt des Amphitryon eine Liebesnacht mit dessen Frau, der ahnungslosen Alkmene, verbringe, während er selbst als Sosia vor dem Haus wachen müsse; der echte Amphitryon kehre nämlich noch selbigen Tags siegreich von einem Feldzug zurück. Doch da nähert sich bereits Sosia, um die Heimkehr seines Herrn zu melden.

M: Illīc est Sosia Amphitruonis servus. A portū nunc cum lanterna advenit. Iam ego illum advenientem ab aedibus abigam: erit operae pretium spectare Iovem et Mercurium facere hīc histrioniam.

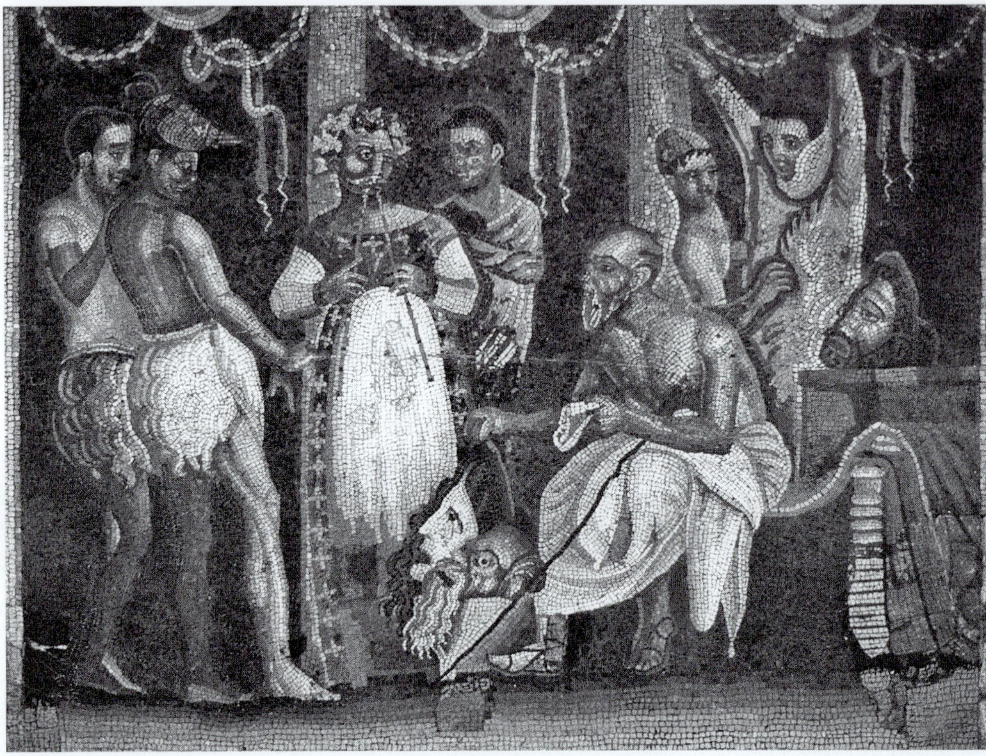

Theatertruppe bei der Probe im Theater. Mosaik aus Pompeji

Actus I

S: Ibo, ut, quod erus imperavit, Alcumenae nuntiem. Sed quis hic est homo, quem ante aedes video? Non placet.

M: Timet homo; deludam ego illum.

S: Perii! Dentes pruriunt. Certe hic me advenientem hospitio pugneo accepturus est. Hercle! Quantus et quam validus est!

M: Clare fabulabor, audiat hic, quae loquar! Ita maiorem in sese concipiet metum. Agite, pugni, iam diu est, quod homines quattuor in soporem conlocavistis nudos.

S: Quattuor viros sopori se dedisse dicit. Metuo, ne numerum augeam illum.

M: Quisquis homo hūc profecto venerit, pugnos edet.

S: Apage! Non placet mihi: cenavi modo.

M: Quid, si ego illum pugno tangam, ut dormiat?

S: Ille homo me interpolabit meumque os finget denuo. Perii, si me aspexerit!

M: Gestiunt pugni mihi.

S: Si in me exerciturus es, quaeso, ut primum eos in parietem domes.

M: Vox mihi ad aures advolavit. Certe hīc nescioquis loquitur.

S: Salvus sum, non me videt: ›nescioquem‹ loqui audit; mihi nomen Sosia est.

M: Hinc mihi vox aures, ut videtur, verberat. Optime! Incedit ad me.

S: Timeo, totus torpeo.

M: Quo ambulas? Servusne an liber?

S: Hūc eo. Eri sum servus. Numquid nunc es certior?

M: Ego tibi istam hodie, sceleste, comprimam linguam! Quid apud has aedes negotii tibi est?

S: Immo quid tibi est?

M: Rex Creo vigiles nocturnos singulos semper locat.

S: Bene facit: quia nos eramus peregri, tutatus est domum. At nunc abi sane, advenisse familiares regi dic! Hīc habito ego atque horum servus sum.

M: Faciam hodie te superbum, nisi hinc abibis.

S: Quonam modo?

M: Aufereris, non abibis, si ego fustem sumpsero.

S: Tune me peregre advenientem domo prohibere vis?

M: Estne haec tua domus?

S: Ita inquam.

M: Quis erus est igitur tibi?

S: Amphitruo, qui nunc praefectus est Thebanis legionibus, quocum nupta est Alcumena.

M: Quid ais? Quid nomen tibi est?

S: Sosiam vocant Thebani, Davo patre prognatum.

M: Mentiris! Tune te audeas Sosiam esse dicere, qui ego sum?

S: Perii!

M: Parum etiam praedicas, praeut futurum est. Cuius nunc es?

S: Tuum, nam pugnis fecisti tuum.

M: Loquere, quid venisti?

S: Ut esset, quem tu pugnis caederes.

M: Cuius es?

S: Amphitruonis, inquam, Sosia.

M: Ego sum, non tu, Sosia!

S: Iam tacebo.

M: Amphitruonis te esse aiebas Sosiam.

S: Peccaveram, nam Amphitruonis socium me esse volui dicere.

M: Sciebam equidem nullum esse nobis nisi me servum Sosiam. Fugit te ratio!

Der Streit geht noch weiter, doch schließlich gibt sich Sosia geschlagen:

S: Ibo ad portum atque haec, uti sunt facta, ero dicam meo. Si is quoque me ignorabit, ...

GRAMMATICA

1. Futur

Auch im Lateinischen gibt es das Futur I und das Futur II. Beide Tempora bezeichnen eine zukünftige, d. h. nachzeitige Handlung. Dabei kennzeichnet das Futur II innerhalb der Nachzeitigkeit ein vorzeitiges Geschehen.

1.1 Die Formen des Futurs

1.1.1 Futur I Aktiv und Passiv

Im Unterschied zum Deutschen ist das Futur I im Lateinischen eine Ein-Wort-Form. Es wird gebildet, indem zwischen den Präsensstamm und die vom Präsens bzw. Imperfekt bekannten Personalendungen ein Tempuszeichen und ggf. ein Bindevokal eingeschoben werden, bei *esse* dagegen nur ein Bindevokal:

	Tempuszeichen	Bindevokal
a- und e-Konjugation	-b-	-i-, -u- , -e-
3. und i-Konjugation	-a-, -e-	—
esse (*Stamm wird zu* er-)	—	-i-

Es heißt also:

		a-Konjugation	3. Konjugation	esse
		Aktiv/Passiv	Aktiv/Passiv	
Sg.	1. P.	salutā -**b**-ō/-or	reg-**a**-m/-r	er-ō
	2. P.	salutā-**b**-**i**-s/-**b**-**ĕ**-ris	reg-**ē**-s/-ris	er-**i**-s
	3. P.	salutā-**b**-**i**-t/-tur	reg-**e**-t/-**ē**-tur	er-**i**-t
Pl.	1. P.	salutā-**b**-**i**-mus/-mur	reg-**ē**-mus/-mur	er-**i**-mus
	2. P.	salutā-**b**-**i**-tis/-minī	reg-**ē**-tis/-minī	er-**i**-tis
	3. P.	salutā-**b**-**u**-nt/-ntur	reg-**e**-nt/-ntur	er-**u**-nt

Entsprechend werden konjugiert: docē-**b**-ō/-or; cap-i-**a**-m/-r; audi-**a**-m/-r.

→ a) In der 2. P. Sg. Passiv der a- und e-Konjugation wechselt der Bindevokal -i- zu -e-.
b) *Velle, nolle* und *malle* richten sich nach der 3. Konjugation:
volam, volēs – nolam, nōlēs – mālam, mālēs etc.
c) *Ire* hat das Tempuszeichen -b-: ibo, ibis etc.

d) *Posse,* zusammengesetzt aus *pot* + *esse*, bildet das Futur wie alle mit *esse* zusammengesetzten Verben: pot-ero, pot-eris etc.

1.1.2 Futur II Aktiv und Passiv

Die Formen des Futurs II werden mithilfe der Futur I-Formen von *esse* gebildet:

Futur II Aktiv

Der Perfektstamm des jeweiligen Verbs wird durch **-ero**, **-eris** etc. erweitert, in der 3. P. Pl. allerdings als Sonderfall durch **-erint**. Es heißt also:

salutāv-erō	docu-eris	rēx-erit	cēp-erimus	audīv-eritis	fu-er**i**nt

Futur II Passiv

Entsprechend der Bildung des Perfekts und Plusquamperfekts Passiv (siehe Caput VI, Grammatica 2.1.2) besteht auch das Futur II Passiv aus zwei Wörtern, nämlich dem PVP (Partizip der Vorzeitigkeit Passiv) und den Futur I-Formen von esse:

salutatus, a, um/i, ae, a doctus, a, um/i, ae, a rectus, a, um/i, ae,a captus, a, um/i, ae, a auditus, a, um/i, ae, a	erō/erimus eris/eritis erit/erunt

1.1.3 Partizip und Infinitiv der Nachzeitigkeit

1.1.3.1 Das Partizip der Nachzeitigkeit Aktiv

Das Lateinische kennt neben dem PGA (Partizip der Gleichzeitigkeit Aktiv; siehe Caput IX, Grammatica 1.1) und dem PVP (siehe oben 1.1.2) auch ein PNA, ein Partizip der Nachzeitigkeit Aktiv. Um es zu bilden, wird vor die Endung des PVP das Zeichen -ur- eingeschoben. Daher heißt es:

salūtāt-	**ūr**	-us, a, um
doct-		
rect-		
capt-		
audīt-		

→ *Esse* bildet das PNA von seinem Perfektstamm *fu-*: futurus, a, um

1.1.3.2 Der Infinitiv der Nachzeitigkeit Aktiv

Häufig dient das PNA dazu, mithilfe von *esse* einen aktiven Infinitiv der Nachzeitigkeit zu bilden. Da dies fast nur im AcI vorkommt, wird das Beispiel im Akkusativ gegeben:

auditūrum, am, um/ōs, ās, a esse

→ Auch ***esse*** bildet einen Infinitiv der Nachzeitigkeit; dabei gibt es zwei Möglichkeiten:

futūrum, am, um/ōs, ās, a esse

oder die Kurzform: **fŏre** .

1.2 Funktion und Übersetzung des Futurs

Da das Lateinische im Gebrauch der Tempora sehr genau ist, verwendet es – im Unterschied zum Deutschen – prinzipiell das Futur, um eine nachzeitige Handlung zu bezeichnen.

1.2.1 Wiedergabemöglichkeiten des lateinischen Futurs I im Deutschen

a) Übersetzung als Futur I

Merkur empfiehlt die Aufführung:

Erit operae pretium spectare Iovem et Mercurium.	Es **wird** der Mühe wert **sein**, Iupiter und Merkur zuzuschauen.

Ein Futur I kann auch im Deutschen als Futur I wiedergegeben werden, um eine zukünftige Handlung zu bezeichnen.

b) Übersetzung als Präsens

Merkur informiert:

Hanc fabulam hīc Iupiter hodie ipse **aget**.	Dieses Theaterstück **spielt** Iupiter hier heute selbst.

In den Fällen, in denen sich die Nachzeitigkeit aus dem Kontext (Merkur kündigt das Stück erst an!) und/oder durch eine Zeitangabe (*hodie*) ergibt, wird im Deutschen in der Regel das Präsens gesetzt. Entsprechend gilt, dass ein Gliedsatz mit Futur I, der in einem Satzgefüge mit Futur steht, grundsätzlich mit dem Präsens wiedergegeben wird:

Merkur droht:

Faciam hodie te superbum, nisi hinc **abibis**.	Ich mach dich heute zum ›großen Herrn‹, wenn du nicht von hier **fortgehst**.

c) Übersetzung zum Ausdruck einer Absicht

In der 1. P. Singular und Plural kann das Futur I – ähnlich einem Hortativ (siehe Caput VIII, Grammatica 2.2.1.1) – eine Absicht ausdrücken.

Merkur:

Timet homo; **deludam** ego illum.	Der Mensch hat Angst; ich **will** ihn foppen.

1.2.2 Übersetzung des Futurs II

Das Futur II bezeichnet eine Handlung, die als in der Zukunft bereits vollendet gilt. Dieses Geschehen innerhalb der Nachzeitigkeit wird im Deutschen je nach Kontext mit Präsens oder Perfekt wiedergegeben.

Merkur:

Aufereris, si ego fustem **sumpsero**.	Man wird dich hinaustragen, wenn ich meinen Knüppel **gebrauche**/ wenn ich (erst) meinen Knüppel **gebraucht habe**.

→ Selten findet sich ein Futur II in einem Hauptsatz:
Weil die Zuschauer keine Tragödie wollen, sagt Merkur:

Deus sum, **commutavero**.	Ich bin ein Gott, ich **ändere** das.

→ Das Futur II betont schon das Ergebnis der beabsichtigten Handlung, etwa in dem Sinne »Ich werde es (bei Beginn des Stückes) geändert haben.«

1.2.3 Funktion und Übersetzung des Partizips und Infinitivs der Nachzeitigkeit

1.2.3.1 Das PNA als PC

Ein PNA kann die Funktion eines Participium coniunctum (siehe Caput IX, Grammatica 1.2) übernehmen. Es bezeichnet dann den bevorstehenden Beginn einer Handlung, meistens in finaler Absicht.

Sosia aedes domini **petiturus** a Mercurio deo abigitur.	Sosia wird, als er **gerade** zum Haus seines Herrn **gehen will**, von dem Gott Merkur fortgejagt.
Multi homines comoediam **spectaturi** aderant.	Viele Leute waren zugegen, **um** die Komödie **anzuschauen**.

1.2.3.2 Das PNA als ›umschreibendes Futur‹

In Verbindung mit einer konjugierten Form von *esse* bezeichnet das PNA eine unmittelbar bevorstehende oder gerade begonnene Handlung.

Iupiter ipse hanc **acturus est** comoediam.	Iupiter selbst **ist im Begriff/wird gleich** in dieser Komödie **mit(zu)spielen**.

Vergleichen Sie dieses sog. *umschreibende Futur* mit dem Futur I:

Librum scribam. Ich werde ein Buch schreiben.	Librum scripturus sum. Ich bin im Begriff, ein Buch zu schreiben.
(d. h. irgendwann in der Zukunft)	*(d. h., das Schreiben steht unmittelbar bevor bzw. hat bereits angefangen.)*

1.2.3.3 Das PNA als Infinitiv der Nachzeitigkeit

In Verbindung mit *esse* dient das PNA zur Bildung des Infinitivs der Nachzeitigkeit, ohne dass damit ein zusätzlicher Sinn gegeben ist. Diese Verwendung kommt fast nur im AcI vor.

Ein Beispiel, drei Versionen, eine Übersetzung:

Merkur:

Hanc fabulam tragoediam	futuram esse futuram fŏre	dixi.	Ich habe gesagt, dass dieses Stück eine Tragödie sein wird.

Das Beispiel zeigt, dass im AcI im Sinne einer knappen Formulierung *esse* fortgelassen werden kann, da es ja in dieser Funktion keine inhaltliche Bedeutung hat, und dass der Infinitiv der Nachzeitigkeit Aktiv von *esse* durch die Kurzform *fore* ersetzbar ist.

1.3 Übersetzungsregel

Die Vielfalt der Formen und Funktionen des Futurs im Lateinischen erfordert deren genaue Kenntnis und Analyse. Dazu soll die Übersetzungsregel als Leitfaden dienen.

> **ÜR 18** Um ein Futur angemessen im Deutschen wiederzugeben, müssen seine Formen und Funktionen im Lateinischen genau erkannt werden. Daher sind zu unterscheiden:
> a) eine konjugierte Verbform als Prädikat,
> b) ein PNA als PC,
> c) ein PNA plus konjugierter Form von *esse* als umschreibendes Futur oder
> d) ein PNA im Akkusativ plus *esse* als Infinitiv der Nachzeitigkeit im AcI.

2. Historischer Infinitiv

Wie Sie wissen, kann ein Autor das sog. historische Präsens einsetzen, um in einer Erzählung vergangene Ereignisse lebhaft zu schildern (siehe Caput VII, Grammatica 1a). Die gleiche Funktion kann auch der Infinitiv der Gleichzeitigkeit übernehmen; wir sprechen dann vom historischen Infinitiv.

Ein anschauliches Beispiel findet sich in Lectio 28. In einer hochdramatischen Szene schließt sich Iocaste in der Vorhalle des Palastes ein und Ödipus versucht verzweifelt, zu ihr zu gelangen:

Mulier in vestibulo, in vestibulo comas lacerare, claustris occludere fores, occludere, exclamare, exclamare. Et Oedipus irrumpere et pulsare, pulsare, pulsare, ululare.

Die Frau in der Vorhalle, in der Vorhalle rauft sie sich die Haare, verschließt die Tür mit den Riegeln, verschließt sie und schreit und schreit. Und Ödipus stürmt vor und schlägt dagegen, schlägt und schlägt und schreit.

EXERCITANDA

LECTIO 27

1. Übersetzen und Verstehen

a) Informieren Sie sich, welches besondere Schicksal Amphitryon und seine Frau Alkmene der Sage nach betroffen hat.

b) Ein Blick auf den Text zeigt Ihnen, dass es sich weitgehend um einen Dialog handelt. Wiederholen Sie deshalb die Personalendungen in allen bekannten Tempora im Aktiv und Passiv.

c) Wenn Sie den Text übersetzen, werden Sie Formen des Futurs entdecken. Wählen Sie jeweils die Wiedergabe des Futurs, die Ihnen aufgrund des Kontextes und des deutschen Sprachgebrauchs angemessen erscheint.

d) Informieren Sie sich nach der Übersetzung im Grammatikteil über Formen und Funktionen des Futurs und korrigieren Sie ggf. Ihre Übersetzung.

2. Fragen zum Text

a) Quis est Amphitruo? b) Quare Mercurius ex tragoedia quasi comoediam facere vult? c) Quem Mercurius delusurus est? d) Mercurius dicit se Sosiam servum superbum facturum esse. Quo modo id faciet? e) Quo Sosia a Mercurio abactus ibit?

3. Formentraining

Bestimmen Sie die Formen und bilden Sie, soweit möglich, die jeweils entsprechenden Formen im Singular oder Plural.

abibit – acta erant – arbitror – audiatur – commutaverunt – contraxerint – dicta erunt – dormiet – eritis – esset – exerciturus –faciam – ferar – fore – futuras esse – habito – ibam – loquatur – sitis – spectabo – tacuistis – tangeremus – veneris – videberis – volet.

4. Solisten

futurus	aderit	dicam	fatum	visae sunt
facturus	dederit	agam	fugam	visae erant
laturus	dixerit	audiebam	fugiam	visae erunt
rursus	attulerit	feram	faciem	visae sint

5. Cenula Romana

Vielleicht haben Sie Lust, ein kleines römisches Menü zu kochen? Als Anregung folgen drei empfehlenswerte Rezepte zum Ausprobieren. Sie finden sich in einem Kochbuch aus der römischen Kaiserzeit, das unter dem Namen des Apicius, eines Feinschmeckers zur Zeit des Kaisers Tiberius, überliefert ist. Da Apicius keine Mengen angibt, gilt es allerdings, beim Kochen sehr vorsichtig mit den Gewürzen umzugehen. Einige Würzmittel müssen ersetzt werden:

liquamen: *eine Fischsoße; sie kann durch Salz ersetzt werden, ggf. mit dem Zusatz von Sardellenpaste oder einer asiatischen Fischsoße;*
laser: *eine wohl schon früh ausgestorbene Pflanze, ggf. durch eine Zwiebel ersetzbar;*
passum: *eine süße Weinpräparation; als Ersatz kann ein heutiger Süßwein genommen werden, z. B. ein Portwein oder Marsala;*
defrutum: *Traubensaft, der auf ca. ein Drittel seines Volumens eingekocht war.*

Gustatio: *Leberpastete*

Iecur coques, teres et inicies piper et liquamen aut salem. Addes oleum. Iecur leporis aut haedi aut agni aut pulli. Et, si volueris, in formella piscem formabis. Oleum viridem supra adicies.

→ *Die Empfehlung, die Pastete quasi als Fisch ›getarnt‹ aufzutragen und dadurch den Gast zunächst irrezuführen, um ihn dann zu überraschen, verweist auf einen beliebten Brauch in der Kaiserzeit.*

Mensa prima: *Ente mit Rüben*

Anatem lavabis, ornabis et in olla elixabis cum aqua, sale et anetho dimidiā cocturā. Rapas coque, ut exbromari possint. Levabis de olla et iterum lavabis et in caccabum mittes anatem cum oleo et liquamine et fasciculo porri et coriandri.

Rapam lautam et minutatim concisam desuper mittes, facies, ut coquatur. Modicā coctură mittes defrutum, ut coloret.

Ius tale parabis: piper, cuminum, coriandrum, laseris radicem, suffundes acetum et ius de suo sibi, reexinanies super anatem, ut ferveat. Cum ferbuerit, amulo obligabis et super rapas adicies. Piper asperges et adpones.

→ Ein ausgezeichnetes Gericht; als *rapae* sind Karotten oder – besonders empfehlenswert – Teltower Rübchen geeignet.

Mensa secunda: *Gefüllte Datteln*

Dulcia domestica: palmulas vel dactylos excepto semine nuce vel nucleis vel pipere trito infercies. Illos sale asperges, friges in melle cocto et inferes.

→ *Diese Nachspeise belegt die Vorliebe der Römer für geschmackliche Gegensätze, hier süß-scharf.*

Erklären Sie das häufige Vorkommen des Futurs in den Rezepten.

Buchempfehlung

- Marcus Gavius Apicius, *De re coquinaria*, Über die Kochkunst, Lateinisch/Deutsch, hrsg., übersetzt und kommentiert von Robert Maier, Philipp Reclam jun., Stuttgart, 1991
- *Kochbuch der alten Römer*, 200 Rezepte nach Apicius, für die heutige Küche umgesetzt von Hans-Peter von Peschke und Werner Feldmann, Albatros (Patmos), Düsseldorf 2003

6. Vela erunt

a) *Schutz vor allzu viel Sonne war und ist südlich der Apenninen ein Bedürfnis der Menschen. Dies führte zur Entwicklung von Sonnensegeln. Plinius der Ältere berichtet:*

In theatris vela tenta umbram fecere; quod primus omnium invenit Q. Catulus. (69 v. Chr.) ... Carbasina deinde vela primus in theatro duxisse traditur Lentulus Spinther. (57 v. Chr.) ... Caesar dictator totum forum Romanum intexit partemque viae Sacrae et clivum usque in Capitolium. ... Vela nuper colore caeli, stellata, per rudentes ierunt etiam in amphitheatris principis Neronis.

b) *Das Aufziehen der Sonnensegel wurde manchmal angekündigt, wie folgendes Graffito aus Pompeji belegt:*

Suetti Certi aedilis familia gladiatoria pugnabit Pompeis pridie Kalendas Iunias.
Venatio et vela erunt.

7. Ankündigungen

Wiederholen Sie den AcI als satzwertige Konstruktion (Caput I, Grammatica 4) sowie die Umformübungen (Caput I, Exercitanda 6 und 7) und verfahren Sie nach folgendem Beispiel:

Mercurius dicit: Tragoediae argumentum eloquar. – Mercurius se tragoediae argumentum elocuturum esse dicit.

Beachten Sie, dass die 1. Person des Hauptsatzes im AcI zur dritten Person wird!

Mercurius dicit:
a) Ex tragoedia quasi comoediam faciam.
b) Tragicomoediam faciam.
c) Iupiter ipse comoediam aget.
d) Sosiam servum ab aedibus abigam.
e) Mercurius se Sosiam servum delusurum esse dicit.
f) Mercurius se Sosiae linguam compressurum esse dicit.
g) Sosia se taciturum esse dicit.
h) Sosia se ad portum iturum et Amphitruoni rem narraturum esse dicit.

8. Zweierlei Futur

Erläutern Sie die unterschiedlichen Funktionen des Futurs in den folgenden Beispielen.

a) Sallust erklärt am Beginn eines seiner Geschichtswerke:

Bellum scripturus sum, quod populus Romanus cum Iugurtha, rege Numidarum, gessit. Sed priusquam huius modi rei initium expedio, pauca supra repetam, quo ad cognoscendum omnia magis illustria sint.

b) Seneca:

Ego tibi monstrabo amatorium sine medicamento, sine herba, sine ullius veneficae carmine: si vis amari, ama!

c) Seneca:

Vita cuiusque spectat in crastinum. Non vivunt, sed victuri sunt.

d) Arnold von Villanova (gest. 1134 n. Chr.): Vom Essen und Trinken

Non bene prandebit, potu quicumque carebit.

9. Der Gruß der Gladiatoren

Wenn die Gladiatoren am Beginn der ›Spiele‹ in die Arena zogen, begrüßten sie z. B. den Kaiser mit dem Satz: ›Morituri te salutant‹. *Kaiser Claudius soll einmal geantwortet haben:* ›Aut non.‹

Erklären Sie die Antwort des Kaisers mithilfe der Grammatik.

10. Ein ehrlicher Handel?

Florentinus quidam Romae equum empturus pactus est cum venditore, qui viginti quinque aureos postulavit. Quamquam hoc pretium carius quam equus fuit, Florentinus se quindecim daturum in praesentia, reliquorum vero se debitorem eius esse velle dicens annuit. Cum venditor postridie residuum peteret, emptor solutionem recusans: »Pacta sunt servanda!« inquit atque adiecit: »Pepigimus quidem, ut debitor tuus sim futurus.« *(Nach Poggio Bracciolini, siehe Lectio 26)*

Lesen Sie den Text zunächst langsam durch:

a) Welche Personen sind an dem Geschehen beteiligt?
b) Worin erkennen Sie Schlüsselwörter?
c) Welches bekannte Sprichwort ist im Text enthalten?
d) Stellen Sie Vermutungen über den Inhalt an.
e) Übersetzen Sie jetzt den Text.
f) Bestimmen Sie die syntaktische Funktion aller Verbformen und überprüfen Sie dabei abschließend Ihre Übersetzung.

11. Der hippokratische Eid

Der folgende Text stammt aus dem Mittelalter. Es handelt sich um eine gekürzte Fassung des hippokratischen Eides, der nach Hippokrates aus Kos (ca. 460–377 v. Chr.), dem berühmtesten Arzt der Antike, benannt wurde. Dieser Eid war im Grunde ein Lehrvertrag, den jeder, der zur Ausbildung in die Ärzteschule von Kos eintrat, beschwören musste.
Wählen Sie das jeweils richtige Prädikat und übersetzen Sie.

Der zukünftige Arzt schwor:

(Perficiam/perfecturus sum) secundum possibilitatem et actionem et iudicium meum iuramentum hoc et conscriptionem istam;

diaetationibus (utor/utar) omnibus iuvamento laborantium secundum possibilitatem et iudicium meum neque (dabam/dabo) rogatus ulli farmacum mortale neque (narrabam/narrabo) consilium tale;

similiter autem neque mulieri pessarium corruptivum (do/dabo);
pure et sancte (servabo/servavi) vitam meam et artem meam.

Quae in cura (videbo/videro/vidi) aut (audiam/audivero/audivi) – vel etiam absque cura – de vitis hominum, (tacebo/tacuero/tacui).

12. Recht und Gerechtigkeit

Die folgenden Rechtssätze entstammen alle dem römischen Recht. Erläutern Sie die Grundsätze und Regeln und überlegen Sie, inwieweit sie auch heute noch Geltung haben.

a) Grundsätzliches

Iustitia est constans et perpetua voluntas ius suum cuique tribuendi.
Ius est ars boni et aequi.
Iuris praecepta sunt haec: honeste vivere, alterum non laedere, suum cuique tribuere.
Lex est dictamen rationis.

Lex iniusta non est lex.
Lex lege tollitur.

b) Regeln

Da mihi factum, dabo tibi ius.
Et non facere facere est.
Feminae pro infirmitate sexus minus ausurae creduntur.
In dubio pro reo.
Nulla poena sine culpa.
Nulla poena sine lege.
Occidit, qui non servat periturum, ubi potest.
Punitur, ne peccetur.
Qui tacet, consentire videtur.
Salus publica suprema lex.
Summum ius summa iniuria.

13. Eigenschaften

Die folgenden Substantive, die mithilfe der Suffixe -ia oder -itia gebildet worden sind, bezeichnen eine Eigenschaft. Benennen Sie jeweils das zugrunde liegende Adjektiv und die deutsche Bedeutung.

a) abstinentia, audacia, clementia, concordia, constantia, diligentia, discordia, iracundia, misericordia, patientia, potentia, prudentia, sapientia, superbia.

b) amicitia, avaritia, duritia, iustitia, laetitia, mollitia, notitia, saevitia, stultitia, tristitia.

14. Lingua Latina Europaea

Italienisch	Spanisch	Portugiesisch	Französisch	Englisch	Lateinisch
teatro	teatro	teatro	théâtre	theatre	
commedia	comedia	comédia	comédie	comedy	
tragedia	tragedia	tragédia	tragédie	tragedy	
→ *Diese ersten drei Beispiele stammen ursprünglich aus dem Griechischen.*					
spettacolo	espectaculo	espectáculo	spectacle	spectacle	
argomento	argumento	argumento	argument	argument	
atto	acto	acto	acte	act	
cantare	cantar	cantar	chanter		

15. Übersetzungsschritte (Lectio 28)

a) *Informieren Sie sich über den Mythos von Ödipus. Welche Begebenheit aus dem Leben des Ödipus wird auf dem Bild von Ingres dargestellt?*

b) *Übersetzen Sie den Text.*

c) *Der Text ist sehr eindringlich gestaltet. Welche sprachlichen Mittel rufen diese Wirkung hervor?*

LECTIO 28: OEDIPUS REX

Als der russische Komponist Igor Strawinsky (1882–1971) sich entschloss, ein ›Opern-Oratorium‹ zu komponieren, entschied er sich für einen Stoff, der weithin bekannt war: den antiken Mythos von Ödipus. Strawinsky wählte für sein Werk das Lateinische, weil er für seine Musik und die monumentalen Bilder des Mythos eine Sprache wollte, die dem Werk eine vom Alltäglich-Trivialen abweichende, erhabene Kraft geben sollte. Deshalb ließ er den Text, den sein Freund Jean Cocteau geschrieben hatte, von dem Abbé Jean Daniélou ins Lateinische übersetzen.

Ödipus löst das Rätsel der Sphinx.
Gemälde (Öl) von Dominique Ingres, 1808

Die Personen des Stücks:
Ödipus: König von Theben
Jokaste: Mutter und Gattin des Ödipus
Kreon: Schwager des Ödipus
Teiresias: berühmter Seher
Bote, Hirte und das Volk von Theben als Chor

1. Akt

Die Pest wütet in Theben.

Corus: Caedit nos pestis, Theba peste moritur. E peste serva nos, Oedipus. Adest pestis! E peste libera urbem, Oedipus, urbem serva morientem!

Oedipus: Liberi, vos liberabo, liberabo vos a peste! Ego, clarissimus Oedipus, eg' Oedipus vos diligo, eg' Oedipus vos liberabo.

Corus: Quid faciendum, Oedipus, ut liberemur?

Oedipus: Uxoris frater mittitur, oraculum consulit, deo mittitur Creo; quid faciendum consulit.

Kreon kommt aus Delphi zurück.

Corus: Audimus, Creo. Cito, cito! Audituri te salutant.

Creo: Respondit deus: »Laium ulcisci, scelus ulcisci, reperire peremptorem! Thebis latet peremptor regis. Opus istum reperire, Thebas a labe luere. Iubet deus peremptorem depelli; peste inficit Thebas.« Apollo dixit deus.

Oedipus: Thebas eruam. Thebis incolit scelestus. Mihi debet se dedere. Opus vos istum deferre. Sphynga solvi, carmen solvi, ego, ego divinabo, iterum divinabo, clarissimus Oedipus. Thebas iterum servabo. Polliceor: divinabo.

Nachdem der Chor die Hilfe der Götter angerufen hat, soll der weise Seher Teiresias befragt werden.

Corus: Salve, Tiresia, homo clare, vates! Dic nobis, quod monet deus! Dic cito, sacrorum docte, dic, dic!

Tiresia: Dicere non possum, dicere non licet, dicere nefastum, Oedipus, non possum. Dicere ne cogas! Cave, cave, ne dicam! Clarissime Oedipus, tacere fas, Oedipus, tacere fas.

Oedipus: Taciturnitas t'accusat: Tu peremptor, tu peremptor!

Tiresia: Miserande, dico, dico, quod me accusas. Dicam, quod dixit deus; nullum dictum celabo. Inter vos peremptor est! Regis est rex peremptor! Rex cecidit Laium. Rex cecidit regem. Deus regem accusat: peremptor, peremptor rex! Opus Thebis pelli regem. Rex scelestus urbem foedat, rex peremptor regis est.

Oedipus: Invidia fortunam odit. Nunc vult quidam munus meum, Creo vult munus regis! Stipendiarius es, Tiresia! Creo vult rex fieri! Quis liberavit vos carminibus, amici? Eg' Oedipus clarus, ego! Invidia fortunam odit. Volunt regem perire, vestrum regem perire, clarum Oedipodem.

2. Akt

In dieser zugespitzten Situation tritt Jokaste auf, vom Chor jubelnd begrüßt.

Iocasta: Nonn' erubescite, reges, clamare, ululare in aegra urbe domesticis altercationibus? Ne, ne, ne probentur oracula; quae semper, semper, semper mentiantur. Oracula, oracula, mentita sunt oracula. Cui rex interficiendus erat? Nato meo! Age, rex peremptus est. Laius in trivio mortuus. Cave, cave oracula!

Oedipus: Pavesco subito, Iocasta, audi: Locuta es de trivio? Ego senem cecidi, cum Corintho excederem. Cecidi in trivio, cecidi, Iocasta, senem!

Iocasta: Semper oracula mentiuntur. Cave oracula, Oedipus, cave! Non est consulendum. Domum cito redeamus!

Oedipus: Pavor magnus, Iocasta, in me est, nam in trivio senem cecidi. Volo consulere, volo videre pastorem; sceleris superest spectator.

Der Hirte und ein Bote treten auf.

Corus: Adest omniscius pastor et nuntius horribilis.

Nuntius: Mortuus est Polybus. Polybus non genitor Oedipodis. Reppereram in monte puerum Oedipoda, derelictum in monte parvulum Oedipoda. Attuleram pastori puerum Oedipoda.

Corus: Deo claro Oedipus natus est, deo et nympha montium, in quibus repertus est. Resciturus sum monstrum, monstrum resciscam.

Pastor: Oportebat tacere, numquam loqui. Sane repperit parvulum Oedipoda a patre, a matre in monte derelictum pedibus laqueis foratis. Hoc semper, semper celandum inventum esse in monte derelictum parvulum Oedipoda.

Oedipus: Nonne monstrum resciturі, resciturі, quis Oedipus? Genus Oedipodis sciam, sciam! Pudet Iocastam, fugit. Pudet Oedipodis exulis, pudet Oedipodis generis. Genus Oedipodis sciam.

Pastor et nuntius: In monte repertus est, a matre derelictus, a matre derelictum in montibus repperimus. Laio Iocastaque natus! Peremptor Laii parentis! Coniunx Iocastae parentis!

Oedipus: Natus sum quo nefastum est; concubui cui nefastum est; cecidi quem nefastum est. Lux facta est!

Diese Erkenntnis der Wahrheit, die Aufdeckung seines Schicksals, stürzt Ödipus und Jokaste in ein furchtbares Ende. Bote und Chor berichten:

Nuntius: Divum Iocastae caput mortuum.

Corus: Mulier in vestibulo, in vestibulo comas lacerare, claustris occludere fores, occludere, exclamare, exclamare. Et Oedipus irrumpere et pulsare, pulsare, pulsare, ululare. Et ubi evellit claustra, suspensam mulierem omnes conspexerunt. Et Oedipus praeceps ruens illam exsolvebat, illam collocabat et aurea fibula avulsa oculos effodere; ater, ater sanguis rigare. Et Oedipus exclamare et sese detestare. Omnibus se beluam vult ostendere. Aspicite fores pandere! Spectaculum aspicite, spectaculum omnium atrocissimum! Ecce, regem Oedipoda! Rex occaecatus, rex parricida, miser rex Oedipus, carminum coniector. Vale, Oedipus! Te amabam, te misereor. Oculos tuos deploro. Miser Oedipus noster, te amabam, Oedipus. Tibi valedico, Oedipus, tibi valedico.

LEGENDA · LEGENDA · LEGENDA · LEGENDA

THEATER IN GRIECHENLAND UND ROM

Die Ursprünge des europäischen Theaters liegen im antiken Griechenland. Es ist aus Tänzen maskierter Chöre entstanden, die zu Ehren des Gottes Dionysos auftraten, hat also ursprünglich einen kultischen Charakter. Der entscheidende Impuls zur Entwicklung von Stücken erfolgte in der zweiten Hälfte des 6. Jahrhunderts vor Christus in Athen, als Thespis dem Chor einen Schauspieler gegenüberstellte und aus den eher improvisatorischen Darstellungen anlässlich des großen Festes der Dionysien ein mythisches Spiel mit einem festen Text schuf. Bald entstand im Rahmen dieses Festes ein literarisch-theatralischer Wettkampf, bei dem verschiedene Dichter mit neuen Stücken um den Sieg stritten. Gespielt wurden Tragödien, Komödien und Satyrspiele; letztere stellten in heiterer Form Sagen aus der Götter- und Heldenwelt auf die Bühne.

Drei Tragödiendichter, deren Werke auch in der Gegenwart gespielt werden, gelten als die Klassiker dieses Genres:

① Aischylos (525/4–456/5 v. Chr.): Er hat einen zweiten Schauspieler eingeführt und unter Zurückdrängung des Chores die Rede zum wichtigsten Bestandteil seiner Stücke gemacht. Wichtige Werke sind u.a. die ›Perser‹ und die Trilogie der ›Orestie‹.

② Sophokles (497/6–406 v. Chr.): Er soll einen dritten Schauspieler und auch die Bühnenmalerei ›erfunden‹ haben. Besonders bekannt ist neben dem ›König Ödipus‹ seine ›Antigone‹.

③ Euripides (485/80–406 v. Chr.): Er war stark vom Denken der Sophisten beeinflusst. Kennzeichnend für sein Schaffen sind die Verbürgerlichung der Tragödie, das Hinterfragen des Heroischen und die Darstellung weiblicher Leidenschaft. Seine modernen musikalischen Kompositionen verstärkten die Wirkung seiner Stücke. Wichtige Werke sind die ›Troerinnen‹, ›Medea‹, ›Elektra‹ u.a.

Neben diesen drei ›Tragikern‹ steht Aristophanes (ca. 445–385 v. Chr.) als der größte Komödiendichter Athens. Mit tref-

Das römische Theater von Organge (Arausio) in der Provence, eines der besterhaltenen der römischen Welt (links und rechts)

fendem Witz nahm er die führenden Männer und die Lebensumstände seiner Zeit aufs Korn. Kritisierte er in einem Stück die ungerechte Verteilung des Reichtums (›Plutos‹), thematisierte er in anderen das Verlangen nach Frieden (›Frieden‹, ›Lysistrate‹). Überraschend aus heutiger Sicht ist sicher auch das Frauenstück ›Ekklesiazusen‹ (griech. *ekklesia* = Volksversammlung), dessen Protagonistin den Frauen durch einen Umsturz zur Macht verhilft und versucht, einen – zum Scheitern verurteilten – materiellen und sexuellen Kommunismus einzuführen.

In Rom vollzog sich die Entwicklung des Theaters gewissermaßen zeitversetzt aus griechischer, sich aus Sizilien und Süditalien ausbreitender und italischer Tradition. Dies zeigte sich, als der Freigelassene Titus Andronicus im Jahre 240 v. Chr. ein griechisches Drama in lateinischer Bearbeitung inszenierte. Allgemein prägten in den folgenden Jahrhunderten fünf verschiedene Gattungen das Bühnengeschehen:

a) Die *Fabula Atellana* aus italischer Tradition, ein Stegreifspiel, das grobe Alltagsszenen mit Bauern und Handwerkern zeigte und feste Typen ausbildete.

b) Der *Mimus*, eine Posse voller Spottlust und Witz, bei der, entgegen dem sonstigen Gebrauch, auf Masken verzichtet wurde und Frauen die weiblichen Rollen spielten.

c) Der *Pantomimus*, eine hochartifizielle Darstellung, bei der tragische Szenen des Mythos durch Tanz und Gestik gestaltet wurden und ein Chor mit Orchesterbegleitung den Text sang.

d) Die *Tragödie*: Die Stoffe der römischen Tragödie sind teils dem griechischen Mythos entnommen, teils spielen sie in römischem Milieu. Aus der republikanischen Zeit sind allerdings nur Bruchstücke erhalten, aus der frühen Kaiserzeit liegen dagegen neun Tragödien Senecas vor, u. a. eine *Medea*, ein *Oedipus* und die *Troades* (›Die Troerinnen‹). Seine Personen leben und handeln in einer Welt der Verbrechen und der Schmerzen, festgelegt durch ein grausames Schicksal. Während einige seiner Werke als philosophische Lehrstücke gedeutet werden können, spielen andere wohl auf zeitgenössische Ereignisse an, die das Kaiserhaus betrafen, und haben insofern eine ›politische‹ Zielsetzung.

Links, Seite gegenüber: Bühnenprospekt (in der Mitte Augustusstatue); rechts: die Cavea mit den Sitzreihen und Zugängen.

Insgesamt lässt sich sagen, dass die römische Tragödie in ihrem Gehalt ›untragisch‹ ist, da ihre Helden keine tragischen Entscheidungen zwischen gleichwertigen Pflichten kennen. Zentrales Anliegen ist nicht so sehr das Schicksal des Individuums, sondern sein bezug zu Geschichte und gesellschaftlicher Realität des gesamten *populus Romanus*.

e) Die römische *Komödie*: In Auseinandersetzung mit der griechischen Komödie, wie sie auf Sizilien und in Süditalien gespielt wurde, sowie auf der Grundlage heimischer und etruskischer Traditionen entwickelte sich diese Gattung in Rom zu großer Beliebtheit. Zwei ihrer Schöpfer haben mit mehreren Werken die Zeiten überdauert:

① T. Maccius Plautus (um 200 v. Chr.): In seinen Stücken verbinden sich die beiden Wurzeln römischen Theaters. Plautus ging es darum, die gehobene literarische Qualität griechischer Komödien nach Rom zu bringen und sie nicht nur zu bearbeiten, sondern durch den Rückgriff auf die derbwitzigen Stegreifspiele italischer Tradition an Witz und Bühnenwirksamkeit zu übertreffen. Der ›Amphitruo‹ gehört zu seinen bekanntesten Stücken.

② Terenz, mit vollem Namen P. Terentius Afer (ca. 185 oder 195–159/158 v. Chr.), war der erste afrikanische Dichter lateinischer Sprache. Er schrieb in maßvollem Stil ohne derbe Vulgarismen, es gelang ihm, die seelischen Regungen seiner Protagonisten nuanciert zu gestalten. So galt sein Interesse auch weniger dem äußeren Geschehen als vielmehr den vielfältigen Konflikten, die sich aus den unterschiedlichen Ansichten der Menschen aufgrund von Alter und Geschlecht sowie den individuellen, manchmal auch sozial bedingten Lebens- und Denkweisen ergaben. Zu den bekannteren Werken zählen ›Der Selbstquäler‹ und ›Die Brüder‹.

In der Spätantike sah sich das Theater einer vor allem moralisch begründeten Kritik der Kirchenväter ausgesetzt, sodass es schließlich nicht nur als Institution aus dem Alltag verschwand, sondern auch insgesamt aus dem öffentlichen Bewusstsein verdrängt wurde. Im Mittelalter fehlte weitgehend das Wissen über die Theorie und Praxis des antiken Theaters. So wurde Terenz, obwohl er bekannt war, lediglich als Schulautor gelesen. Erst die Wiederentdeckung antiker Texte in der Renaissance hat auch der produktiven Auseinandersetzung mit dem antiken Theater einen entscheidenden Impuls gegeben und so die Entwicklung des neuzeitlichen Theaters angestoßen.

Tonfigur des »Dickwanstes‹, einer der typischen Gestalten der römischen Atellanenkomödie.

· SATURA ·

›BUNTES ALLERLEI‹

›Satura‹ ist im Lateinischen eigentlich die mit verschiedenen Früchten bunt gefüllte Schüssel; eine solche Schüssel brachte man auch den Göttern als Opfer dar. Im allgemeinen Sinne bezeichnet ›sătŭra‹ einfach ein buntes Allerlei oder Durcheinander, so auch im übertragenen Sinne eine Sammlung von Gedichten verschiedener Art; erst in einer ganz engen Bedeutung wird ›satura‹, auch in der Form ›sătĭra‹, schließlich zur Bezeichnung des Spottgedichts, damit zum Ursprung unseres Wortes ›Satire‹. Dieses Kapitel soll jedoch einfach ›bunte Zugaben‹ von Texten ganz verschiedener Art zum Lehrgang enthalten.

Als Zugaben bietet dieser Abschnitt vollständige Texte oder Textauszüge aus Antike, Mittelalter, Neuzeit und Gegenwart. Sie werden nicht nur bereits bekannten Autoren aus den Kapiteln I–XIV wiederbegegnen, sondern ein erweitertes Spektrum lateinischer Texte und Autoren kennenlernen. Die geringfügige Bearbeitung der Texte betrifft im Wesentlichen ihren Umfang, die Angleichung der Schreibweise ans klassische Latein und seltenere, in diesem Lehrwerk nicht behandelte grammatische Phänomene. An diesen Texten können Sie vor allem Ihre erworbenen Kenntnisse und Fähigkeiten im Lateinischen erproben. Hinweise vor den Texten ermöglichen eine gezielte Wiederholung der Grammatik, zu einzelnen Aspekten der Texterschließung oder zu einzelnen Autoren. Im Anschluss an die Texte finden sich gelegentlich vertiefende Ergänzungen zu einigen grammatischen Phänomenen. Da die ›Satura‹ als fakultativ zu betrachten ist, besteht die Möglichkeit individueller Schwerpunktsetzung, in Lerngruppen zur arbeitsteiligen, auch als Gruppenarbeit organisierbaren Gesamtwiederholung.

1. CICERO: BRIEF AN TIRO

Wiederholung:
- Cicero: C. VI, Legenda
- Gattungsmerkmale, Briefe: C. VII, G 1
- Konjunktiv I: C. VIII, G 2; C. X, G 2.2.4; C. XII, G 3.1.1.d
- Futur: C. XIV, G 1

Der folgende Brief datiert aus dem Jahre 50 v. Chr. Cicero befand sich auf Leukas, einer Insel und gleichnamigen Stadt im Ionischen Meer, wo ihn die Nachricht von der Erkrankung ›seines‹ Tiro mit Sorge erfüllte.

Tullius Tironi suo s.p.d.

Varie sum affectus tuis litteris: valde priore pagina perturbatus, paulum altera recreatus: quare nunc quidem non dubito, quin, quoad plane valeas, te neque navigationi neque viae committas: satis te mature videro, si plane confirmatum videro. De medico bene existimari et tu scribis et ego sic audio; sed plane curationes eius non probo. Tamen et ad illum scripsi accurate et ad Lysonem.

Ad Curium vero, suavissimum hominem et summi officii summaeque humanitatis, multa scripsi, in his etiam, ut, si tibi videretur, te ad se transferret.

Lyso enim noster, vereor, ne neglegentior sit; primum, quia omnes Graeci; deinde, quod, cum a me litteras accepisset, mihi nullas remisit. Sed eum tu laudas: tu igitur, quid faciendum sit, iudicabis. Illud, mi Tiro, te rogo, sumptui ne parcas ulla in re, quod ad valetudinem opus sit: scripsi ad Curium, quod dixisses, ut daret; medico ipsi puto aliquid dandum esse, quo sit studiosior.

Innumerabilia tua sunt in me officia, domestica forensia, urbana provincialia, in re privata in publica, in studiis in litteris nostris: omnia viceris, si, ut spero, te validum videro. Adhuc, dum mihi nullo loco deesse vis, numquam te confirmare potuisti: nunc te nihil impedit; omnia depone, corpori servi! Quantam diligentiam in valetudinem tuam contuleris, tanti me fieri a te iudicabo.

Vale, mi Tiro, vale, vale et salve!

VII. Id. Nov. Leucade

2. CAESAR: DE BELLO GALLICO

Wiederholung:

- Caesar: C. IV, Legenda
- Kolometrie: C. VIII, G 1
- AcI: C. I, G 4
- PC: C. IX, G 1 und 2
- Abl. abs.: C. XI, G 1 und 2

2.1 Auf des Messers Schneide

Im Jahre 57 v. Chr. geriet Caesar in einer Schlacht gegen die Nervier, eine Völkerschaft der Belger, mit seinem Heer in größte Bedrängnis. Der folgende Text schildert in einem einzigen Satzgefüge die entscheidende Phase der Schlacht. Er ist nach dem kolometrischen Einrückverfahren gesetzt, damit – unterstützt durch den Fettdruck – seine syntaktische Struktur leichter erfasst werden kann. Die Beachtung des Fettdrucks und der Unterstreichungen hilft zudem, die Abfolge der

Beobachtungen nachzuvollziehen, die Caesar schließlich zu seiner Handlungsweise gebracht haben, mit der es ihm gelang, das Blatt noch zu wenden.

Caesar
ab decimae legionis cohortatione ad dextrum cornu profectus,
    ubi
    suos urgeri
    signisque in unum locum conlatis
    duodecimae legionis confertos milites
    sibi ipsos ad pugnam esse impedimento
    vidit,
    quartae cohortis omnibus centurionibus occisis
    signiferoque interfecto,
    signo amisso,
    reliquarum cohortium omnibus fere centurionibus aut vulneratis
    aut occisis,
    in his primipilo P. Sextio Baculo, fortissimo viro,
    multis gravibusque vulneribus confecto,
        ut iam se sustinere non posset,
    reliquos esse tardiores et
    nonnullos ab novissimis desertores proelio excedere ac tela vitare,
    hostes neque a fronte
    ex inferiore loco subeuntes
    intermittere et ab utroque latere instare et
    rem esse in angusto
    vidit
    neque ullum esse subsidium,
        quod submitti posset,
scuto ab novissimis uni militi detracto,
    quod ipse eo sine scuto venerat,
in primam aciem **processit**
centurionibusque nominatim appellatis
reliquos cohortatus
milites signa inferre et manipulos laxare
iussit,
    quo facilius gladiis uti possent.

2.2 Bedingungslose Kapitulation

Am Tag nach der Entscheidungsschlacht bei Alesia, die die Römer gegen die Gallier unter Vercingetorix (C. VI, E 8; C. XI, L. 21) gewonnen haben, führen die in der Stadt eingeschlossenen

Gallier einen Kriegsrat durch. Beachten Sie die teilweise kolometrische Gestaltung des stilistisch zweigeteilten Textes. Caesar berichtet:

Postero diē Vercingetorix
concilio convocato
id bellum suscepisse se non suarum necessitatum, sed communis libertatis causā demonstrat et,
quoniam sit fortunae cedendum,
ad utramque rem se illis offerre,
seu morte sua Romanis satisfacere
seu vivum tradere
velint.

Mittuntur de his rebus ad Caesarem legati. Iubet arma tradi, principes produci. Ipse in munitione pro castris consedit; eo duces producuntur. Vercingetorix deditur, arma proiciuntur.

GRAMMATICA

Indirekte Rede

Der erste Teil des Textes 2.2 enthält eine berichtete, sog. indirekte Rede, auch *oratio obliqua* genannt. Da Sie die wesentlichen Elemente dieser Aussageweise bereits kennen, folgt hier eine kurze Zusammenfassung.

Beispiel:

Wörtliche Rede	Berichtete Rede
Vercingetorix demonstrat: »Bellum libertatis causā suscepi; quoniam fortunae cedendum est, morte meo Romanis satisfacere volo.«	*Vercingetorix demonstrat* se bellum libertatis causā suscepisse; quoniam fortunae cedendum sit, se morte suā Romanis satisfacere velle.
Vercingetorix erklärt: »Ich habe den Krieg um der Freiheit willen übernommen; da man sich dem Schicksal fügen muss, will ich mit meinem Tod den Römern Genugtuung leisten.«	*Vercingetorix erklärt,* dass er den Krieg um der Freiheit willen übernommen habe; da man sich dem Schicksal fügen müsse, wolle er mit seinem Tod den Römern Genugtuung leisten.

Erläuterung zum lateinischen Text:

Hauptsätze	→	AcI
Gliedsätze im Indikativ	→	Gliedsätze im Konjunktiv
1.–3. Person	→	3. Person; das Reflexivpronomen bezieht sich meistens auf das Subjekt des übergeordneten Satzes.

Besonderheiten bei Hauptsätzen:

Imperative	→	Gliedsätze im Konjunktiv mit oder ohne *ut*
Fragesätze	→	indirekte Fragesätze im Konjunktiv

3. HORAZ UND CHRISTIAN MORGENSTERN

Wiederholung:
– Komparation: C. XII, G
– Stilistik: C. III, G 1, TE 6; C. VII, G 1b

Q. Horatius Flaccus (63–8 v. Chr.; siehe C. IX, E 13) gehört zu den großen klassischen Dichtern der augusteischen Zeit. Besonders durch seine Satiren (sermones) und seine Oden (carmina) blieb er bis in die neueste Zeit bekannt und wurde rezipiert. Die folgenden zwei Gedichte entstammen den Oden. Der deutsche Dichter Christian Morgenstern (1871–1914) hat zu ihnen als ›Studentenscherz‹ die beigefügten Parodien geschrieben.

3.1 Horaz: Carpe diem (carm. I. 11)

Tu ne quaesieris, scire nefas, quem mihi, quem tibi
finem di dederint, Leuconoë, nec Babylonios
temptaris numeros. Ut melius, quidquid erit, pati,
seu plurīs hiemes, seu tribuit Iuppiter ultimam,
quae nunc oppositis debilitat pumicibus mare
Tyrrhenum. Sapias, vina liques, et spatio brevi
spem longam reseces. Dum loquimur, fugerit invida
aetas: Carpe diem, quam minimum credula postero.

Morgenstern: Heute ist heut!

Lass das Fragen doch sein! sorg dich doch nicht über den Tag hinaus!
Martha! geh nicht mehr hin, bitte, zu der dummen Zigeunerin!
Nimm dein Los, wie es fällt! Lieber Gott, ob dies Jahr das letzte ist,
das beisammen uns sieht, oder ob wir alt wie Methusalem

werden: sieh's doch nur ein: das, lieber Schatz, steht nicht in unsrer Macht.
Amüsier dich, und lass Wein und Konfekt schmecken dir wie bisher!
Seufzen macht mich nervös. Nun aber Schluss! All das ist Zeitverlust!
Küssen Sie mich, *m'amie*!* Heute ist heut! *Après nous le déluge*!**

* *meine Freundin* ** *Nach uns die Sintflut!*

3.2 Horaz (carm. III 9): Ein Dialog der Liebe I

»Donec gratus eram tibi
nec quisquam potior bracchia candidae
cervici iuvenis dabat,
Persarum vigui rege beatior.«

»Donec non aliā magis
arsisti neque erat Lydia post Chloēn,
multi Lydia nominis
Romanā vigui clarior Iliā.«

»Me nunc Thraessa Chloë regit,
dulcīs docta modos et citharae sciens,
pro qua non metuam mori,
si parcent animae fata superstiti.«

»Me torret face mutua
Thurini Calais filius Ornyti,
pro quo bis patiar mori,
si parcent puero fata superstiti!

»Quid si prisca redit Venus
diductosque iugo cogit aeneo,
si flava excutitur Chloë
reiectaeque patet ianua Lydiae?«

»Quamquam sidere pulchrior
ille est, tu levior cortice et improbo
iracundior Hadria,
tecum vivere amem, tecum obeam libens!«

Lesehilfe Vers 2/3: nec quisquam iuvenis potior bracchia candidae cervici dabat

Morgenstern: Ein Dialog der Liebe II

»Als ich Hahn noch im Korbe war,
und kein andrer Mund sich auf das braune Mal
deines schneeigen Nackens bog –
Bombenkreuzelement! Mädel, die Zeit war schön!«

»Als du sonst keine Flamme hattst
und kein andrer Zopf dir in die Augen stach –
ach, wie stolz war die Gretel da,
und wie platzten vor Neid alle meine Freundinnen!«

»Ich poussiere die Frieda jetzt.
Waldmann spielt die und Strauß; oh, und sie singt sehr nett!
Wär's dass eins von uns sterben müsst',
sagt' ich: Frieda, du bleibst! Ich sterbe gern für dich!«

»Ach, ich bin so verliebt in den
Max, – sein Vater, der ist polnischer Adliger!
Wär's dass eins von uns sterben müsst',
sagt' ich: Maxchen, ich leid zehnmal den Tod für dich!«

»Hm! – Was sagtest du wohl, wenn nun
Amor wieder den Zwist lächelnd begütigte?
Wenn die Frieda passée wär und
mein verstoßener Schatz offen fänd Herz und Tür?«

»Maxchen freilich ist tadellos –
du hingegen ein leichtsinniger Sausewind!
Doch trotz alle- und alldem –
du mein Leben und Tod, mach mit mir, was du willst!«

GRAMMATICA

Besonderheiten der Formenbildung

a) Tempora des Perfektstammes

Bei Verben, die ein v-Perfekt bilden, können die Tempora des Perfektstammes durch Zusammenziehung verkürzt werden, nachdem das *-v-* bzw. *-vi-* oder *-ve-* ausgestoßen worden sind:

quaesĭeris	<	quaesīveris	temptāris	<	temptāveris
salutāstis	<	salutāvistis	salutārunt	<	salutāvērunt

b) 3. Deklination: Akkusativ Plural auf *-īs*

Bei Nomina der 3. Deklination mit einem i-Stamm kommt im Akk. Pl. m und f statt des -ēs die ältere Endung -īs vor:

plūrīs	*statt*	plūrēs:	plūrīs hiemēs
dulcīs	*statt*	dulcēs:	dulcīs modōs

Entsprechend:

inter mortālīs	*statt*	mortālēs
inter cīvīs	*statt*	cīvēs
per urbīs	*statt*	urbēs

4. MENS SANA IN CORPORE SANO

Wiederholung:
- Seneca: C. VIII, L. 16 und Legenda; C. XIII, L. 25
- Infinitiv als Subjekt oder Objekt: C. I, G 3
- Gerundium: C. VIII, G 3
- Komparation: C. XII, G
- Relativsätze im Konjunktiv: C. VIII, G 2.2.2.5

4.1 Seneca: Der Geist des Menschen, sein Körper und seine Gesundheit

In dem folgenden Auszug aus seinem 15. Brief an Lucilius diskutiert Seneca die Frage, wie viel körperliche Bewegung für den Menschen gesund sei.

Seneca Lucilio suo salutem

Mos antiquis fuit usque ad meam servatus aetatem, primis epistulae verbis adicere: »Si vales, bene est; ego valeo.« Recte *nos* dicimus: »Si philosopharis, bene est.« Valere enim hoc demum est; sine hoc aeger est animus: corpus quoque, etiam si magnas habet vires, non aliter quam furiosi aut phrenetici validum est.

Ergo hanc praecipue valetudinem cura, deinde et illam secundam. Stulta est enim, mi Lucili, et minime conveniens litterato viro occupatio exercendi lacertos et dilatandi cervicem ac latera firmandi: cum tibi feliciter sagina cesserit et tori creverint, nec vires umquam opimi bovis nec pondus aequabis. Adice nunc, quod maiore corporis sarcina animus eliditur et minus agilis est. Multa sequuntur incommoda huic deditos curae: primum exercitationes, quarum labor spiritum exhaurit; deinde copiā ciborum subtilitas impeditur. Accedunt homines inter oleum et vinum occupati, quibus ad votum dies actus est, si bene desudaverunt, si in locum eius, quod effluxit, multum potionis regesserunt. Bibere et sudare vita cardiaci est.

Sunt exercitationes et faciles et breves, quae corpus et sine mora lassent et tempori parcant: cursus et cum aliquo pondere manus motae et saltus: cuiuslibet ex his elige usum rudem, facilem.

Quidquid facies, cito redi a corpore ad animum; illum noctibus ac diebus exerce: labore modico alitur ille. Hanc exercitationem non frigus, non aestus impediet, ne senectus quidem: id bonum cura, quod vetustate fit melius.

Neque ego te iubeo semper imminere libro aut pugillaribus: dandum est aliquod intervallum animo, ita tamen, ut non resolvatur, sed remittatur. Gestatio et corpus concutit et studio non officit: possis legere, possis dictare, possis loqui, possis audire; quorum nihil ne ambulatio quidem vetat fieri.

Quid, si velis deinde, quemadmodum ambules, discere? Admitte istos, quos nova artificia docuit fames: erit, qui gradus tuos temperet et buccas edentis observet et in tantum procedat, in quantum audaciam eius patientiā et credulitate produxeris. Quid ergo? ... Vale!

4.2 Celsus: Ein Rat aus medizinischer Sicht

Zur Zeit des Kaisers Tiberius (14–37 n. Chr.) verfasste A. Cornelius Celsus eine Art Enzyklopädie in 26 Büchern, erhalten sind aber nur die acht Bücher de medicina. Ihnen sind die beiden folgenden Texte entnommen, Ratschläge zunächst für gesunde, dann für geschwächte, kranke Menschen.

a) **Sanus homo**, qui et bene valet et suae spontis est, nullis obligare se legibus debet ac neque medico neque iatraliptā egere. Prodest etiam interdum balineo, interdum aquis frigidis uti, modo ungui, modo id ipsum neglegere, nullum genus cibi fugere, quo populus utatur, interdum in convivio esse, interdum ab eo se retrahere, modo plus iusto, modo non amplius sumere, bis die potius quam semel cibum capere et semper quam plurimum, dummodo hoc concoquat. Sed ut huius generis exercitationes cibique necessariae sunt, sic athletici supervacui: nam et intermissus propter civiles aliquas necessitates ordo exercitationis corpus affligit et ea corpora, quae more eorum repleta sunt, celerrime et senescunt et aegrotant.

b) At **imbecillis**, quo in numero magna pars urbanorum omnesque paene cupidi litterarum sunt, observatio maior necessaria est, ut, quod vel corporis vel loci vel studii ratio detrahit, cura restituat. Ex his igitur, qui bene concoxit, mane tuto surget, qui parum, quiescere debet. Commode exercent clara lectio, arma, pila, cursus, ambulatio, atque haec melior est sub divo quam in porticu, melior, si caput patitur, in sole quam in umbra, melior in umbra, quam paries aut viridia efficiunt, quam quae sub tecto est, melior recta quam flexuosa.

4.3 Fidelis Rädle: Fußball für die Psyche

Fidelis Rädle, der Autor des folgenden Gedichtes, meint, der Massensport Fußball könnte auch für die Zuschauer eine humanisierende Wirkung haben. (Entnommen aus: Fidelis Rädle, De condicione bestiali vel humana, Carmina Latina, Von Tieren und Menschen, Lateinische Gedichte mit deutschen Übersetzungen, 2. Auflage, Sigmaringen 1996)

De huius aetatis gladiatoribus sive de pedifollio

1. In arena bestiae
non iam nunc necantur:
pilam pede iuvenes
trudunt vel venantur.
artem talem amat
populus et clamat.

2. Verum hīc miraculum
exhibent actores,
pulchrius spectaculum
praebent spectatores,
plus, quam qui laetantur,
hi, qui indignantur.

3. Res secundas canticis
plebs concomitatur.
clades tristis flebilis
vix iam toleratur.
cuncta in arena
remittuntur frena.

4. Ubi clades incipit,
ibi cessant mores.
quivis cuivis hostis fit,
furunt spectatores.
si nil manet spei,
omnes fiunt rei.

5. »Qualis tu es arbiter!
false decrevisti!
fac, fraudator, abeas,
regulam fregisti!
hosti modo fave!
perfide, iam cave!«

6. Verba fere talia
ibi audiuntur,
quae urbanis auribus
numquam blandiuntur.
viri sublimiores
spernunt istos mores.

7. Sed his illi motibus
ipsi sublimantur,
quasi cordis vomitu
intus expurgantur.
redeunt pacati
domum, renovati.

8. Sunt, quos per hebdomadam
herus gravis tractet,
in quos mille iurgia
et impune iactet:
in arena liberi
sunt ac sui domini.

9. Alii pro tempore
fugiunt uxorem,
quae rebus in ceteris
sola dat tenorem:
domi quod non audent
dicere, hīc gaudent.

10. Sic redibit undique
ad humanum morem,
foras qui emiserit
porcum interiorem.
bestiae necentur,
homines salventur!

GRAMMATICA

Relativsätze im Konjunktiv

Wenn das Prädikat eines Relativsatzes im Konjunktiv steht, wird hierdurch – außer in der indirekten Rede – immer eine zusätzliche Sinnrichtung signalisiert, die aus dem Kontext zu erschließen ist. In Caput VIII haben Sie das Beispiel eines Relativsatzes mit **kausaler** Bedeutung kennengelernt. In den obigen Texten finden sich Relativsätze mit einem **konsekutiven**, auch **explikativ** genannten Nebensinn:

Sunt exercitationes, quae corpus lassent.	a) Es gibt Übungen, die den Körper ermüden. b) Es gibt Übungen von der Art, dass sie den Körper ermüden.

Die Übersetzung b) hebt zwar den Sinn hervor, im Deutschen gilt aber in der Regel die Übersetzung a) als angemessen:

Sunt, quos per hebdomadam herus tractet.	Es gibt Leute, die der ›Chef‹ die Woche hindurch ›piesackt‹.

Auch *Finalität* kann in einem Relativsatz durch einen Konjunktiv gekennzeichnet sein. Die Übersetzung erfolgt mit ›sollen‹, ›damit‹ oder ›um zu‹:

Germani deligunt magistratus, qui bello imminenti praesint.	Die Germanen wählen offizielle Anführer, die einen drohenden Krieg leiten sollen; damit sie einen drohenden Krieg leiten; um einen drohenden Krieg zu leiten.

5. MARTIAL UND LUTHER ÜBER DAS GLÜCK

Wiederholung:
- Martial: C. IV, E 8.1; C. V, E 7; C. VII, E 8
- Luther: C. XI, Legenda
- Epikur: C. X, Legenda
- Konjunktiv I: C. VIII, G 2

In dem folgenden Gedicht beschreibt Martial, was für ihn ein glückliches Leben ausmachen könnte. Dem großen Reformator Martin Luther (1483–1546) muss dieses Gedicht sehr zuwider gewesen sein, denn er hat gleich zwei Gedichte geschrieben, mit denen er ca. 1400 Jahre später direkt auf Martial antwortete.

5.1 Martial und sein Glück (X,47)

Vitam, quae faciant beatiorem,
iucundissime Martialis, haec sunt:
Res non parta labore, sed relicta;
non ingratus ager, focus perennis;
lis numquam, toga rara, mens quieta;
vires ingenuae, salubre corpus;
prudens simplicitas, pares amici;
convictus facilis, sine arte mensa;
nox non ebria, sed soluta curis;
non tristis torus et tamen pudicus;
somnus, qui faciat breves tenebras:
Quod sis, esse velis nihilque malis;
summum nec metuas diem nec optes.

›Satura‹: Schale aus feinstem durchsichtigen Glas mit Obst. Wandmalerei aus Pompeji

5.2.1 Luther und das wahre Glück der Christen

Vitam quae faciunt beatiorem,
o carissime Christiane, sunt haec:
Aeternum dominum Deum timere
mandatique sui vias amare.
Sit victus manuum labore partus,
sic vivis bene, sic eris beatus.
Uxor prole tuam domum beabit,
laetīs ut generosa vitis uvīs.
Ad mensam tibi filii sedebunt,
ut pinguis tenerae novella olivae.
Sic fidus benedicitur maritus
in casto domini timore vivens.
Donet te benedictione semper
ex Zion dominus Jerusalemque.
Florentem faciat bonis vigere,
ut natos videas et inde natos;
et pacem super Israel per aevum.
Hīc dicat pius omnis amen. Amen.

5.2.2 Luther und das Glück Epikurs

Vitam quae faciant suis beatam
porcis, haec Epicurus ille tradit:
Ne spectes hominum Deive mentem:
Non est, qui regat atque curet orbem.
Spem vitae bene rideas futurae,
quamvis mens ratioque sana monstrent.
Te soli tibi finge procreatum,
certus cuncta tuo esse nata ventri;
Silenus placeat nihilque malis.
Vivas ut tua sus tuusque porcus
et tandem moriare porcus et sus.
Sic sic itur ad insulas beatas,
aeterno quibus igne carcer ardet
et tales coquit ustulatque porcos.
Tunc malles, Epicure, non fuisse,
sed serae venient eae querelae.
Et disces aliud fuisse quiddam
quam quod riseris hīc inane numen.

→ Beachte die Doppeldeutigkeit des *suis* in 5.2.2, Z. 1: a) > sūs, sŭis, b) > suus, a, um

6. DER SONNENGESANG DES FRANZ VON ASSISI

Wiederholung:
— Personal-, Possessiv-, Reflexiv- und Demonstrativpronomina (*hic und ille*): C. IV, G 7

Der heilige Franz von Assisi (1181/82–1226) ist weit über die katholische Welt hinaus bekannt, und zwar nicht nur als Ordensgründer, sondern besonders wegen seines ›geschwisterlichen‹ Verhältnisses zur Natur. Ein wichtiges Zeugnis seines Denkens ist der Canticus creaturarum, sein Sonnengesang; er spiegelt seine Gottes- und Welterfahrung. Dieser Sonnengesang ist ursprünglich im sog. Volgare, der umbrischen Volkssprache, geschrieben und damit einer der ersten bedeutsamen Texte im Italienischen; er wurde dann von Ordensbrüdern ins Lateinische übersetzt. Wir drucken beide Fassungen ab, weil sie den Prozess der Entstehung des Italienischen als ›Tochter des Lateins‹ schlaglichtartig beleuchten.

Canticus creaturarum

1 Altissime, omnipotens, bone domine,
tuae sunt laudes, gloria, honor et omnis benedictio;
tibi soli referendae sunt,
et nullus homo dignus est te nominare.

2 Lauderis, domine deus meus, propter omnes creaturas tuas
et specialiter propter honorabilem fratrem nostrum Solem,
qui diescere facit et nos illuminat per lucem:
pulcher est et radians et magni splendoris
et tui, domine, symbolum praefert.

3 Laudetur dominus meus propter sororem Lunam et stellas,
quas in caelo creavit claras et bellas.

4 Laudetur dominus meus propter fratrem Ventum,
aerem, nubem, serenitatem et propter omnia tempora,
per quae omnibus creaturis ministrat alimentum.

5 Laudetur dominus meus propter sororem Aquam,
quae est multum utilis, humilis, pretiosa et casta.

6 Laudetur dominus meus propter fratrem Ignem,
per quem noctem illuminat;
ille roseus est, rutilus, invictus et acer.

7 Laudetur dominus meus propter nostram matrem Terram,
quae nos sustentat et alit

et producit varios fructus
et varicolores flores et herbas.

8 Lauderis, mi domine, propter illos, qui pro tuo amore offensas dimittunt
et patienter sustinent tribulationem et infirmitatem.
Beati illi, qui in pace sustinuerunt,
quia a te, altissime, coronabuntur.

9 Lauderis, mi domine, propter sororem nostram Mortem,
quam nullus vivens potest evadere.
Vae illis, qui moriuntur in peccato mortali!
Beati illi, qui in horā mortis suae inveniunt se
conformes tuae, sanctissime, voluntati;
mors enim secunda non poterit eis nocere.

10 Laudate et benedicite dominum meum, gratificamini
et servite illi, omnes creaturae, cum magna humilitate!

Cantico di frate Sole

1 Altissimu onnipotente bon signore,
tue so le laude, la gloria e l'onore et onne benedictione.
Ad te solo, altissimo, se konfano,
et nullu homo ene dignu te mentovare.

2 Laudato si, mi signore, cun tucte le tue creature,
spetialmente messor lo frate sole,
lo qual' è iorno, et allumini noi per loi.
Et ellu è bellu e radiante con grande splendore,
de te, altissimo, porta significatione.

3 Laudato si, mi signore, per sora luna e le stelle,
in celu l'ai formate clarite et pretiose et belle.

4 Laudato si, mi signore, per frate vento,
et per aere et nubilo et sereno et onne tempo,
per lo quale a le tue creature dai sustentamento.

5 Laudato si, mi signore, per sor aqua,
la quale è molto utile et umile et preziosa et casta.

6 Laudato si, mi signore, per frate focu,
per lo quale enn' allumini la nocte,
ed ello è bello et iocundo et robustoso et forte.

7 Laudato si, mi signore, per sora nostra matre terra,
la quale ne sustenta et governa,
et produce diversi fructi con coloriti flori et herba.

8 Laudato si, mi signore, per quelli ke perdonano
per lo tuo amore, et sostengo infirmitate et tribulatione.
Beati quelli ke 'l sosterrano in pace,
ka da te, altissimo, sirano incoronati.

9 Laudato si, mi signore, per sora nostra morte corporale,
da la quale nullu homo vivente po' skappare.
Guai a quelli, ke morrano ne le peccata mortali:
beati quelli ke trovarà ne le tue sanctissime voluntati,
ka la morte seconda nol farrà male.

10 Laudate et benedicete mi signore,
et rengratiate et serviateli cun grande humilitate.

7. TEXTUS NOTISSIMI IN LATINUM VERSI

Wiederholung:
- Formen und Funktionen der Vergangenheitstempora: C. V, G 2; C. VI, G 2
- Konjunktiv II: C. X, G 2
- Texterschließung und Übersetzung der Konjunktive: C. X, G 1
- Gerundium und Gerundivum: C. VIII, G 3; C. XII, G 1 und 2

7.1 Der Kampf mit dem Grizzly

Der folgende, unwesentlich gekürzte Text ist ein Auszug aus: Carolus May, Vinnetu, Tomus Tertius, Narratio itineraria quam in Latinum vertit Iohannes Linnartz, Karl-May-Verlag, Bamberg 1998.

Winnetou, Old Shatterhand und ihre Gefährten haben am Hang eines bewaldeten Talgrundes haltgemacht: Während einige bei den Pferden Wache halten, sind Winnetou einerseits sowie Old Shatterhand und sein farbiger Diener Caesar andererseits in entgegengesetzte Richtungen gegangen, um am dicht bewachsenen Hang einen versteckten Lagerplatz für sich und ihre Pferde zu erkunden; seitlich versetzt streifen sie durch das Dickicht. Old Shatterhand erzählt:

Propter arbores eversas et crebra saxa disiecta equi haud faciles hic in adversum montem erant ductu. Spatium constitutum medium fere post nos habebamus, cum subito Caesarem clamorem edentem audivi.

»Massa, oh, ah, Massa, venire cito, cito!«

Eum ad stirpem brevis fagi salientem , infimum ramum prehendentem, evolantem conspexi.

»Quid rei est, Caesar?«

»Massa venire cito iuvare miserum Caesarem! O non ita, non venire, sed currere omnesque advocare, multum totum homines, ad monstrum mortuum reddendum!« Quod monstrum diceret, me interrogare necesse non erat; nam commodum id per fruticetum sub arboribus rumpebat. Erat ursus horribilis, unus ex illis amabilibus bestiis, quas vir occiduus *Grizzly* vocare solet.

Leonem in locis incultis illas voces edentem audivi, quas Arabes *Rad*, id est tonitrus, vocant. Tigrim Bengalensem rudentem audivi, ut cor mihi, etsi manum non tremere necesse erat, sollicitum redderetur. Sed omnes hae voces comparari non possunt cum murmure gravi, rauco, subdolo, daemoniaco ursi Horribilis, quod ossa concutit quoque etiam animosus horrore perfunditur, ut non modo dentes collidantur, sed etiam totum corpus contremiscat.

Ursus, qui octo fere passus a me aberat, in pedes posteriores erectus fauces aperuit. Aut illi aut mihi – alteri moriendum erat. Iam bombarda de tergo detracta in tempora eius collineavi et ligulam pressi. Proximo temporis puncto cor petivi et globulum secundum conieci. Ursicidali abiecto et cultro stricto celeriter de via salui, ut facilius eum ferire possem. Belua immanis arrecta ad me processit, quasi duae glandes eum non icissent, duos, tres, quinque, sex gradus, et modo bracchium tollebam ad plagam ei infligendam, cum ursus ungulas priores demisit, grunnitum paene ululantem edidit, ad unam minutam immotus stetit, tum tamquam ingenti ictu clavae percussus corruit. Alter globulus in cerebrum eius penetraverat, alter in cor, uterque igitur in mediam vitam. Panthēra vel Iaguarus, si fuissent in eadem causa, ut cattus vehementer convulsi essent. *Grizzly* meus aequo animo progressus est – si solum duos gradus addidisset, de me actum esset, si culter meus eum non exacte icisset.

Desuper ex arbore Caesar vocavit: »Oh, ah, bene, laudo! Ursusne vere mortuus esse, Massa?«

»Est, descende!«

»Sed revera mortuus esse, Massa? Nonne devorare Caesarem nigritam?«

»Prorsus mortuus est.«

Tam celeriter, quam ascenderat, Caesar rursus defluit.

7.2 Pu der Bär macht einen Besuch

Pu der Bär und seine Erlebnisse sind in vielen Ländern bekannt. In jüngster Zeit hat dieser kleine Bär geradezu Kultcharakter gewonnen. Wir drucken deshalb in leicht gekürzter Fassung das zweite Kapitel der lateinischen Fassung, die der ungarische Arzt Alexander Lenard schon 1960 erstellt hat: A. A. Milnei Winnie ille Pu, Liber celeberrimus omnibus fere pueris puellisque notus nunc primum de anglico sermone in Latinum conversus auctore Alexandro Lenardo, Stuttgardiae: Sumptibus Henrici Goverts, MCMLXII (4. Auflage)

Quo in capite Pu visitatum it et in angustias incurrit

Eduardus ursus, amicis suis agnomine »Winnie ille Pu« – aut breviter »Pu« – notus, die quodam silvam perambulabat; ab initio usque ad finem sine ullo errore cantitabat:

Tra-la-la, tra-la-la
Tra-la-la, tra-la-la
Rum-tum-tiddle-um-tum
Tiddle-iddle, tiddle-iddle
Rum-tum-tum-tiddle-um.

Alacriter per silvam ambulabat, cum repente ad locum arenosum pervenit, ubi magnum foramen erat.

»Heus!« dixit Pu (Rum-tum-tiddle-um-tum). »Si de aliqua re quid sciam, foramen istud leporem significat,« dixit, »et lepus convictum significat,« dixit, »convictus autem significat aliquid esculenti. Rum-tum-tiddle-um.«

Itaque se inclinans caput in foramen introduxit et clamavit:

»Heus, ecquis domi est?«

Fuit intus rumor quidam sternutamenti similis et deinde denuo silentium.

»Dixi equidem et dico: ecquis domi est?« clamavit Pu magna voce.

»Minime,« respondit vox; deinde subiunxit: »Noli tam magna voce clamare. Iam in primo te clarissime audivi.«

»Malum!« dixit Pu. »Nemo prorsus adest?«

»Nemo!«

Winnie ille Pu caput foramine extraxit, aliquamdiu cogitabat et secum cogitabat: »Aliquis adesse debet, quia aliquem *nemo* dixisse oportuit.« Caput ergo iterum in foramen inseruit et dixit:

»Heus, Lepus, esne tu?«

»Non sum,« dixit lepus nunc mutata voce.

»Nonne haec vox Leporem sonat?«

»Non puto,« dixit Lepus. »Nollem sonaret.«

»O!« dixit Pu.

Caput e foramine extraxit, aliquamdiu meditatus est, deinde caput iterum immisit et dixit:

»Quaeso bona venia, dic mihi: ubi est Lepus?«

»Abiit ad amicum suum Ursum Pum visendum, quia ille ei ex animo amicus est.«

»Sed egomet sum ille!« exclamavit Pu obstupefactus.

»Tune ille ursus?«

»Ursus Pu.«

»Tibi persuasum est?« dixit Lepus magis etiam obstupefactus.

»Credo hercle esse,« dixit Pu.

»Age igitur, veni intro!«

Pu sese pressit, pressit et tandem per foramen se intulit.

»Iure dixisti,« inquit Lepus eum ab omni parte conspiciens. »Certe, es. Gratus mihi venis.«

»Quid cogitavisti, quis essem?«

»Pro certo non habui. Non ignoras, quomodo res in silva se habeat. Domus omnibus patere nequit. Circumspicere oportet. Quid de buccella quadam opinaris?«

Pu hora matutina undecima buccellam parvulam semper diligebat et gaudio exsultavit, cum Lepus patinas et cantharos in mensa apponeret. Et cum Lepus interrogaret: »Mavis mel vel lac condensatum cum pane tuo?« tanta alacritate affectus est, ut »Utrumque« diceret, sed deinde, ne avidus videretur, addidit: »Sed, amabo te, mitte panem!« Postea aliquamdiu nihil dixit ... donec postremo voce satis viscosa secum murmurans exsurrexit, ungulam Leporis amabiliter ungula iunxit et dixit sibi abeundum esse.

»Tempus abire tibi est?« dixit Lepus urbane.

»Sane,« dixit Pu. »Paulisper manere possum, si tu ... si quid ...« et manifeste versus cellam penariam prospicere conatus est.

»Profecto,« dixit Lepus, »ego quoque exiturus eram.«

»Bene, denique exeo. Vale!«

»Vale, si certum habes te nil amplius quaerere.«

»Estne aliquid amplius?« rogavit Pu velociter.

Lepus opercula patinarum sublevavit et dixit: »Fuit.«

»Mente fingebam« dixit Pu capite nutans et secum murmuravit: »Vale! Sed nunc propero.«

Per foramen igitur ire foras tendebat rursus. Sese primoribus ungulis traxit, postremis propulit et aliquanto post nasus iterum in aperto erat ... postea auriculae ... postea ungulae primores ... postea humeri ... et postea ...

»Succurrite!« dixit Pu. »Potius retrorsus me recipio.«

»Malum!« dixit Pu. »Mihi procedendum est.«

»Nulla hinc exire potestas,« dixit Pu. »O, malum et succurrite!«

Ibi tum etiam Lepus ambulatum volebat ire et ostio antico obturato extra posticum procucurrit, ad Pum venit et eum adspexit.

»Eheu! infixus es?« rogavit.

»N – on sum,« dixit Pu neglectim. »Paululum interquiesco, meditor et mecum susurro.«

»Age, da mihi ungulam!«

Ursus Pu ungulam extendit, et Lepus traxit, et traxit, et traxit ...

»Eheu!« clamavit Pu. »Mihi dolorem infers!«

»Summa haec est,« dixit Lepus: »Infixus es.«

»Id accidit,« dixit Pu iracundus, »portas antiquas non satis magnas habendo.«

»Id accidit,« dixit Lepus severus, »immodice manducando. Age, age, iam abeo et Christophorum Robinum arcesso.«

Christophorus Robinus in contraria parte silvae habitabat et, cum comite Lepore reverteretur et partem anteriorem Pui conspiceret, »Stulte urse vetule« dixit et tanta suavitas erat sermonis eius, ut omnia corda in novam spem sublata essent. »Nihil superest agendum,« dixit, »nisi exspectare te iterum ad maciem reductum esse.«

»Quamdiu durat macescere?« rogavit Pu timidus.

»Dies fortasse septem, nisi quid me fallit.«

»Sed non possum in septimum diem hic manere!«

»Manere potes, vetule urse stulte! Quod difficilius est, est te extrahere!«

»Praelegemus tibi,« dixit Lepus adhortandi causa, »et spero propediem non fore, ut ningat,« subiunxit.

Ursus suspirium trahere coepit, sed statim animadvertit se non posse, quia reapse artissime infixus erat. Lacrimas emisit obortas, cum diceret:

»Visne ergo mihi librum sustinentem praelegere, ad ursum inter angusta arte infixum consolandum idoneum?«

Itaque per hebdomadem Christophorus Robinus librum talem praelegit ... et inter eas Pu se ipsum magis magisque graciliscere sensit. Extremo hebdomadis Christophorus Robinus dixit:

»Nunc!«

Ungulas denique primores Pui prehendit, Lepus autem Christophorum, omnes amici et cognati Leporis Leporem et cuncti viribus unitis traxerunt. ...

Aliquamdiu Pu modo dixit ... »Heu ...«

»Et heu ...«

Ac repente, »Popp«, dixit, sicut cortex ex lagoenulā saliens. Et Christophorus Robinus, Lepus et omnes cognati et affines Leporis perculsi humi prostrati sunt ... et supra omnes iacuit Winnie ille Pu – liberatus!

GRAMMATICA

Supinum I und II

Das Lateinische kennt mit den relativ selten auftretenden Supina zwei Formen, für die es im Deutschen keine entsprechende Wortform gibt.

Supinum I

Das sog. Supinum I ist in seinem Aussehen von einem PVP im Neutrum Singular nicht zu unterscheiden:

salutatus, a, um → salutatum ; visus, a, um → visum ; rectus, a, um → rectum *etc.*

Es handelt sich um eine infinite Verbform, die nur nach Verben der Bewegung steht, um einen Zweck zu bezeichnen:

Pu visitatum it.	Pu geht, um einen Besuch zu machen.
Pu leporem visitatum it.	Pu geht (, um) den Hasen (zu) besuchen.

→ Ihnen ist sicher aufgefallen, dass im Vokabular bei den Stammformen die dritte Form auf *-um* genannt wird. Man wählt hier im Allgemeinen das Supinum I, da es im Gegensatz zu einem PVP von fast allen Verben gebildet werden kann. Die Grammatiken sprechen hier auch vom *Supinstamm*. Von ihm werden gebildet:

- die beiden Supina,
- das PVP,
- das PNA.

Supinum II

Dieses Supinum endet auf *-ū*. Es steht nach Adjektiven wie *facilis, difficilis, mirabilis, incredibilis, horribilis* etc. und nach den Wendungen *fas est* (es ist recht) und *nefas est* (es ist unrecht):

Equi non faciles erant *ductu*.	Die Pferde waren nicht leicht *zu führen*.
Hoc incredibile est *dictu*.	Das ist unglaublich *zu sagen*; das klingt unglaublich.

· ANHANG ·

– ÜBERSETZUNGSREGELN –

ÜR 1 Übersetzen Sie lateinische Sätze möglichst ›von vorne weg‹, indem Sie der Abfolge der Satzglieder folgen. Beachten Sie dabei stets die grammatische Form der Wörter, um sie den jeweiligen Satzgliedern richtig zuzuordnen. (FP 2)

ÜR 2 Übersetzen Sie in Hauptsätzen das Prädikat möglichst nach dem ersten Satzglied. (FP 2)

ÜR 3 Überprüfen Sie Ihre jeweilige Übersetzung, indem Sie ›zurückblicken‹, d. h., indem Sie stets prüfen, ob Ihre Übersetzungsentscheidungen zu dem bereits übersetzten Text passen. Beachten Sie dabei immer das Thema des Textes und die Thema-Rhema-Abfolge. (FP 5)

ÜR 4 Die Übersetzung eines AcI kann in fünf Schritten erfolgen. Dabei sollte das Auslöseverb immer vor den AcI gestellt und als Arbeitsübersetzung ein dass-Satz formuliert werden. (C. I, G 4.5)

ÜR 5 Bei lateinischen Gliedsätzen übersetzen Sie zunächst das einleitende Wort, dann das Subjekt. Anschließend übersetzen Sie die Satzglieder in der vorliegenden Reihenfolge, das Prädikat setzen Sie aber möglichst ans Ende des Satzes. (C. I, G 6.2)

ÜR 6 Sinngeleitetes Übersetzen erfordert, dass Sie sich bei jedem Pronomen bewusst sind, auf wen oder was jeweils verwiesen wird. (C. II, G 3.3)

ÜR 7 Bei einem Hyperbaton müssen die auseinandergestellten Satzglieder, besonders die Substantiv-Adjektiv-Verbindungen, im Deutschen zusammengestellt werden. (C. III, G 1, TE 6)

ÜR 8 Sinngeleitetes Übersetzen erfordert die Möglichkeiten der Textverknüpfungen zu beachten, weil dadurch der gedankliche Aufbau des Textes, sein Thema und dessen Entfaltung leichter erkannt und verstanden werden können und somit der Übersetzungsprozess erleichtert wird. (C. IV, G 1)

ÜR 9 In Erzählungen führt die Beachtung der Tempusstruktur sowie weiterer Möglichkeiten der Texterschließung zu einem schnellen Erfassen des Kerns einer Handlung. Dies ermöglicht entweder die Prüfung, ob ein vorliegender Text zur weiteren Verwendung geeignet erscheint, oder eine erleichterte Übersetzung des ganzen Textes. (C. V, G 1)

ÜR 10 Stellen Sie beim Übersetzen von Hauptsätzen das deutsche Hilfsverb zusammengesetzter Tempora an die zweite Stelle hinter dem vollständigen ersten Satzglied. (C. VI, G 1)

ÜR 11 Beachten Sie stets die stilistische Gestaltung des Textes, da Sie dadurch nicht nur Hinweise auf den Bau der Sätze, sondern auch zu deren Verständnis erhalten. (C. VII, G 1)

ÜR 12 Umfangreiche Satzgefüge können vor dem Übersetzen soweit analysiert werden, dass ihre Struktur mithilfe des kolometrischen Einrückverfahrens einsichtig dargestellt werden kann, um so eine folgerichtige und sinngeleitete Übersetzung – unter Beachtung von ÜR 1–11 – ›von Anfang an‹ zu erleichtern. (C. VIII, G 1)

ÜR 13 Ein Participium coniunctum sollte im Anschluss an sein Beziehungswort übersetzt werden. Dabei sind das Zeitverhältnis, Genus Verbi und die adverbiale Sinnrichtung zu beachten. (C. IX, G 2.2)

ÜR 14 Lateinische konjunktivische Gliedsätze werden im Allgemeinen mit dem Indikativ übersetzt. Beim Irrealis, in der indirekten Rede und bei einer distanzierenden Redeabsicht eines Sprechers steht der Konjunktiv. (C. X, G 1)

ÜR 15 Ein Ablativus absolutus kann in drei Schritten übersetzt werden:
1. Übersetzung des übergeordneten Satzes,
2. Erfassen der Aussage eines Ablativus absolutus durch Erstellen einer Arbeitsübersetzung unter Beachtung des Zeitverhältnisses und des Genus Verbi,
3. Erschließung der Sinnrichtung aus dem Kontext und Wahl einer der Wiedergabemöglichkeiten eines Ablativus absolutus. (C. XI, G 2.2)

ÜR 16 Um einen Komparativ oder Superlativ angemessen zu übersetzen, ist es nötig, den Kontext daraufhin zu befragen, ob ein unmittelbarer Vergleich vorliegt oder ein über das gewöhnliche Maß hinausgehendes Merkmal bezeichnet werden soll bzw. eine Person oder Sache gekennzeichnet wird, die in auffälliger Weise das gewöhnliche Maß überragt. (C. XII, G 3.3)

ÜR 17 Um ein Gerundivum zu übersetzen, ist es notwendig, zu prüfen, ob es sich um ein dominantes Attribut oder um ein Gerundivum mit finaler Sinnrichtung handelt. Finalität liegt vor
a) nach *ad*, *causā* oder *gratiā*,
b) bei der Verwendung als Prädikativum im Akkusativ (beim Passiv im Nominativ) nach Verben wie *tradere, mittere, sumere, curare, facere*,
c) bei der Stellung als Prädikatsnomen neben *esse*. (C. XIII, G 2.4)

ÜR 18 Um ein Futur angemessen im Deutschen wiederzugeben, müssen seine Formen und Funktionen im Lateinischen genau erkannt werden. Daher sind zu unterscheiden:
a) eine konjugierte Verbform als Prädikat,
b) ein Partizip der Nachzeitigkeit Aktiv als Participium coniunctum,
c) ein Partizip der Nachzeitigkeit Aktiv plus konjugierter Form von *esse* als umschreibendes Futur,
d) ein Partizip der Nachzeitigkeit Aktiv im Akkusativ plus *esse* als Infinitiv der Nachzeitigkeit im AcI. (C. XIV, G 1.3)

– ABKÜRZUNGEN –

A	Attribut
AB	Adverbiale, adverbiale Bestimmung
Abl.	Ablativ
Abl. abs.	Ablativus absolutus
AcI	Akkusativ mit Infinitiv
Adj.	Adjektiv
Adv.	Adverb
Akk.	Akkusativ
Akt.	Aktiv
AO	Akkusativobjekt
C.	Caput
D / Dat	Dativ
Dekl.	Deklination
DO	Dativobjekt
E.	Exercitanda
f / F	femininum / Femininum
Fut. I / II	Futur I / II
FV	Fundamentum Verba
FP	Fundamentum Proverbia
G.	Grammatica
G / Gen.	Genitiv
G	Genus
GZ	Gleichzeitigkeit
Imp.	Imperativ
Impf.	Imperfekt
Ind.	Indikativ
Inf.	Infinitiv
K	Kopula
KNG-Kongruenz	Kasus-Numerus-Genus-Kongruenz
Komp.	Komparativ
Konj.	Konjugation
Konj. I / II	Konjunktiv I / II
kons.	konsonantisch
L.	Lectio
m / M	masculinum / Maskulinum
N.	Numerus
n / N	neutrum / Neutrum
N / Nom.	Nominativ
NcI	Nominativ mit Infinitiv
NZ	Nachzeitigkeit
O	Objekt
P	Prädikat
P. / Pers.	Person
Part.	Partizip
Pass.	Passiv
PC	Participium coniunctum
Perf.	Perfekt
PGA	Partizip der Gleichzeitigkeit Aktiv
PI	Prädikatsinfinitiv
Pl.	Plural
Plpf.	Plusquamperfekt
PN	Prädikatsnomen
PNA	Partizip der Nachzeitigkeit Aktiv
Pos.	Positiv
Präp.	Präposition
Präs.	Präsens
Pron.	Pronomen
PVP	Partizip der Vorzeitigkeit Passiv
refl.	reflexiv
S	Subjekt
SA	Subjektsakkusativ
Sg.	Singular
Subst. / subst.	Substantiv / substantivisch
Superl.	Superlativ
TF	Tabellarische Übersicht zur Formenlehre
ÜR	Übersetzungsregel
undekl.	undeklinierbar
unpers.	unpersönlich
VZ	Vorzeitigkeit

– VERZEICHNIS DER EIGENNAMEN –

A

Abaelardus, Petrus (1079–1142) französischer Philosoph, Leiter der Domschule von Notre-Dame in Paris seit 1114.

Abel im Alten Testament zweiter Sohn von Adam und Eva, wurde von seinem älteren Bruder → *Kain* erschlagen.

Abraham Prophet des Alten Testaments.

Actium Vorgebirge und Stadt im westlichen Griechenland. Hier besiegte → *Octāviānus*, der spätere Kaiser → *Augustus*, im Jahre 31 v. Chr. in einer Seeschlacht → *Antōnius*.

Aenēās, ae einer der griechischen Helden vor Troja, Stammvater der Römer.

Aeneis Epos von → *Vergilius* über die Flucht des → *Aenēās* aus Troja und seine Irrfahrten, die ihn schließlich nach → *Lātium* führten, wo er Stammvater der Römer wurde.

Aesōpus, Äsop (ca. 7.–6. Jh. v. Chr.) Fabeldichter.

Aetna Vulkan auf Sizilien.

Agamemnōn Anführer des griechischen Heeres im → *Trojanischen Krieg*.

Aischylos (525–456 v. Chr.) griechischer Tragödiendichter.

Alba Longa Stadt im antiken → *Lātium* am Westufer des Albaner Sees, gilt als Mutterstadt Roms.

Albi südfranzösische Stadt.

Alesia Hauptstadt der → *Mandubier*.

Alkmene Ehefrau von → *Amphitryon*, Mutter von Herakles, (Vater: → *Iūpiter*).

Amor römischer Liebesgott, griechisch Eros.

Amphitryōn in der griech. Mythologie Ehemann von → *Alkmene*, Feldherr Thebens.

Amulius Nachkomme von → *Ascanius*.

Antōnius (82–30 v. Chr.) Mitkonsul von → *Caesar*, zunächst Verbündeter von → *Octāviānus*, später sein Gegner, dem er in der Seeschlacht von → *Actium* unterliegt.

Apīcius, Marcus Gavius (1. Jh. n. Chr.) römischer Kochbuchautor.

Apollō, inis Gott der Dicht- und Heilkunst, der Musik und der Weissagung, in der griechischen Stadt → *Delphī* befand sich seine berühmte Orakelstätte.

Appius, Claudius Crassus Caecus Censor 312 v. Chr., vollendete den Bau der → *via Appia* und der → *aqua Appia*.

Āpulēius, Lucius (ca. 125–170) antiker Schriftsteller und Philosoph.

Aquītānī iberisches Volk im Südwesten Galliens.

Archimēdēs (ca. 285–212 v. Chr.) bedeutendster Mathematiker und Physiker der Antike.

Aristophanēs (ca. 445–385 v. Chr.) griechischer Komödiendichter.

Aristotelēs (384–322 v. Chr.) griechischer Philosoph.

Ascanius Sohn des → *Aenēās*.

Athēnae / Athen Hauptstadt von Attika.

Augustīnus von Hippo (354–430) Philosoph der Spätantike und einer der bedeutendsten christlichen Kirchenlehrer.

Augustus (63 v. Chr.–14 n. Chr.) erster römischer Kaiser, ursprünglicher Name → *Octāviānus*, besiegte nach → *Caesars* Tod seinen Gegner → *Antōnius* in der Seeschlacht von → *Actium*.

Aulis antike Hafenstadt in Griechenland.

Aventīnus einer der sieben Hügel Roms.

B

Bacchus Gott des Weines.

Bacon, Francis (1561–1626) englischer Philosoph und Staatsmann.

Baden-Baden, früher: Baden, Stadt im Westen Baden-Württembergs.

Bāiae Küstenstadt am nordwestlichen Rand des Golfs von Neapel.

Bartholomäusnacht Massaker an den Hugenotten in Paris, begann in der Nacht zum 24.8.1572.

Belgae germanokeltische Völker zwischen Marne, Seine und Rhein.

Bernini, Gian Lorenzo (1598–1680) einer der bedeutendsten italienischen Bildhauer und Architekten des Barock.

Béziers südfranzösische Stadt.

Boccaccio, Giovanni (1313–1375) italienischer Schriftsteller und Dichter und bedeutender Vertreter des Humanismus.

Bracciolini, Gianfrancesco Poggio (1380–1459) einer der wichtigsten Humanisten der italienischen Renaissance.

Brennus gallischer Heerführer, besiegte die Römer in der Schlacht an der Allia 387 v. Chr. und plünderte Rom.

Busch, Wilhelm (1832–1908) einer der bedeutendsten humoristischen Dichter Deutschlands, gilt wegen seiner satirischen Bildergeschichten in Versen als einer der Urväter des Comics.

C

Caelius einer der sieben Hügel Roms.

Caesar, C. Iūlius (100–44 v. Chr.) römischer Politiker und Feldherr, eroberte Gallien.

Calchas / Kalchas Seher der Griechen während des → *Trōianischen Krieges*.

Capitōlium / Kapitol einer der sieben Hügel Roms mit dem Tempel des → *Iūpiter*.

Campānia fruchtbare Landschaft in Mittelitalien.

Capreae, ārum *f* Capri, Insel im Golf von Neapel.

Capua Hauptstadt Kampaniens in Mittelitalien.

Caracalla (188–217) römischer Kaiser ab 211.

Carthāgō, inis *f* / Karthago Großstadt in Nordafrika nahe dem heutigen Tunis in Tunesien.

Catilīna, L. Sergius (108–62 v. Chr.) römischer Adliger, wollte 63 v. Chr. den Senat stürzen (Verschwörung des C.).

Catō, ōnis, M. Porcius (234–149 v. Chr.) römischer Feldherr, Geschichtsschreiber und Staatsmann.

Catullus, Gaius Valerius (ca. 80–51 v. Chr.) einer der größten Dichter Roms.

Celsus, Aulus Cornelius (ca. 25 v. Chr.–50 n. Chr.) römischer Verfasser einer medizinischen Enzyklopädie.

Celtae, arum *m* Kelten.

Cerēs / Cereris Göttin der Fruchtbarkeit und des Ackerbaus.

Chrysippos / Chrysipp (ca. 281–208 v. Chr.) griechischer Philosoph der Stoa.

Cicerō (106–43 v. Chr.) bedeutender römischer Redner, Politiker und Philosoph.

Clemens IV. (ca. 1200–1268) Papst von 1265–1268.

Cocteau, Jean (1889–1963) französischer Schriftsteller, Regisseur und Maler.

Critognatus angesehener Gallier im Gallischen Krieg.

Croesus / Krösus (ca. 591–541 v. Chr.) letzter König von Lydien in Kleinasien, war vor allem für seinen Reichtum und seine Freigebigkeit bekannt.

Cupīdo, inis *m* der Liebesgott Amor.

D

Danai, orum die Griechen (besonders vor Troia).

Delphī, ōrum *m* Orakelstätte des Gottes → *Apollō* in Griechenland.

Demokritos / Demokrit (460–371 v. Chr.) griechischer Philosoph, Begründer der Atomlehre.

Diāna Göttin der Jagd.

Didō, ōnis Königin von Karthago.

Diogenēs von Sinope (ca. 412 / 403–324 / 321 v. Chr.) griechischer Philosoph, vertrat das Ideal der Bedürfnislosigkeit.

Diokletian (ca. 240–313) römischer Kaiser 284–305.

Dionysos griechischer Gott des Weines.

Dīs, tis, Dis pater Gott der Unterwelt (Pluto).

Dolabella, Fabia Bekannte von Cicero.

Dōricus griechisch.

E

Ennius, Quintus (239–169 v. Chr.) römischer Dichter.

Epicūrus (342 / 41–271 / 70 v. Chr.) griechischer Philosoph aus Samos.

Epiktet (ca. 60–140) griechischer Philosoph, Vertreter der Stoa.

Erasmus von Rotterdam (1466–1536) Theologe, Philosoph, großer Humanist der Renaissance.

Esquilīnus einer der sieben Hügel Roms.

Euklid von Alexandria (um 300 v. Chr.) griechischer Mathematiker.

Euphrātēs *m* der Fluss Euphrat in Mesopotamien (heute: Irak).

Eurīpidēs (485 / 80–406 v. Chr.) griechischer Tragödiendichter.

Eurōpa nach dem Mythos die Tochter des phönizischen Königs Agenor, die von → **Iupiter** in Stiergestalt nach Kreta entführt wurde.

F

Falernus, i *m* Falernerwein, eine Spitzenlage.

Franz von Assisi (1181 / 82–1226) Ordensgründer, Heiliger der röm.-kathol. Kirche.

Frontīnus, Sextus Iulius (ca. 40–103) römischer Senator, Schriftsteller und Oberaufseher der römischen Wasserleitungen.

G

Gallī Bewohner Galliens.

Gallia ursprünglich etwa das heutige Oberitalien, Frankreich und Belgien.

Garunna / Garonne Fluss in Südwest-Frankreich.

Gergovia Stadt in Gallien.

Germānia römische Provinz (Germanien).

Gobannitio Onkel des → *Vercingetorīx*.

Goethe, Johann Wolfgang von (1749–1832) bedeutender deutscher Dichter und Dramatiker.

Gracchus, Tiberius Semprōnius römischer Politiker, setzte sich für eine Landreform ein, 133 v. Chr. ermordet.

Graecia Griechenland.

Grass, Günther (geb. 1927) deutscher Schriftsteller, Bildhauer, Maler und Grafiker, 1999 Nobelpreis für Literatur.

H

Hannibal (247–183 v. Chr.) karthagischer Feldherr.

Heisterbach, Caesarius von (ca. 1180–1240) Zisterziensermönch.

Héloïse (1099–1164) Geliebte und später Ehefrau von → *Abaelardus*.

Helvētiī keltischer Volksstamm im Gebiet der heutigen Schweiz.

Henna Stadt auf Sizilien.

Herculāneum Stadt in → *Campānia*, wurde beim Ausbruch des → *Vesūvius* verschüttet.

Hērodotus / Herodot (ca. 485–424 v. Chr.) griechischer Geschichtsschreiber.

Hieronymus (zwischen 331 und 348–419 / 20) Gelehrter und Theologe, Verfasser der Vulgata, einer Bibelübersetzung in das gesprochene Latein seiner Zeit.

Hierosolyma / Jerusalem Hauptstadt des Staates Israel, zwischen Mittelmeer und Totem Meer gelegen, im 19. Jh. v. Chr. erstmals erwähnt und damit eine der ältesten Städte der Welt.

Hippokratēs (ca. 460–377 v. Chr.) von der griechischen Insel Kos, berühmtester Arzt der Antike (hippokratischer Eid).

Hobbes, Thomas (1588–1679) englischer Mathematiker, Staatstheoretiker und Philosoph.

Homērus / Homer (um 700 v. Chr.) griechischer Dichter, Verfasser der Epen ›Ilias‹ und ›Odyssee‹.

Horātius / Horaz (65–8 v. Chr.) einer der berühmtesten römischen Lyriker.

I

Īcarus Sohn des Dädalus, floh mit seinem Vater von Kreta und stürzte beim Flug ins Meer.

Iphigenie Tochter von → *Agamemnon*.

Isaak im Alten Testament Sohn von → *Abraham*.

Iugurtha (ca. 160–104 v. Chr.) König von Numidien.

Iūpiter Iovis, höchster römischer Gott.

Iūstiniānus oström. Kaiser von 527–565.

J

Jephtha Richter in Israel, Anführer gegen die Ammoniter (semitisches Volk).

Jokaste Mutter und Gattin des → *Ödipus*.

Julische Dynastie angesehenes altrömisches Patriziergeschlecht.

K

Kain im Alten Testament erster Sohn von Adam und Eva, erschlug seinen jüngeren Bruder → *Abel*.

Kleanthes (331 / 0–230 / 29 v. Chr.) griechischer Philosoph der Stoa.

Kolumbus, Christoph (1451–1506) genuesischer Seefahrer in spanischen Diensten, Entdecker Amerikas.

Konstantinopel Hauptstadt des Oströmischen Reiches, heutiges Istanbul.

Kos griechische Insel.

Kreon Schwager des → *Ödipus*.

Kubin, Alfred (1877–1959) österreichischer Grafiker und Schriftsteller.

L

Lactantius / Laktanz (ca. 250–325) einer der Kirchenväter.

Laelius, Gaius Konsul des Jahres 140 v. Chr.

Laios König von Theben, Vater des → *Ödipus*.

Lakonien spartanischer Staat, dessen Einwohner Lakonier genannt wurden.

Lāocoōn / Lāocoōntis trojanischer Priester, versuchte vergeblich, die Trojaner vor dem hölzernen Pferd der Griechen zu warnen.

Lātium Gebiet in Mittelitalien an der Tibermündung.

Lesbia Geliebte von → *Catullus*.

Leukippos / Leukipp (5. Jh. v. Chr.) griechischer Philosoph, Mitbegründer der Atomlehre.

Līvius (59 v. Chr.–17 n.Chr.) römischer Geschichtsschreiber.

Lucrētius / Lukrez, T. L. Carus (ca. 97–55 v. Chr.) römischer Dichter und Philosoph.

Luna Mondgöttin.

Luther, Martin (1483–1546) theologischer Urheber und Lehrer der Reformation.

M

Mandubier gallischer Volksstamm.

Manetti, Giannozzo (1396–1459) italienischer Humanist und Politiker.

Marcus Aurēlius / Mark Aurel (121–180) römischer Kaiser von 161–180, Hauptvertreter der späten Stoa.

Marius, C. M. (ca.157–86 v. Chr.) Besieger Jugurthas, der Teutonen und Kimbern.

Mārs / Mārtis ursprünglich Gott des Ackerbaus, später Kriegsgott.

Mārtiālis, M. Valerius (ca. 40–104) römischer Dichter, vor allem durch seine Epigramme bekannt.

Mātrona / Marne Nebenfluss der Seine.

May, Karl (1842–1912) deutscher Abenteuerschriftsteller.

Megara Stadt in Griechenland.

Menoikeus Schüler von → *Epicūrus*.

Mercurius Gott des Handels, Götterbote.

Mesopotamien Zweistromland, Gebiet zwischen Euphrat und Tigris (heute: Irak und Nordost-Syrien).

Milne, Alan Alexander (1882–1956) englischer Schriftsteller; Autor von ›Pu der Bär‹.

Minerva Göttin des Handwerks, der Künste und Wissenschaften und auch des Krieges, Schutzgöttin der Ärzte und Lehrer.

Misēnum Stadt und Vorgebirge an der Bucht von → *Bāiae*.

Morgenstern, Christian (1871–1914) deutscher Dichter.

Mūsōnius Rufus, Gaius (ca. 30–100 n. Chr.) römischer Philosoph, Vertreter der Stoa.

N

Narcissus / Narziss verschmähte die Liebe der Nymphe Echo und verliebte sich in sein Spiegelbild.

Nerō, ōnis, Claudius Caesar Augustus Germanicus (37–68) römischer Kaiser von 54–68.

Nerviī / Nervier belgischer Stamm

Niccoli, Nicolo (1363–1437) italienischer Kaufmann und bedeutender Humanist der Renaissance.

Numitor Nachkomme von → *Ascanius*.

O

Octāviānus → *Augustus*.

Odysseus Held im Trojanischen Krieg, nach dem Sieg über Troja begab er sich auf die Heimreise, die 10 Jahre dauerte und von → *Homērus* in dem Epos ›Die Odyssee‹ beschrieben wird.

Ödipūs Gestalt der griechischen Mythologie, König von Theben, tötet seinen Vater → *Laios*, heiratet seine Mutter → *Jokaste*.

Orff, Carl (1895–1982) Komponist, international bedeutend sein musikpädagogisches Schulwerk.

Orpheus berühmter Sänger in der griechischen Mythologie.

Ōstia Hafenstadt des antiken Rom am → *Tiber*.

Ovidius, P. Ovidius Naso (43 v. Chr.–17 n. Chr.) römischer Dichter.

Owen, John (1564–1622) walisischer Schriftsteller, bekannt durch seine lateinischen Epigramme.

P

Palātium Palatin, einer der sieben Hügel Roms.

Panaitios (ca. 185–109 v. Chr.) gilt als Begründer der mittleren Stoa.

Phaedrus (ca. 15 v. Chr.–50 n. Chr.) römischer Fabeldichter.

Phöniker Phönizier.

Pico della Mirandola (1463–1494) italienischer Humanist und Philosoph der Renaissance.

Platō, ōnis (427–347 v. Chr.) griechischer Philosoph, Schüler des → *Sōcrātes*.

Plautus, Titus Maccius (ca. 250–184 v. Chr.) römischer Komödiendichter.

Plīnius maior / Plinius der Ältere (ca. 23–79) Onkel von Plinius d. J., römischer Beamter und Schriftsteller.

Plīnius minor / Plinius der Jüngere (61 / 62–113 / 115) römischer Senator und Schriftsteller, Neffe von Plinius d. Ä.

Plūto(n), nis Gott der Unterwelt.

Po Fluss in Norditalien.

Polybios (ca. 201–120 v. Chr.) griechischer Geschichtsschreiber.

Polydamās, antis Trojaner, Freund Hektors.

Pompēii Stadt in → *Campānia*, 79 n. Chr. bei dem ersten historischen Ausbruch des → *Vesuvius* verschüttet.

Pompēius, Gnaeus (106–48 v. Chr.) römischer Politiker und Feldherr, Gegenspieler von → *Caesar*.

Pomponianus Freund von Plinius d. Ä. in Stabiae.

Pomponius, T. P. Atticus Freund Ciceros.

Poseidonios (135–51 v. Chr.) griechischer Philosoph und Geschichtsschreiber.

Promētheus in der griechischen Mythologie Schöpfer der Menschen.

Propertius / Properz, Sextus (1. Jh. v. Chr.) Vertreter der römischen Liebeselegie.

Prōserpina Tochter der → *Cerēs*, Gemahlin des → *Plūto*.

Punische Kriege drei Kriege zwischen Karthago und dem Römischen Reich: 264–241, 218–201, 149–146 v. Chr.

Puteolī wichtigster Hafen Roms.

Pyrrhus (ca. 310–272 v. Chr.) König in Epirus (Westgriechenland).

Pythia Orakelpriesterin des delphischen → *Apollō*.

Q

Quirīnālis einer der sieben Hügel Roms.

R

Rädle, Fidel (geb. 1935) emeritierter Professor für Lateinische Philologie.

Remus Zwillingsbruder des → *Rōmulus*, von diesem im Streit erschlagen.

Rhēa Silvia Tochter des Königs → *Numitor*, Vestalin.

Rhēnus Rhein.

Rhodos griechische Insel.

Rodin, Auguste (1840–1917) französischer Bildhauer.

Rōmulus der Sage nach Gründer und erster König von Rom, erschlug seinen Zwillingsbruder → *Remus* im Streit.

Rühmkorf, Peter (1929–2008) deutscher Lyriker und Essayist.

S

Sallustius, C. S. Crispus (86–35 v. Chr.) römischer Historiker.

Salomo nach der Bibel dritter Herrscher Israels.

Sāturnus Gott des Ackerbaus.

Scīpiō, Publius Sc. Africanus (236–183 v. Chr.) Feldherr im 2. → *Punischen Krieg*, siegte 202 bei Zama über Hannibal.

Scīpiō, Publius Cornelius Sc. Africanus Minor (185–129 v. Chr.) Senator, Eroberer von Karthago.

Scīpiō, Publius Cornelius Sc. Nasica römischer Konsul im Jahr 191 v. Chr.

Segesta Stadt auf Sizilien.

Seneca, Lucius Annaeus (um Chr. Geb.–65 n. Chr.) römischer Philosoph und Staatsmann.

Sēquana Seine, Fluss in Frankreich.

Sibylla Wahrsagerin, Weissagerin.

A

Sizilien größte Insel im Mittelmeer, liegt südwestlich vor der ›Stiefelspitze‹ Italiens.

Sōcratēs (469–399 v. Chr.) griechischer Philosoph, bekannt durch die Dialoge seines Schülers → *Platon*.

Sōl Sonnengott.

Sophoklēs (496–406 / 405 v. Chr.) griechischer Tragödiendichter.

Sparta in der Antike Hauptstadt der Landschaft → *Lakonien* und des spartanischen Staates auf der Halbinsel Peloponnes.

Sphīnx, ngis *f* Sphinx, Ungeheuer mit einem geflügelten Löwenrumpf und dem Oberkörper eines Mädchens.

Stabiae römische Siedlung am Golf von Neapel.

Strawinsky, Igor (1882–1971) Komponist.

Syrācūsae / Syrakus Stadt auf Sizilien.

T

Tacitus, Cornelius T. (ca. 55–120) römischer Geschichtsschreiber.

Tarquinius Superbus der Sage nach der siebte und letzte König von Rom, gehörte zu den drei etruskischen Königen.

Teiresias berühmter Seher.

Tenedus Insel an der Küste vor Troja.

Terentius, Publius T. Afer (ca. 190–159 v. Chr.) römischer Komödiendichter.

Thalēs v. Milet (6. Jh. v. Chr.) griechischer Naturforscher, Mathematiker und Philosoph.

Thēbae / Theben größte Stadt in der griechischen Landschaft Böotien.

Thespis (6. Jh. v. Chr.) griechischer Tragödiendichter.

Tiberis, is *m* / Tiber drittlängster Fluss Italiens, fließt westlich von Rom in das Tyrrhenische Meer.

Tiberius Iulius Caesar Augustus (42 v. Chr.–37 n. Chr.) röm. Kaiser von 14–37 n. Chr.

Tibullus, Albius (ca. 55–19 v. Chr.) römischer Elegiker.

Tigris Fluss in → *Mesopotamien*.

Tīrō, Marcus Tullius (ca. 103–4 v. Chr.) Sekretär und Vertrauter von → *Cicerō*.

Toscana Region in Italien.

Trier als Augusta Treverorum von den Römern gegründet, später zeitweise Hauptstadt des Römischen Reiches heute im Westen von Rheinland-Pfalz.

Triptolemus mythischer Begründer des Ackerbaus, Richter in der Unterwelt.

Trōia Stadt in Kleinasien.

Troianischer Krieg in der griechischen Mythologie Belagerung und Eroberung → *Trōias* durch die Griechen.

Tyrus eine der wichtigsten Städte der Phönizier, Mutterstadt Karthagos.

V

Vegetius (4. Jh. n. Chr.) Militärschriftsteller.

Venus Göttin der Schönheit und der Liebe.

Vercingetorīx, īgis (ca. 82–46 v. Chr.) Arverner, Anführer des gesamtgallischen Aufstandes gegen → *Caesar* im Jahre 52 v. Chr., siegte gegen die Römer bei Gergovia, unterlag in der Belagerung von Alesia, 46 v. Chr. in Rom hingerichtet.

Vergilius, P. Vergilius Maro (70–19 v. Chr.) berühmter römischer Epiker (→ ›*Aeneis*‹).

Verres Statthalter von Sizilien 73–70 v. Chr.

Vespasiānus, T. Flāvius Vespasiānus (9–79 n. Chr.) römischer Kaiser von 69–79 n. Chr.

Vespucci, Amerigo (1451–1512) Kaufmann, Seefahrer, erforschte weite Teile der Ostküste Südamerikas.

Vesuvius / Vesuv Vulkan am Golf von Neapel.

Victōria Siegesgöttin.

Villanova, Arnold von (ca. 1235–1311) berühmter spanischer Arzt und Naturforscher.

Vīminālis einer der sieben Hügel Roms.

Vitrūvius / Vitruv, Marcus Pollio (1. Jh. v. Chr.) römischer Architekt.

Vulcānus Gott des Feuers.

W

Weber, A. Paul (1893–1980) bedeutender deutscher Lithograph, Zeichner und Maler.

Z

Zenon von Kition (ca. 334–262 / 1 v. Chr.) hellenistischer Philosoph und Begründer der Stoa.

Zeus in der griechischen Mythologie oberster olympischer Gott.

– INDEX GRAMMATICUS –